Rita Preuß • Marion Schütt
100 JAHRE IN BERLIN
Generation Kaiserzeit erzählt

Mit einem Vorwort von Sibyll Klotz

vbb   verlag für berlin-brandenburg

Die Porträts der Hundertjährigen stammen von Marion Schütt, synopsisfilm, die historischen Aufnahmen und Dokumente jeweils aus privatem Kontext, außer S. 148 (ullstein bild).

1. Auflage 2020
© Verlag für Berlin-Brandenburg, Inh. André Förster
Binzstraße 19, D–13189 Berlin
www.verlagberlinbrandenburg.de

Satz und Gestaltung: Ralph Gabriel, Berlin
Umschlaggestaltung: Stephanie Raubach, unter Verwendung folgender Fotos:
Ulla M. im Tor beim Handball, Berlin-Neukölln, 1930er-Jahre (Foto: privat);
Ausschnitt aus dem Titelblatt der Funkzeitschrift *Berlin hört und sieht* mit der
Kugelstoßerin Ulla M., 1933; Ulla M. im Kinderheim Schwalbennest, Berlin-
Schöneberg, 1951 (Foto: privat); Ulla M. mit 102 Jahren im Pestalozzi-Fröbel-
Haus mit angehender Pädagogin, Berlin-Schöneberg, 17. März 2014 (Foto:
Marion Schütt)
Druck und Bindung: Beltz Grafische Betriebe GmbH, Bad Langensalza

ISBN 978-3-947215-48-5

Inhalt

Vorwort

Sibyll Klotz

Hundert Jahre und älter zu werden, das ist heute nicht mehr so außergewöhnlich wie vor ein paar Jahrzehnten. Und jedes zweite Kind, das nach dem Jahr 2000 geboren wird, hat die Chance auf ein hundert Jahre und längeres Leben. Aber wo leben diese alten Menschen, und vor allem, wie leben sie? Wie geht es ihnen, wie fühlen sie sich? Was kann das, was sie erlebt haben, für uns heute bedeuten? In meiner Zeit als Stadträtin in Tempelhof-Schöneberg sind wir diesen Fragen nachgegangen und haben mit Marion Schütt und Rita Preuß zwei Dokumentaristinnen gefunden, die uns in wunderbaren Bildern und Worten die Hundertjährigen nahegebracht haben. Seit dieser ersten Ausstellung im Jahr 2011 lassen uns diese Frauen und Männer, ihre Lebensgeschichten und Erfahrungen nicht mehr los. Ihre Biografien gehen uns unter die Haut, und Ihnen wird es mit dem vorliegenden Band nicht anders gehen.

Je älter die Menschen werden, umso unsichtbarer werden sie. Sie verschwinden aus dem öffentlichen Raum, aus Theatern, Bussen und Bahnen, und wenn sie da sind, werden sie oft nicht richtig wahrgenommen. Die Stationen und Ereignisse ihres langen Lebens zu veröffentlichen holt sie heraus aus diesem Vergessen und hinein in unser kollektives Bewusstsein. Das würde ich mir jedenfalls wünschen.

So unterschiedlich die Lebensgeschichten in diesen schweren Jahrzehnten mit Wirtschaftskrise, Kriegen, Vertreibung, Hunger und Armut, Mauerbau und Mauerfall sind, gemeinsam ist ihnen allen der Wille, über das eigene Leben selbst zu bestimmen, aktiv zu sein, sich Ziele zu setzen und auch nach schweren Krisen immer wieder aufzustehen und dabei nicht den Mut zu verlieren. Und diese positive Lebenseinstellung trägt die Frauen und Männer auch in ihrem hohen Alter. Ebenso wie ihre sozialen Beziehungen, langjährige Freundschaften, Partnerschaften, die Familien.

Älterwerden ist nichts für Feiglinge, heißt es ja. Das trifft auf das hohe Alter noch einmal mehr zu. Der Anspruch aller in diesem Band Interviewten ist es, trotz der unvermeidlichen Einschränkungen und Krankheiten ihren Alltag selbstbestimmt zu gestalten, Dinge selbst zu tun. „Ich muss wat machen", sagt Käthe S., und das scheint allen gemein zu sein. Die körperlichen Schwächen nehmen zu, aber offenbar auch die psychologischen Stärken. Wie ist es sonst zu erklären, dass

Sibyll Klotz bei der Eröffnung der Ausstellung *Hochzeit, Schwarzmarkt und Randale* im Rathaus Berlin-Schöneberg, 1. November 2013; erste Reihe v. l.: Klara S., Charlotte K. (sie ist nicht im Buch vertreten), Hildegard J., Helga G., Ulla M., Hella und Albert K.

die Heidelberger Hundertjährigen-Studie zu dem Ergebnis kommt, dass die ganz Alten ihr Leben positiver bewerten als die jüngeren alten Menschen? Alle in diesem Band Interviewten sind beeindruckende Persönlichkeiten, die im Leben schon so manche Krise überstanden haben, daraus Stärke und Gelassenheit ziehen, sich ihre Neugier bewahren, und immer schimmert auch eine Prise Humor durch.

Wenn ich die Lebensgeschichten lese, wird mir nicht nur bewusst, wie viel leichter unser Leben geworden ist. Die über Hundertjährigen vermitteln in und zwischen den Zeilen, was wirklich wichtig ist, was glücklich und zufrieden macht. Und wie nebensächlich so vieles in unserem Alltag ist, das wir als Problem oder Ärgernis betrachten. Wir können von den Hundertjährigen selbst eine Menge lernen, aber auch aus der Zeit – oder besser den Zeiten –, in denen sie lebten. Auch, dass persönliches Glück und die Freiheit, das Leben selbstbestimmt in die Hand nehmen zu können, keine Selbstverständlichkeiten sind und von den politischen Verhältnissen abhängen.

Die Lebensgeschichten der Hundertjährigen sind nicht nur spannend und interessant und sind ein Stück Berliner Geschichte. Sie machen auch Mut für das eigene Älter- und Altwerden und zeigen die Möglichkeiten auf, die diese Lebensspanne mit sich bringt. Immer offen für Neues zu sein und sich eine positive Lebenseinstellung zu bewahren, das ist das wahre Geheimnis der Hundertjährigen.

„Ich war immer so 'ne Erfindernase"

Albert K., Dezember 1913 in Krefeld geboren, seit 1936 in Berlin

„Kommen Sie doch gegen halb elf", schlägt uns Albert K. am Telefon vor, „unsere Adresse haben Sie ja. Das Haus können Sie nicht verfehlen: Wir haben das schönste Haus in der ganzen Straße!"

Er hat nicht übertrieben: Das Haus aus dem 19. Jahrhundert fällt sofort ins Auge. Der Großvater seiner Ehefrau Hella erwarb es 1901 von einem gewissen Herrn Schreck, der das Haus hatte bauen lassen. Sein Sohn Max Schreck verbrachte hier seine Jugend. 1922 spielte er die Hauptrolle in Friedrich Wilhelm Murnaus Stummfilmklassiker *Nosferatu*. Die Geschichte des Hauses, die uns das Ehepaar Albert und Hella K. 2013 kurz nach Ostern in seinem Wohnzimmer erzählt, ist der Anfang eines bewegten Lebens. Albert K. ist überaus redegewandt, scharfsinnig und begeistert uns sofort

Auszüge aus dem Interview mit Albert K.:

mit detailgenauen Geschichten und seinem trockenen Witz. Mit seinem elegant verzierten Gehstock in der Hand, den er demonstrativ als Zeigestock einsetzt, führt er uns durchs Haus: „Das bin ich als Junge im Matrosenhemd im Kreise meiner neun Geschwister."

Durch den Wintergarten hindurch folgen wir Herrn K. in den großzügig angelegten Garten, in dem er bis heute leidenschaftlich gerne Bäume und Blumen pflanzt. An der Wand hängen maßstabsgetreue Modelle von Flugzeugen und Segelbooten, mit denen Albert K. unterwegs war. Ein bisschen traurig wird er beim Blick auf seine leere Garage: „Bis '99 bin ich Auto gefahren, aber jetzt musste ich meinen Mercedes verkaufen. Ich kann mich einfach nicht mehr schnell genug zur Seite drehen."

Matrosenanzug in Krefeld:
Albert K. mit einem seiner
neun Geschwister, Krefeld,
1919/20

„Meine Frau Hella betont bis heute, dass ich im Gegensatz zu ihr von Geburt an ein Rheinländer bin. Bis zu meinem 22. Lebensjahr lebte ich in Krefeld, im Kohlenpott. Wir waren neun Geschwister und wurden streng katholisch erzogen. Wichtiger als der Geburtstag war bei uns zu Hause der Namenstag, der groß gefeiert wurde. Meiner ist der 24. April, geboren bin ich aber am 30. Dezember 1913.

Bei uns zu Hause im Ruhrpott spielte sich das Leben in der großen Küche ab: Vor und nach dem Essen wurde gebetet. Nach dem Ersten Weltkrieg war das Essen knapp. Wir Kinder saßen auf der Bank, ich mag so vier oder fünf gewesen sein, und jeder kriegte seine Brotscheibe zugeteilt. Meine jüngere Schwester und ich haben nur das Weiche aus der Brotscheibe rausgegessen. Die Krusten, die haben wir hinten runterfallen lassen. Die Älteren, die natürlich nie satt wurden, krochen, kaum war das letzte Gebet gesprochen, unter den Tisch und schnappten sich die Krusten. Das wird 1918/19 gewesen sein.

Meine Mutter hatte viel Arbeit, das wurde mir erst später klar. Zur Unterstützung hatte sie eine tüchtige Haushälterin, nur wenn sie in den Wochen war, kam noch eine weitere Hilfe ins Haus. Mein Vater hieß Albert, wie ich, und war Schulleiter von Beruf. Er war vom alten Schlag. Zu der Zeit wurde in der Schule mit 'nem Reitstock geschlagen: ‚Hier wird kommandiert und pariert‘, lautete sein Wahlspruch. Dennoch sorgte mein Vater dafür, dass alle Kinder, auch meine sieben Schwestern, eine Ausbildung bekamen. Über die Segelfliegerei, die mich früh begeisterte, lernte ich einen Freund kennen, der in Berlin wohnte. Da hab ich mir vorgenommen: Den besuchste mal. Das hab ich Mitte der Dreißigerjahre auch gemacht und bin hier geblieben. So bin ich ein richtiger Berliner geworden. 1936 wohnte ich zur Untermiete in Tempelhof, ganz in der Nähe der Ullsteinstraße, in der Oberlandstraße 16. Ein Zimmer mit Frühstück kostete im Monat 40 Mark, mein Lohn als Schlosser lag bei 36 Pfennigen die Stunde. In meiner Heimat hatte ich das Gymnasium in der Quarta abgebrochen. Wir hatten einen Englischpauker, der ließ uns alles rückwärts übersetzen und das wollte mir einfach nicht in den Schädel. Da hab ich gepasst, zu Hause gab's 'nen Riesenkrach. Deshalb hab ich anschließend 'ne Schlosserlehre in Duisburg abgeschlossen.

Neben meiner Arbeit in Berlin besuchte ich die Abendschule, denn ich wollte Maschinenbauer werden. Für die Fahrkarten gab's unterschiedliche Preise: 20 Pfennige für die S-Bahn, 25 Pfennige für die U-Bahn. Meine Zimmerwirtin passte auf wie ein Luchs, dass ich nach 22 Uhr keinen Damenbesuch mehr empfing, denn es gab ja diesen Kuppelparagrafen, nicht wahr? [A]

Um mich in Berlin selbstständig machen zu können, habe ich mir von meiner ältesten Schwester Maria 500 Mark geliehen. Wie viele andere habe ich in einer Garage angefangen. Sie lag in Britz, dort richtete ich mir im April 1939 eine Schlosserwerkstatt ein. Dann kam ja die Zeit, in der man Soldat werden musste, das hat meine Pläne immer wieder unterbrochen.

Nach meinem Umzug nach Berlin hatte ich vergessen, mich umzumelden. Eines Tages sind se dahinter gekommen. Ich wurde ins OLEX-Haus vorgeladen, sollte mich bei der Ortskommandantur der Wehrmacht melden, gleich gegenüber vom Rathaus Schöneberg, das Gebäude steht ja heute noch am Platz.

Sobald ich im Büro des Majors erschien, fragte er harsch: ,Warum haben Sie sich nicht umgemeldet?' In dem Alter war ich ein bisschen schloddrig: ,Hab ich vergessen.' Der Major gab mir daraufhin die Anweisung: ,Damit Sie das das nächste Mal nicht vergessen, werden wir Sie jetzt einziehen.'

Wenig später erhielt ich den Marschbefehl, wurde gleich am 1. September '39 bei Kriegsausbruch eingezogen und diente im Nachrichtenregiment in Kladow. Nach dem Feldzug gegen Frankreich und Holland kam ich im Spätsommer 1940 zurück nach Berlin und arbeitete fortan im Auftrag des Reichsluftfahrtministeriums. [B]

In meiner Werkstatt entwickelte ich Lehrmittel für die Luftwaffe. Die feindlichen Bomber, die abgeschossen wurden, wurden von uns zerlegt und ausgewertet: Wo saß der Pilot, wo der Bombenschütze, wo der Heckenschütze? Anschließend bauten wir Modelle der feindlichen Flugzeuge. Die gingen an die Jagdfliegerschulen, damit die Piloten wussten, wo sie angreifen müssen. Damals wurde man da reingezogen, und ich war froh, dass ich Arbeit hatte.

Außerdem bekam ich von meinem Chef im Reichsluftfahrtministerium, der dort ein hohes Tier war (er hatte 'nen Posten bei Hermann Göring persönlich), die Chance, meinen Meister als

[A]
Laut § 180 StGB aus dem Jahr 1871 drohte Vermietern, die unverheirateten Untermietern ihre Wohnung bereitstellten, eine Haftstrafe. Erst 1969 wurde der Kuppelei-Paragraf weitgehend außer Kraft gesetzt.[1]

[B]
Das Reichsluftfahrtministerium wurde nach der „Machtergreifung" der Nationalsozialisten 1933 gebaut und bereits 1936 eingeweiht. Mit der kurzen Bauzeit des Monumentalbaus an der Wilhelmstraße, Ecke Leipziger Straße wollten die Nationalsozialisten ihre Tatkraft unter Beweis stellen. In das vom Krieg kaum zerstörte Gebäude zog 1949 das „Haus der Ministerien" der DDR ein. Heute ist hier der Sitz des Bundesministeriums der Finanzen.

Heirat im Krieg: Am 25. Oktober 1941 haben Albert K. und seine Frau Hella im Rathaus Schöneberg geheiratet

Maschinenbauer zu machen. Da die Herstellung von Lehrmitteln wichtig für den Krieg war, stellte er mich immer wieder u. k., das bedeutet ,unabkömmlich'. 1941 legte ich meine Meisterprüfung im Reichsluftfahrtministerium als Maschinenbauer ab. In diesem Jahr kamen viele Ereignisse zusammen, die mein Leben Schlag auf Schlag verändern sollten.

Im zivilen Leben hatte ich großes Glück. Am Sonntag, dem 14. Juni '41, lernte ich meine zukünftige Frau kennen. An dem Abend bin ich noch im Tanzcafé Berlin am Zoo ,schuchteln' gegangen. Das war genau dort, wo heute das Bikini-Haus steht. Auf vier Etagen spielten Kapellen, doch tanzen durfte man während des Krieges nur bis 23 Uhr, dann war Schluss. Ich wollte meine Tanzpartnerin abholen, doch die war mit einem Male spurlos verschwunden. Kurz darauf bemerkte ich, dass am Tisch in der Ecke noch ein paar junge Damen saßen, eine davon war Hella. Als ich jünger war, hatte ich mir fest vorgenommen: Vor dreißig heiratest du nicht! Doch dann ging alles ruckzuck. Hella und ich kannten uns gerade mal drei Monate und schon waren wir verheiratet. Es war Krieg, und gleich nach meiner Meisterprüfung musste ich

wieder zurück an die Front. Das hat unsere Entscheidung sicher
ein bisschen beschleunigt. Doch jetzt, meine Damen, stoßen wir
erst mal an!"

Herr K. geht zu dem herrschaftlichen Eichenschrank im
Wohnzimmer, öffnet die Bar und kommt mit einer Flasche
Traubenlikör zurück an den Tisch. Er schenkt gut gelaunt die
Gläser ein, und so stoßen wir um elf Uhr morgens an: „Schön,
dass wir uns kennengelernt haben. Prost meine Damen, Prost
Hella. Das belebt!" Im Laufe des Vormittags schenkt er uns
immer wieder nach. Dann klappt er ein altes Fotoalbum auf
und zeigt uns feierlich sein Hochzeitsfoto.

„Am 25. Oktober 1941 gaben Hella und ich uns im Rathaus
Schöneberg das Ja-Wort. Damit wir überhaupt eine einigerma-

Zur Begrüßung Traubenlikör: Im Wohnzimmer des Ehepaares Hella und Albert K., Berlin, 2013

ßen schöne Feier ausrichten konnten, sparte meine Schwiegermutter über Monate ihre Lebensmittelmarken. Heute sind Hella und ich über siebzig Jahre verheiratet. Eigentlich wollten wir uns auch kirchlich trauen lassen, aber da fingen die Schwierigkeiten an. Meine Frau ist Berlinerin und natürlich evangelisch getauft, sie sollte bei einer katholischen Heirat dem hiesigen Pfarrer unterschreiben, dass sie unsere zukünftigen Kinder katholisch erziehen und mich jeden Sonntag zum Gottesdienst schicken würde. Sie protestierte energisch und so fiel unsere kirchliche Trauung kurzerhand aus. Meine streng katholischen Eltern haben uns das lange nicht verziehen. Das hatte zur Folge, dass sie nicht zu unserer Hochzeit kamen und uns erst viele Jahre später in Berlin besuchten.

1943, nach der Geburt unserer Tochter Ute, bekam ich einen längeren Fronturlaub und konnte bei meiner Familie sein. In der Nacht zum 30. Januar '44 ist bei uns in Friedenau eine Luftmine runtergekommen. Sofort waren alle Häuser in der Umgebung unbewohnbar, die Fensterscheiben knallten samt Rahmen auf die Straße. In der folgenden Nacht wurden Brandbomben abgeworfen, sieben davon trafen unser Haus. Wir bildeten in Windeseile eine Eimerreihe. Ich stand auf dem Dach, als die Feuerwehr anrückte, doch die meinte, da wäre nichts mehr zu machen und zog wieder ab. Doch wir haben's geschafft! Wir konnten aus eigener Kraft unser Haus retten! Das Haus neben uns brannte bis auf die Grundmauern ab, ich hab noch die Schreie von unserem Nachbarn im Ohr: ‚Mein Haus brennt! Mein Haus brennt!‘

Gegen Ende des Krieges ging oft ‚Meiers Wunderhorn‘ los. Aber wissen Sie denn, wer Meier war? Na, das war natürlich Hermann Göring. Er verkündete großspurig: Wenn ein fremder Bomber nach Berlin kommt, dann will ich Meier heißen. Wenn die Luftschutzsirenen losgingen, hieß es bei uns immer: ‚Meiers Wunderhorn geht wieder.‘ Dreißig Jahre später fand ich eine der Brandbomben in unserem Dachstuhl, die ausgebrannte Bombe steckte fest.“

Albert K. zeigt uns die Bombe, die er sorgfältig in einem Kasten aufbewahrt. Später überlässt er sie uns für eine Ausstellung zum einhundertsten Jubiläum des Rathauses Schöneberg. Eigens dafür setzt sein Sohn Lutz einen Leihvertrag auf, und Herr K. ist heilfroh, als er seine Bombe wohlbehalten zurückerhält.

„Aufgrund der permanenten Bombardierungen, verlegte ich meinen Betrieb im Oktober 1944 nach Blankenburg in den Harz. Meine Werkstatt war sogar in der Reithalle des Welfenschlosses untergebracht. Frau und Kind kamen mit, denn auch sie konnten nicht länger in Berlin bleiben. Unser Haus hatten wir ausgeräumt, das gute Meißner Porzellan und unser Familiensilber verbuddelten wir im Garten.

Wenig später erhielt ich einen neuen Stellungsbefehl aus Potsdam. Ich musste im Dezember 1944 nach Küstrin, und meine Einheit wurde zur Verteidigung von Berlin abkommandiert. Zum Schluss kämpften wir noch an der Oder gegen die Russen. Um die Seelower Höhen zu verteidigen, rekrutierte die Wehrmacht die letzte Reserve: Junge, Alte und Kranke, alle mussten ran. Der Himmler hat sie bis zuletzt an die Front geschmissen. [C]

Am 14. April '45 bombardierten die Russen die komplette Front und brachen nach Berlin durch. Am gleichen Tag sind wir von der Oder abgehau'n. Am 20. April, zu Führers Geburtstag, geriet ich in russische Gefangenschaft. Die erwischten mich in so 'nem Erdloch. ‚Выходи! Vychodi!' (Komm raus!), befahl ein Russe. Ich sah nur seine Hand vor der Pistole. Da dachte ich: Jetzt isses aus. Die nahmen mich zu dritt in Empfang. Abhauen war so gut wie ausgeschlossen, ich hatte aber etwas später in der Gefangenschaft unwahrscheinliches Glück. Unter den Russen gab es einen, der ein bisschen Deutsch sprach. Er besorgte mir zivile Kleidung, und bei der nächstbesten Gelegenheit türmte ich. Kurz entschlossen nahm ich auf meiner Flucht einen jungen Flieger mit. Werner und ich verkrochen uns nachts im Wald. Mit Werner hab ich bis heute Kontakt. Weil ich ihn bei der Flucht mitnahm, betont er bis heute, dass ich sein Lebensretter bin. In zwei Tagen schlugen wir uns bis nach Berlin durch. Dort angekommen, sah ich zuerst nach, ob unser Haus noch steht. Die Türen waren mehr oder weniger offen, drin wohnten russische Soldaten.

An der Front hab ich unwahrscheinlich schlimme Bombenangriffe erlebt und selbst kein Splitterchen abbekommen. Viele meiner Freunde waren Jagdflieger und sind ums Leben gekommen. Oft habe ich bei mir gedacht: Wie ist das nur möglich? Der ganze Krieg ist ein einziger Irrsinn. Dass die Menschheit nicht vernünftig wird. Ich schau' mir heute keine Kriegsfilme mehr im Fernsehen an. Ich wurde an die Front geschickt und musste

[C]
Heute erinnert östlich von Berlin die Gedenkstätte Seelower Höhen an die größte Schlacht des Zweiten Weltkrieges auf deutschem Boden. Im Frühjahr 1945 standen sich im Oderbruch und auf dem Höhenzug Hunderttausende Soldaten gegenüber. Im April 1945 begann die letzte sowjetische Großoffensive auf europäischem Territorium.[2]

auf Menschen schießen, die ich nie vorher gesehen hatte. Aber ich musste schießen, sonst hätten sie mich erschossen. Mit den Russen zum Beispiel kamen wir prima aus, so erlebte ich das während und nach dem Krieg. An so etwas wie Selbstmord dachte ich nur einmal: Als wir an der Front eingekesselt waren.

Nachdem ich sicher war, dass unser Haus noch steht, fuhr ich zu meiner Familie nach Blankenburg. Doch als ich wieder zurück wollte, war Berlin plötzlich gesperrt. Die Alliierten ließen keinen mehr rein und verhängten eine Zuzugssperre. [D]

Die Frist lief im Oktober 1945 ab, die Stadt war überlaufen und für alle mussten Lebensmittel rangeschleppt werden. Ich ging zur Einwohnermeldestelle im Alten Rathaus Schöneberg am Kaiser-Wilhelm-Platz. Dort legte ich meinen Ausweis vor, denn damit war die Ausgabe von Lebensmittelkarten verbunden: ‚Ihr Ausweis hat keine Gültigkeit mehr!‘, sagte der Beamte schroff. Ich ließ mir nicht Bange machen und versuchte es in Tempelhof, da hatte ich ja früher meine erste Adresse als Untermieter. In Tempelhof änderte ich meine Strategie: Ich erzählte, dass ich aus der Kriegsgefangenschaft gekommen sei. ‚Na, ham se ooch die Entlassungspapiere?‘ ‚Nee‘, antwortete ich, ‚haben die Russen mir nicht mitgegeben.‘ ‚Und wo haben se hier jewohnt? Oberlandstraße 16, na und gibt's dort Nachbarn, die se aus dieser Zeit kennen?‘ Zum Glück lebte meine damalige Wirtin noch, ich brachte die ganzen Bestätigungen zum Amt und bekam endlich neue Papiere. Der Haken an der Sache: Ich war in Tempelhof gemeldet und konnte nur dort meine Lebensmittelkarten eintauschen. Dit war lästig, ich musste fast jeden Tag nach Tempelhof radeln. Doch das sollte sich bald ändern. Sämtliche Nachrichten der Stadt erfuhr man über Anschläge an Zäunen und Hauswänden. Eines Tages, als ich mal wieder die Zettel am Zaun studierte, stand dort: Tausche Zulassung Tempelhof gegen Zulassung Schöneberg. Ich ging sofort zu den Leuten und tauschte Tempelhof gegen Schöneberg.

Nach dem Krieg wurde Berlin zunächst von den Russen verwaltet. Gleich gegenüber von uns befand sich die Schule, dort hatten die Russen eine Ausgabestelle für Kartoffeln eingerichtet, natürlich bewacht, damit keiner was klauen konnte. Die Kartoffeln wurden regelmäßig an uns verteilt, die Russen waren umgänglich, wir kamen gut mit denen zurecht. Ich erinnere mich noch sehr genau an die erste russische Propagandaaktion: Da

[D]
Eine Zuzugssperre nach dem Krieg aufgrund der schlechten Versorgungssituation gab es auch in anderen deutschen Städten: In Berlin war von den Sowjets ab 1945 eine Zuzugssperre verhängt worden, die ab Oktober auch für ehemalige Berliner galt. Evakuierte und Kriegsheimkehrer mussten nachweisen, dass sie vor 1943 in Berlin gelebt hatten.

„Ich könnte tagelang erzählen." Albert K. im Jackett mit maritimer Krawatte, Berlin, 2013

wurden bei uns in Friedenau überall große Plakate geklebt, den Kopf von Stalin seh' ich noch vor mir. In großen Buchstaben war zu lesen: Die Hitler kommen und gehen. Aber das deutsche Volk bleibt bestehen, unterschrieben von Josef Stalin. [E]

Als meine Frau mit unserem Kind endlich wieder nach Berlin zurückkehren konnte, sah die Welt schon anders aus. Aber wenig später wurde mein Betrieb in Blankenburg im Ostharz beschlagnahmt. Obwohl die Bahn kaum noch fuhr, gab es für mich kein Halten mehr. Irgendwie schaffte ich es noch mal, über die Elbe zu kommen, inzwischen war das ja Grenzgebiet und die meisten Brücken über der Elbe waren gesprengt worden. Nachdem ich Blankenburg erreicht hatte, behaupteten meine eigenen Mitarbeiter: ‚Der Chef? Der ist nicht da, wir wissen nicht, wo der ist.' Mit allen Mitteln versuchte ich meinen Betrieb geltend zu machen, aber die Kommunisten waren schon an der Macht und die Leute vor Ort haben auf kommunistisch gemacht. Der Rädelsführer trug 'nen roten Schlips, aber es kann auch ein rotes Tuch gewesen sein. Er bot mir allen Ernstes an, ich könnte hier gerne als Schlosser anfangen. Ich schäumte vor Wut und protestierte heftig.

[E]
Plakate und Transparente aus dieser Zeit mit dem Stalin-Zitat sind im Deutsch-Russischen Museum in Berlin-Karlshorst zu sehen.[3]

Sofort meldete er mich bei der Polizei, ich wurde festgenommen und eingesperrt. Später stellte sich heraus, dass der Kommunist mal ein strammer SA-Mann gewesen war. Nach einer Zeit gelang es meinem Vater und meiner Schwester, mich wieder aus dem Gefängnis herauszuholen. Zurück in Berlin, beauftragte ich den Anwalt Dr. Spar mit meinem Fall, und mit seiner Hilfe bekam ich vor der Berlin-Blockade wenigstens noch ein paar meiner Werkzeuge und Maschinen zurück. Doch es half alles nichts: Ich musste wieder von vorn anfangen.

Eines Tages war ich in Neukölln unterwegs und traf einen Bekannten, den ich noch aus der Zeit der Fliegerei kannte. Er fragte mich: ‚Was machst du denn jetzt?‘ Ich antwortete kleinlaut: ‚Ich weiß nicht, ich bin noch auf der Suche.‘ Mein ehemaliger Fliegerkamerad hatte eine Idee: ‚Sag mal, kannste Propangasflaschen reparieren?‘ Darauf ich: ‚Vielleicht, hab ich aber noch nie mit zu tun gehabt.‘ ‚Ich bin jetzt bei ’ner Brennstofffirma, Branta in Britz, Geschäftsführer. Bei uns liegen 10 000 Flaschen rum, die alle nicht in Ordnung sind.‘ Nun sprang ich an: ‚Man könnte vielleicht aus drei Flaschen eine machen, die funktioniert.‘ Und das hab ich ein paar Jahre für die Firma übernommen, Verbindung ist alles. Gerade Propangas war nach dem Kriege enorm wichtig für die Versorgung, denn Stadtgas war nicht überall verfügbar. Nach der Montage der Gasflaschen konnte ich die Reste verwerten: Die kaputten Flaschenventile verkaufte ich als Buntmetall. Ich hab mir immer was einfallen lassen. Bezahlt wurde ich meist in Naturalien.

Besonders schwierig wurde es für uns während der Berlin-Blockade. Vor dem Rathaus Schöneberg kippte ich plötzlich um, als ich dicht gedrängt in der Menschenmenge stand. Mir wurde auf einmal schwarz vor Augen, man war so ausgehungert. Zum Glück standen Nachbarn von uns in meiner Nähe, die fingen mich auf. Ich rang nach Luft, rappelte mich langsam wieder hoch und schleppte mich völlig erschöpft nach Hause. Der Grund für die Menschenansammlung vorm Rathaus und auch vorm Reichstag war der Schwarzmarkt, hier kam jeder hin, der irgendwas zu tauschen hatte. Weil die Versorgung über die Lebensmittelkarten viel zu knapp war, ging die Schieberei los, zwischendurch gab’s ’ne Polizei-Razzia. [F]

1948, während der Luftbrücke, war ich dabei, als Ernst Reuter, Oberbürgermeister von Berlin, vor dem Reichstag seine welt-

[F]
Auf dem Schwarzmarkt in Berlin kostete ein Laib Brot bis zu 35 Mark. Wer beim illegalen Handeln von der Polizei erwischt wurde, musste mit einer Haftstrafe rechnen. Eingetauscht wurden Sachwerte von Schmuck bis hin zum Fahrradschlauch. Zigaretten waren die Ersatzwährung für die wertlos gewordene Reichsmark. Versuche der Alliierten, den Schwarzhandel zu unterbinden, blieben erfolglos. Die Währungsreform vom Juni 1948 und die damit einhergehende Normalisierung des Warenangebots trockneten jedoch den Schwarzmarkt aus.[4]

Ausflug zum Segelverein: Albert K. mit seiner Tochter Ute (*1943, rechts),
seinem Sohn Lutz (*1947, Mitte) und einer Freundin der Kinder, Berlin, 1950/51

berühmte Rede hielt. Am 9. September stand er auf einer Tribüne unter freiem Himmel: ‚Ihr Völker der Welt, schaut auf diese Stadt!' Im selben Jahr führte mich der Rechtsanwalt, der meine Ansprüche auf den enteigneten Betrieb in Blankenburg geltend gemacht hatte, in den Segelsport ein. Längst hatten wir uns angefreundet, und über ihn bin ich zum Segeln gekommen. Der Segelclub SV Nord 3 an der Insel Schwanenwerder wurde schnell mein zweites Zuhause. Heute bin ich mit Abstand der Älteste im Club. 65 Jahre Mitgliedschaft im Verein: Das hat's noch nie gegeben! Mein Sohn Lutz, der 1947 auf die Welt kam, ist mit dem Segeln aufgewachsen. Auch er ist ein begeisterter Segler, der bei den Regatten viele Preise geholt hat. [G]

Verreisen konnten wir nach dem Kriege nicht, das war einfach nicht drin. Aber wir hatten uns in der Nähe des Clubgeländes 'nen alten Eisenbahnwaggon organisiert. Darin richteten wir uns 'n kleines Zimmer ein und erholten uns am Wochenende. Nach dem Krieg sah es auf unserem Vereinsgelände in Schwanenwerder

[G]
Vor Kriegsende lebten auf der Insel Schwanenwerder, die auch „Bonzenwerder" genannt wurde, NS-Größen wie Joseph Goebbels und Albert Speer. Nach 1945 residierten hier Dwight D. Eisenhower, Lucius D. Clay, und der Verleger Axel Springer besaß hier Grundstücke.[5]

übel aus: Das Clubhaus hatten die Russen abgebrannt, die Boote wurden von den Amerikanern beschlagnahmt. Jetzt packten alle mit an, und schnell fand ich hier gute Freunde, mit denen ich später auf der Nord- und Ostsee, übers Mittelmeer und über den Atlantik segelte. Das Segeln mit meinen Freunden gehört zu den schönsten Erinnerungen meines Lebens! Einer davon war erster Geiger bei Herbert Karajan, ein zweiter hieß Georg Manecke, Professor für anorganische Chemie an der Freien Universität. Meine Freunde sind inzwischen leider alle tot, ich hab sie alle überlebt. Wir trafen uns dreimal die Woche im Club, auch außerhalb der Saison. Die Männer spielten Skat und die Frauen Canasta.

Anfang der Fünfzigerjahre konnte ich mir ein Dreibein-Auto anschaffen, eine BMW-Isetta, damit brachte ich die Clubkameraden entweder nach Hause oder nahm sie mit bis zum S-Bahnhof. Im Verein war ich nicht nur im Vorstand, sondern ich übernahm alle möglichen Ämter: Hafenmeister, Haus- und Grundstücksverwalter und Kasinowart. Und nicht zu vergessen, es eilt mir auch der legendäre Ruf als ‚Vergnügungsminister‘ voraus. Im Club gab's jede Menge Feste, und nicht selten haben wir da die Kronleuchter zum Schwingen gebracht!

Wie war das mit dem Segeln: Zuerst hatte ich ein L-Boot, das ich mir nach Feierabend aus einem Wrack zusammengebaut hatte. Ich war immer so 'ne Erfindernase! Ich entwickelte zum Beispiel Bootsböcke für das Winterlager aus Stahl. Früher wurden die aus Holz gebaut. Bis heute kommen meine Winterböcke aus Stahl auf allen Bootsplätzen zum Einsatz. Über unseren Verein hatte ich auch im Beruf Vorteile. Daher rate ich der jüngeren Generation: Geht in einen Verein und seht zu, dass ihr in den Vorstand kommt. Da könnt ihr viel lernen. Im Verein traf ich regelmäßig einige meiner Geschäftsfreunde. Dort sind alle vertreten: Ärzte, Steuerberater, Wirtschaftsfachleute oder sogar Gerichtsvollzieher. Durch ein persönliches Gespräch kann man da vieles klären und auf den Weg bringen."

Ein ganz besonderes Fest ist für Albert K. der hundertste Geburtstag am 30. Dezember 2013 im Segelverein. Zum Frühstück serviert ihm sein Sohn Lutz den an diesem Tag erschienenen Artikel aus der *Berliner Zeitung*. Das große Porträt über ihn schrieb die Journalistin Annett Heide. Kurz nach dem Frühstück werden seine Frau Hella und er ins Vereinsheim Schwanenwerder gefahren. Gegen Mittag ist der Saal randvoll mit Gratulanten, die Albert K. mit „hipp, hipp, hurra!" und Shantys hochleben lassen. Er bleibt gelassen, genießt sein Fest und stößt mit jedem an. Am Ende nimmt er souverän das Mikro in die Hand und hält aus dem Stegreif eine Rede. Gerne erinnert er sich an diesen Tag, bevor er weitererzählt.

„Nach der Aufhebung der Berlin-Blockade kam mich mein ehemaliger Chef vom Reichsluftfahrtministerium besuchen. Er brachte mich auf die Idee: ‚Bau doch Schultafeln! Die werden jetzt dringend gebraucht.‘ Bei dem Aufbau meiner neuen Firma profitierte ich sehr von den Kontakten im Verein, denn ein Oberschulrat war auch Mitglied bei uns und stellte mich seinen Kollegen vor. So einen Mentor braucht man manchmal. Ich fing wieder ganz klein an: Mit den ersten Mustertafeln im Gepäck fuhr ich mit der Bahn nach Spandau, um sie dort zu präsentieren. Anfangs konnte ich mir in meiner kleinen Firma zur Schultafelherstellung keine Bürokraft leisten, da half mir meine Frau und unterstützte mich sehr."

Wir sitzen im Garten unterm Sonnenschirm, auf dem Tisch steht gedeckter Apfelkuchen, und Albert K. schenkt uns Mineralwasser ein. „Für Kaffee ist es heute einfach zu warm. Ach, da kommt ja meine Frau", sagt Albert K. lächelnd. Hella K., 1920 in Berlin geboren, bringt sich nach einer kurzen Begrüßung ins Gespräch ein: „Ich ging auf das Lyzeum in Friedenau, dort ist schon meine Mutter zur Schule gegangen. In unserer Straße wohnte meine Freundin Rahel, die später nach Russland emigrieren musste. Nach dem Einjährigen hab ich im Büro gelernt. Wenn man nicht so ’ne Idee hatte, denn ging man ins Büro. In dieser Zeit wurde ich Mitglied im Deutschen Frauenwerk (DFW) und später hab ich auf dem Postscheckamt gearbeitet." Nach einer Weile zieht ihr Mann das Gespräch wieder an sich, geht mit uns ins Wohnzimmer und zeigt uns seine Ölbilder.

„Der Erfolg mit meiner Firma blieb nicht aus, denn es wurden jede Menge Schulen und Universitäten gebaut. Wenn mich meine

Meißner Porzellan, Kronleuchter, Ölbilder und Skulpturen zeigt uns Albert K. in seinem Esszimmer, Berlin, 2013

Geschäftsfreunde besuchten, ging ich gerne mit ihnen in die Gemäldegalerie. Hier in unserem Wohnzimmer haben wir etliche Kopien von alten Meistern aus dem Museum zu hängen, die ein Freund von Hellas Großvater in Öl gemalt hat. Besonders stolz sind wir auf Tizians großes Porträt *Das Mädchen mit der Fruchtschale*. Doch seit das Original eines Tages restauriert wurde, bleib ich lieber zu Hause und freue mich über die dunklen Farben und die rissige Oberfläche auf unserer Kopie.

Bis 65 habe ich gearbeitet, anschließend hatte ich jede Menge mit dem Umbau unseres Hauses zu tun. Über mich sagen die Leute: ,Geht nicht gibt's nicht. Pass mal auf, wenn der Alte kommt, der macht dir das vor.'"

Hella K., die inzwischen auch ins Wohnzimmer gekommen ist, meldet sich jetzt energischer zu Wort und betont: „Am wichtigsten war ihm seine Arbeit. Ohne seine Arbeit hätte mein Mann nicht sein können. Ob in seiner Firma oder nach Feierabend, er hat sich immer betätigt." Als Albert K. siebzig Jahre alt war, hat er sich nach einem viel zu teuren Angebot eines Architekten dazu entschlossen: Einen Wintergarten, den baue ich mir selber. Bis heute ist sein selbstgebauter Wintergarten sein ganzer Stolz.

„Wenn ich als Rentner mal meine Geschwister im Ruhrpott besuchte, fragte mich mein Bruder schon am Telefon: ‚Albert, kannste wieder deine Bohrmaschine mitbringen?‘ Mal lief seine Jalousie nicht richtig, mal klemmte die Haustür, na, irgendwas war immer kaputt und ich hab's repariert.

Was ich bis jetzt noch gar nicht erzählt habe und was heute nur unwahrscheinlich selten vorkommt: Unsere Kinder Ute und Lutz wohnen beide mit ihren Familien direkt über uns, im ersten und zweiten Stock unseres Hauses. Meine Tochter ist auch schon siebzig Jahre alt, stellen sie sich das mal vor. Ute und Lutz unterstützen uns, helfen meiner Frau und mir zum Beispiel bei der Schreiberei.

Meinen langjährigen Freund Georg Manecke, Professor für Chemie, habe ich schon erwähnt. Als die Mauer fiel, rief er mich an und fragte: ‚Wollen wir heute zusammen nach Ost-Berlin?‘ Ich war sofort einverstanden, und Georg fuhr mit seinem Wagen vor. Im Tiergarten konnte man zu dieser Zeit noch überall parken, da war nicht so 'n Betrieb wie heute. Wir konnten endlich wieder durchs Brandenburger Tor gehen, die Linden runter, die wir vor dem Bau der Mauer oft besucht hatten. Zum Glück unternahmen wir im Dezember 1989 diesen Ausflug ins wiedervereinte Berlin gemeinsam, denn kurze Zeit später starb mein Freund Georg ganz plötzlich an einem Herzinfarkt.

Georgs Witwe half ich später, fuhr mit ihr zur Bank und unterstützte sie im Alltag, bald kamen weitere ältere Menschen hinzu. So wurde ich mit achtzig noch Gebrechlichkeitspfleger, so hieß das damals. Hierfür besuchte ich einen Lehrgang und erhielt einen Ausweis vom Amtsgericht Schöneberg. Das hab ich 'ne ganze Weile gemacht, heute ist man selber soweit und braucht beim Einkaufen Hilfe.“

In den Stunden, die wir mit ihm in seinem Garten und Haus, im Segelverein und im Rathaus Schöneberg verbracht haben, hat sich großes Vertrauen entwickelt. Nach vielen Gesprächen und Diskussionen hat er uns das „Du“ angeboten. Wir konnten offen über Themen wie sein sehr hohes Alter, den Tod und seine sehr individuelle Lebensphilosophie reden.

„Ich würde genauso wieder leben, wie ich gelebt habe, bin also mit meinem Leben zufrieden. Nicht sehr zufrieden, aber zufrieden. Was ich geschafft habe, habe ich durch eigene Kraft erreicht. Schwierig war es für mich, dass meine Firma immer wieder verlagert wurde. Oft musste ich wieder ganz von vorne anfangen. Doch lautet meine Devise: Wenn man tüchtig ist, kann man alles. Und die gilt bis heute. Wenn ich zum Arzt muss, nehme ich den Rollator in die Hand und gehe los: Das geht langsam, aber ich schaffe es alleine. Darauf kommt es an.

Warum ich ein so hohes Alter erreicht habe? Das muss in unserer Familie liegen, ich bin das siebte Kind von zehn. Maria, meine älteste Schwester, ist auch fast hundert Jahre alt geworden. Von meinen Geschwistern sind alleine sechs über neunzig geworden. Auf gesunde Ernährung oder regelmäßigen Sport hab ich nie geachtet; na ja, geraucht hab ich nicht. Heute hab ich bis auf das Gehen keine Beschwerden, zehn Tabletten muss ich jeden Tag nehmen, die reine Chemie hält mich am Leben.

Was kommt nach dem Tod? Die Geschichten über das Fegefeuer hat sich die Katholische Kirche ausgedacht. An und für sich sind die Zehn Gebote als soziale Regeln nicht schlecht, aber da hält sich keiner dran. Durch die moderne Wissenschaft ist der Glaube an Gott ja längst widerlegt worden. Wenn man sich den Weltraum anguckt, seit Millionen von Jahren existieren dort andere Gestirne, und dann wird einer, der hier zur Welt kommt, sagen: ‚Ich bin Jesus, jetzt machen wir das alles anders.‘ Dann soll der das alles über ’n Haufen schmeißen können? Dit halte ich für äußerst fragwürdig. Meiner Meinung nach hat die Religion viel Unglück über die Menschheit gebracht, aber das will keiner hören, nicht wahr? Die Religionskriege, die Hexenverbrennungen und all diese Geschichten, da sind Menschen einfach niedergemacht worden. Und der Papst, na gut, der ist natürlich ein wichtiger Mann. Wenn die Leute früher vom Papst sprachen, wurde nur leise gesprochen. Aber dit is doch ein Mensch wie jeder andere.

Schlechte Laune habe ich äußerst selten, aber wenn ich mal Ärger habe, geh ich in meinen Garten. Da bin ich sofort abgelenkt und vergess' den Kummer. Wenn ich könnte, würde ich am liebsten den Spaten nehmen und im Garten Unkraut jäten, Geranien habe ich erst gestern gepflanzt.“

„Die heißen alle Albert." Albert K. zeigt mit dem Stock auf seinen
Vater und Großvater: „Das ist meine Ahnengalerie", Berlin, 2013

Bevor wir uns von Albert K. verabschieden, zeigt er vom Wintergarten aus in Richtung Rasen und verrät uns mit einem Augenzwinkern: „Wenn Sie uns das nächste Mal besuchen, zeig
ich Ihnen, wo wir die Schwiegermutter verbuddelt haben."

„Wir waren alles Wäschermädels"
Käthe S., Juli 1913 in Köpenick geboren

„Kommen Sie von Friedrichshagen?", fragt uns Käthe S. bei unserem Besuch im Herbst 2016. „Nein, aus Charlottenburg und Kreuzberg." Darauf antwortet sie lachend: „Mensch, ihr seid ja Westler!" Zur Flasche Rotwein sagt sie: „Na, hätten Se mal gleich Gläser für alle mitjebracht!" Als wir sie nach dem Alltag in der Wäscherei fragen, ist sie begeistert: „Ach, wenn ich hier irgendwo Wäsche seh', juckt mich dat heute noch. Am liebsten wasche ich meine Sachen selber. Kochend Wasser und Seifenpulver in den Eimer rin, damit krieg ich meine Wäsche weiß. Janz wichtig ist dat Spülen! Das ist die Hauptsache beim Waschen, die Seife muss raus."

„1152, unsere Nummer weeß ick noch, das war der Anschluss in unserer Wäscherei in Köpenick, Grünauer Straße. Das Telefon war so ein Kasten an der Wand, den konnte man je nach Größe hoch und runter stellen. Damals musste man sich übers Amt verbinden lassen. In die Wäscherei bin ick rinjeboren, in unserer Familie waren alle Wäscher. Köpenick ist ja 'ne Fischer- und Wäscherstadt, man sagt: ‚Köpenick ist die Waschküche Berlins.'

Meine Eltern haben 'nen Teil von der Wäscherei meiner Großeltern übernommen. Zuerst hatten wir ein Pferdefuhrwerk, was war das für eine Freude, wenn wir in den großen Ferien mitfahren durften. Die frische Wäsche wurde an die Kunden ausgeliefert und die dreckige Wäsche landete in Säcken oben auf dem Wagen. Nach ein paar Jahren kam das mit den Autos auf. Mein älterer Bruder Willy, geboren am 30. Dezember 1909, hatte Feinmechaniker gelernt. Kaum hatte er seine Lehre abgeschlossen, gaben wir das Pferdefuhrwerk auf. Mein Vater Otto Förster hatte beschlossen, dass wir uns einen Wagen zulegen sollten, und als Fahrer wurde mein Bruder eingesetzt. Einen Chevrolet hatten wir, aber alle Vierteljahre gingen bei dem die Kupplungsscheiben kaputt, da konnten Se druff warten. Wir waren kein Großbetrieb, das woll'n wir gleich mal klarstellen, der Betrieb war 'ne Genossenschaft und wir Mitglied. In unserer Wäscherei arbeiteten zwölf Personen. Da Willy nicht jeden Tag fahren musste, lieferte er auch für andere Geschäfte Ware aus. Besonders viele Pakete zu Weihnachten für das Warenhaus Tietz.

Zu Hause war ich von drei Kindern die Jüngste, zuerst kamen Willy und meine Schwester Erna zur Welt. Ich bin am 30. Juli 1913 in Köpenick in der Flemmingstraße geboren, da schrieb sich Köpenick noch mit 'nem C (seit 1. Januar 1931 wird Köpenick mit ‚K' geschrieben).

Ich wohnte 48 Jahre lang in unserer Straße, wo die Spree in die Dahme fließt. Wir sind alles Köpenicker, meine Mutter Emma Förster, geborene Wunsch, wuchs in der Wäscherei auf. Um die Ecke von uns wohnte die ganze Verwandtschaft. Einer der Brüder meines Vaters arbeitete als Kutscher bei der Firma Spindler. Als der berühmte Hauptmann von Köpenick verhaftet wurde, stand Onkel Paul als Zuschauer in der Nähe. Da verhafteten se den gleich mit, doch er kam wieder frei, denn er hatte ja nicht jemacht. [A]

Ein Cousin meines Vaters, Erich Förster, führte zusammen mit seiner Frau Lieschen ein großes Lokal in der Kurzen Straße.

[A]
1906 erwarb der arbeitslose Schuster Wilhelm Voigt die Uniform eines Hauptmanns des ersten Garderegiments beim Trödler. In dieser Uniform setzte er im Rathaus Köpenick den Bürgermeister und Kassendirektor fest und verschwand mit der Stadtkasse. Kurz darauf wurde er aufgespürt und verhaftet.[1]

Die Mutter mit drei Kindern, Käthe S. ist die Jüngste, Köpenick bei Berlin, um 1916

Anfangs hatte Onkel Erich als erster Chauffeur der Wäscherei Landrock gearbeitet, eine große Firma, denen jehörte die halbe Grünauer Straße.

Die Spezialität im Lokal Förster waren Tante Lieschens Buletten und Pfannkuchen, dort trafen sich die janzen Vereine: der Sparverein, der Gesangverein ‚Felicitas' und unser Kegelclub. Später wurden mein Mann und ich Mitglied in vielen Vereinen, wir machten alles mit und gingen gerne aus.

Als Vierjährige bekam ich plötzlich große Angst, fing an zu weinen und wollte mich hinterm Küchenschrank verkriechen, denn mein Vater stand in seiner Soldatenuniform aus dem Ersten Weltkrieg in unserer Küche. Am Wochenende wurden wir drei Kinder oft von einem alten Ehepaar betreut. Die waren streng gläubige Baptisten und wohnten bei uns. Doch als sie uns mit zu ihren Gottesdiensten schleppen wollten, haute mein Vater auf den Tisch: ‚Nee, jetzt ist Feierabend, Schluss damit!'

Wenn in der Wäscherei was fertig werden musste, arbeiteten meine Eltern auch am Sonnabend, pünktlich Feierabend hatten die nicht. Wir Kinder bekamen dann dreißig Pfennige in die

Hand gedrückt und gingen ins Kino: ins Union und Forum. Nach dem Kinobesuch spielten wir uff der Straße Völkerball.

Mit sechs Jahren kam ich in die Volksschule, Glienicker Straße 5, das war die Gemeindeschule und 'ne reine Mädchenschule. Unser Lehrer hieß Gandert und war ein Stinkstiefel, der trank viel und schlug uns. Ich kriegte keene Dresche, denn im Rechnen, Schreiben und Handarbeiten war ich jut, im Betragen bekam ich sogar die Note sehr gut.

Nach der Volksschule bot mir mein Vater an, ein Jahr lang die Haushaltsschule zu besuchen, und da lernte ick viel. Mit 14 Jahren fing ich bei meinen Eltern in der Wäscherei an zu arbeiten. Abends kennzeichneten wir die eingelieferte Wäsche und am andern Morgen ging's in der Waschküche los. Unsere Kunden bekamen jeder ein kleines Buch, darin wurde genau aufjeschrieben, was und wie viel Wäsche sie bei uns in Auftrag gaben. Sobald eine Lieferung

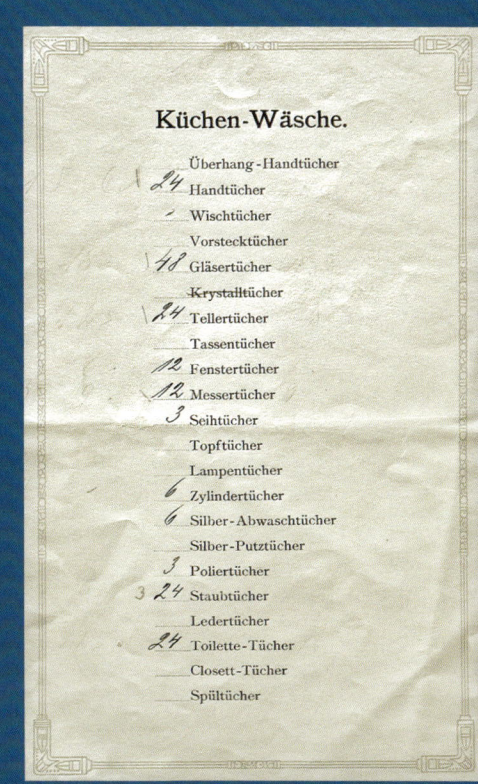

Wäscheliste aus der Kaiserzeit

kam, mussten wir jedes Stück nachkontrollieren und mit Fäden markieren. Für die Kennzeichnung stand bei uns eine große Übersichtstafel, auf der in allen Farben Garnrollen hingen. Die Farbe gab an, wem die Wäsche gehörte, das war wie eine Unterschrift. Zusätzlich markierten wir die Wäschestücke noch mit einem Punkt oder Stern. Extra gewaschen und gekocht wurde weiße Wäsche, dazu jehörte auch die ganze Leibwäsche. Unter glatter Wäsche lief bei uns Bettwäsche, Tischzeug und Servietten, die übrige bunte Wäsche wurde noch mal in hell und dunkel sortiert.

Bei uns ging ein Waschtag um sechs Uhr morgens los. Jeder Sack mit der sortierten Wäsche wog bis zu hundert Pfund und wurde in großen Maschinen gewaschen. Und denn ging die Arbeit los. Die derbere Wäsche wurde getrieselt, ausjeschlagen und uffgehängt. Trieseln, das bedeutet schleudern in großen Mengen. Getrocknet wurde dann in einem großen Kasten, ,Kientopp' haben wir dazu jesagt, ein Trockenapparat, der in unserer Waschstube stand und ohne Strom lief. Vorne kam die Leibwäsche rin, wurde anjeklammert und jekurbelt. Wenn vorne alles voll war, kam det Zeug nach 'ner Zeit hinten trocken wieder raus.

Besonders aufwendig waren Gardinen und Decken, vor allem die Filetdecken (gehäkelte Decken) machten viel Arbeit. Die spannten wir auf die ,Funktürme', diese Ständer konnte man je nach Größe einstellen und gleich mehrere Decken untereinander aufspannen. Die ,Funktürme' gingen so schräg nach oben und daran wurden die Wäschestücke mit Nadeln festgesteckt. Doch das Spannen, das ging auf die Finger, und wenn die Decken und Gardinen endlich trocken waren, mussten se die noch ausplätten.

Für die Oberhemden hatten wir zwar 'ne Presse, aber auch die mussten am Ende nachgeplättet werden. Wir plätteten elektrisch, die alten Bügeleisen mit Holzkohle gab's nicht mehr. Zum Bügeln kannte ick nischt anderes, bei uns hing alles schon an Strippen. Im Plätten war ich janz groß, hab später für die ganze Umgebung Oberhemden noch und noch jeplättet.

Die schrankfertige Wäsche wurde am Ende sorgfältig in große Körbe gepackt. Meine Großmutter, die lieferte noch zu Fuß mit 'ner Kiepe aus (ein hoher Korb, den man festgeschnallt auf dem Rücken trug).

Blusen und Hemden verpackten wir einzeln in Seidenpapier, das war viel Uffwand. Und die Leibwäsche musste mit 'ner schweren Rolle mit Steinen drin gerollt werden. Zuerst musste die Wäsche glatt gelegt werden, kam in Rolltücher und wurde am Ende in einer Maschine elektrisch zusammengerollt.

Bis vor Kurzem bewahrte ick noch een Buch mit unseren alten Preisen uff. Einen Bettbezug reinigen, das kostete ungefähr sechzig Pfennige, Gardinen aber zwei oder drei Mark, denn an der Kante mussten wir mit einer Art Brennschere Tüllen formen, ‚tollen‘ haben wir dazu gesagt. Später sollte ich die Wäscherei übernehmen, aber es kam alles anders, nach dem Krieg war es aus. Die Russen räumten unsere Wäscherei komplett aus, unsere Wohnung nutzten sie als Motorradwerkstatt.

Mein Vater Otto Förster war keen richtiger Wäscher, er hatte Schriftsetzer gelernt und arbeitete beim Ullstein-Verlag in Tempelhof. Dadurch bekam unsere Familie die Bücher billiger, und wir haben so gerne gelesen. Nebenbei verdiente sich Vater was als Bücherrevisor dazu und half in der Wäscherei aus. Was mein Vater nicht gerne sah, war, wenn ich als junges Mädel ausging. Da wurde er ’n bisschen strenge und, na jut, ich hatte ’n janz schönes Temperament. Ich ging gerne mit unserer Clique ‚juchteln‘ und tanzen, wir fünfe waren alles Wäschermädels. Nach Berlin fuhren wir nur selten, vor allem ging’s nach Grünau und Schmöckwitz. Da mein Bruder Willy bei SC Union spielte, wurde ich ’ne Fußballbraut. Jeden Dienstag kamen wir mit zum Fußballtraining, anschließend hieß es: ‚Kinder, wir jehn nach dem Blumenjarten!‘ (das heißt, in ein ehemaliges Gasthaus an der Oberspree: Moerner’s Blumengarten, Ostendstraße 11–139).

Kurz darauf bekam ich in der Tanzschule Ruhwein in Köpenick meine ersten Tanzstunden, nahm bald sogar an Turnieren teil. Unser Lehrer hieß Krüger und gab gerne lautstark den Takt an, ich lernte Tango, Walzer und Rheinländer. Ick hatte ’ne schöne Jugend.

Eines Tages fand ein großes Turnier in Rahnsdorf statt, stolz trug ich mein neues orangefarbenes Kleid und hatte ’nen prima Tanzpartner an meiner Seite. Bei diesem Tanzturnier lernte ick meinen späteren Mann kennen. Da war ick erst 17 Jahre, wollte lieber mit den anderen juchteln gehen. Ich wollt nicht mit ihm gehen, doch Otto war drei Jahre älter als ich und ließ nicht locker.

Ich suchte Rat bei meiner Schwester Erna und war hin- und hergerissen. Was will der denn von mir? Ich mach Schluss, den-

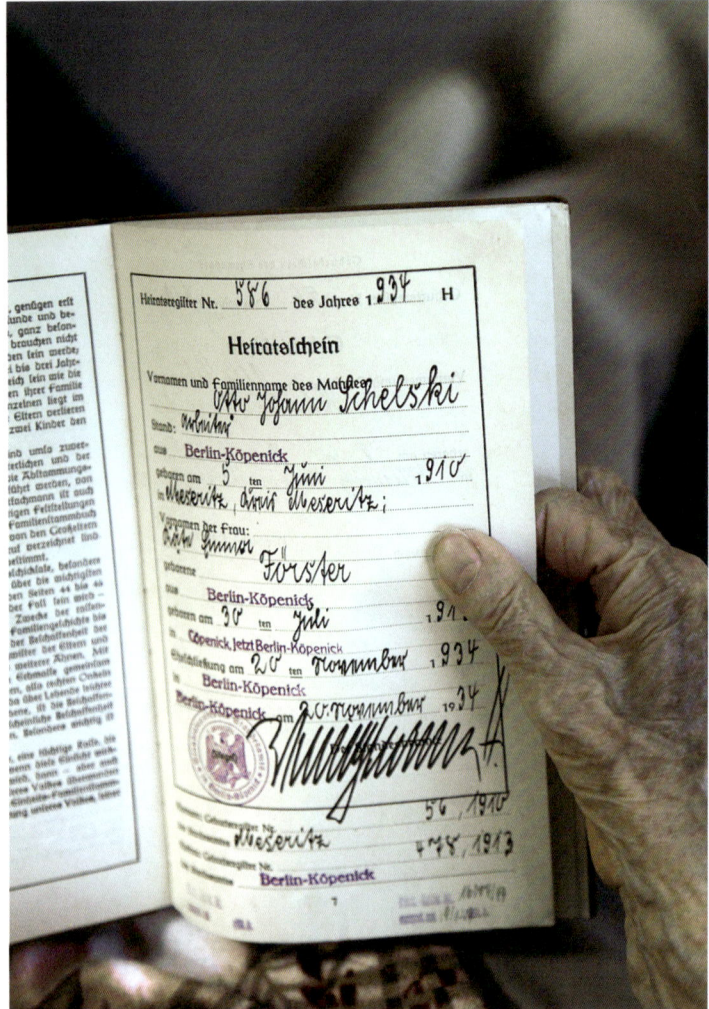

Käthe S. zeigt ihren
Heiratsschein von 1934

noch ging es weiter. Einmal zog Otto fluchend ab: ‚Zum Don-
nerwetter noch mal, jetzt hab ich die Faxen dicke.‘ Ich dagegen
atmete auf. Andern Mittag zeigte meine Schwester in Richtung
Fenster: ‚Käthe, guck mal, wer da vorm Haus steht‘, sofort ging
ich vom Fenster weg. An dem Tag hatte Otto sich entschieden,
jetzt oder nie. Er klingelte bei uns, sprach lange mit meinem Vater,
der die Verehrer seiner Töchter gründlich unter die Lupe nahm.
Wenig später machte mir Otto einen Heiratsantrag, und wir blieben
tatsächlich zusammen. Als ich zwanzig wurde, verlobten wir uns.

Am 30. November 1934 heirateten wir in Köpenick. Mein
Ehemann Otto hatte seine Staatsangehörigkeit in Preußen, er ist
1910 in Meseritz bei Posen geboren, heute liegt das in Polen. Das

gab 'n Affentheater auf dem Standesamt, jetzt passen Se uff. Otto musste nachweisen, dass er arisch ist, dazu forderten die Beamten entsprechende Papiere von uns. Und genau da stellte sich meine Schwiegermutter quer, sie kam weder zu unserer Hochzeit, noch rückte sie die Papiere raus. So heirateten wir ohne ihr Einverständnis. Vor unserer Heirat kannte mein Mann kein richtiges Familienleben, da seine Eltern in Scheidung lebten, in unserer Familie wurde er dagegen sofort uffjenommen. Das Einzige, was meine Schwiegermutter für ihren Sohn tat: Sie vermittelte ihm eine Lehrstelle bei der Lufthansa in Tempelhof. Otto hatte Autoschlosser gelernt und arbeitete lange Zeit als Fahrer. Er pendelte jeden Tag zwischen Köpenick und Tempelhof, da fuhr 'n Zug, das war viel besser angebunden als heute. Als Fahrer bei der Lufthansa wurde Otto immer wieder freigestellt und musste daher nicht an die Front.

Als frisch gebackenes Ehepaar hatten wir zwar unser Schlafzimmer zusammengespart, doch anfangs hatten wir keene Wohnung, deshalb musste meine Mutter ein Zimmer für uns räumen, was mir leidtat. Später bekamen wir endlich eine Wohnung und wohnten wie meine Eltern in der Flemmingstraße. So, und wat wollen Se noch wissen?"

Wir fragen Käthe S., ob sie sich erinnert, was 1933, ein Jahr vor ihrer Hochzeit, in Köpenick passiert ist. Sofort schlägt sie die Hände über dem Kopf zusammen und antwortet aufgeregt:

"Die Blutwoche! Die haben Leichen in die Dahme rinjeschmissen, in Säcke einjepackt. Direkt gegenüber von uns in der Brüderstraße passierte es. Da stellten Männer in SA-Uniform Leute an die Wand und knallten alle ab. Furchtbar war das, da durfte sich keiner draußen blicken lassen. Und bei Demuths in der Elisabethstraße 23 (heute Pohlestraße 13, gemeint ist das SA-Lokal Demuth) war was los, da tagten die Nazis ooch immer. [B]

Nach dem Krieg fuhr ich zusammen mit meiner Mutter zur Gerichtsverhandlung gegen die Täter ins Amtsgericht. Da stand auch der Letz vor Gericht, er war 'n frecher Hund, aber mir fällt sein Vorname nicht ein. Seine Mutter arbeitete manchmal bei uns in der Wäscherei. Ihr Sohn war zuerst Kommunist und dann Nazi, also immer 'n Nutznießer. Der Letz wurde zusammen mit

[B]
Die „Köpenicker Blutwoche" vom 21. bis 26. Juni 1933 war ein Höhepunkt des frühen SA-Terrors in Berlin nach dem Reichstagsbrand. Hunderte SA-Männer verschleppten bis zu 500 politisch Andersdenkende und Juden und folterten sie, mindestens 24 Menschen starben. Die SA inszenierte am 26. Juni 1933 mit Gauleiter Joseph Goebbels an der Spitze ein Staatsbegräbnis in Köpenick für drei dabei erschossene SA-Männer, die zu Märtyrern stilisiert wurden. An die Ereignisse erinnert die Gedenkstätte Köpenicker Blutwoche in der Puchanstraße 12.[2]

Käthe S. mit Ehemann Otto und Tochter Eva,
Berlin-Köpenick, um 1949

anderen Männern zur Verhandlung in den Gerichtssaal geführt.
Meine Mutter und ick saßen auf der Bank, wurden immer kleener, wir zitterten vor Angst, dass der uns erkennen würde. [C]

Doch während der Nazizeit bekamen wir nur wenig mit,
hatten mit der Politik nichts zu tun. Von den Nazis hielten wir
nichts und besaßen ooch keene Fahne. 1935 kam unsere Tochter
Eva zur Welt, und ich kann mich erinnern, dass ich einmal mit
ihr auf dem Arm an der Ecke Linzstraße stand, in der Nähe vom
Bahnhof Köpenick. Da marschierten Nazitrupps an uns vorbei,
und dumm wie wir damals alle waren, hofften wir: Das ist der
Anfang, Hitler kommt und es wird besser. Die Nazis marschierten in Richtung Berlin, und anschließend ging ich mit meinem
kleinen Kind nach Hause. Dieser Aufmarsch geht mir bis heute
durch den Kopf, vor allem, wenn ich nicht schlafen kann.

Sämtliche Geschäftsleute in Köpenick mussten von der Innung
aus in die Partei (NSDAP) eintreten, und schließlich wurde auch
mein Vater Mitglied. Er wurde nur als Blockleiter eingesetzt,
dem ham se 'ne Büchse zum Geldsammeln in die Hand jedrückt.
Meine Mutter sagte verzweifelt: ‚Ich arbeite nicht für die, ich

[C]
Einer der Mörder war der
mehrfach vorbestrafte Fritz
Letz. Zuvor hatte er im März
1933 die SPD-Kommunal-
politikerin Maria Jankowski
misshandelt. Letz, einer von
61 Tätern, wurde von der
4. Großen Strafkammer des
Landgerichts Berlin (Ost) im
Sommer 1950 zum Tode
verurteilt und am 20. Februar
1951 in Frankfurt (Oder)
hingerichtet.[3]

mach det nicht mit!' Auch mein Vater wollte bald nicht mehr mitmachen, da schmissen ihn die Nazis aus der Partei raus, ob das noch andere Gründe hatte, weeß ich nicht.

Der Krieg nahm kein Ende und mein Vater warnte uns: ,Käthe, du und die Kleine, ihr müsst weg, die Angriffe in Berlin werden immer schlimmer.' Kurz darauf organisierte mein Mann unsere Evakuierung. Über seine Firma Lufthansa bekamen wir ein Quartier bei einem Bauern in Simmersdorf, das ist sieben Kilometer von Forst in der Lausitz entfernt und lag direkt am Flugplatz. Mir wurde 'ne kleine Wohnung zugeteilt, und ich arbeitete als Köchin. Mein Dienstherr Freiherr von Arlt war Tuchmacherfabrikant. Sein Schloss lag gleich nebenan vom Bauern, und ich kochte für die Familie von Arlt. Mein Mann war weiterhin als Fahrer für die Lufthansa im Einsatz, er besuchte uns am Wochenende in Simmersdorf, die Woche über schlief er zu Hause in Köpenick.

Im Frühjahr 1945, kurz vor Kriegsende, zogen wir wieder zurück nach Köpenick. Ich erinnere mich, die Sirene heulte mal wieder, und wir mussten runter in den Luftschutzkeller. Da dachte ich bei mir: ,Otto ist noch nicht von Tempelhof zurück. Ich nehm' mal lieber 'nen Anzug mit runter, damit er sich schnell umziehen kann.' Mein Mann trug 'ne Lufthansa-Uniform und an den Knöpfen war das Lufthansa-Emblem. Abends erreichte Otto Köpenick, hatte sich mit dem Rad irgendwie durchgeschlängelt, denn nichts fuhr mehr. Kaum angekommen, zog er sich im Keller sofort um und versteckte seine Uniform, doch hatte er nicht an seine Mütze gedacht, denn auch daran prangte das Emblem von der Lufthansa: die Schwalbe. Mittenmal kamen die Russen in den Luftschutzkeller und entdeckten das Emblem an seiner Mütze: ,Was? Hier?', fragte uns einer der russischen Soldaten. Zum Glück hatten wir so einen ulkigen Nachbarn, der einfach behauptete: ,Fußball!' Und dann ging's den janzen Abend um Fußball. Wir sahen zu, dass Ottos Mütze unauffällig verschwand. Das mit dem Fußball war unsere Rettung, sonst hätten sie meinen Mann mitgenommen. So 'ne Kleinigkeit wie ein Emblem konnte plötzlich lebensbedrohlich sein.

Bei uns im Haus wohnte so ein 500-prozentiger Nazi, selbst als die Russen längst Köpenick besetzt hatten, glaubte der Kien immer noch an den ,Endsieg'. Wir wohnten Parterre, und eines

Tages lag vor unserer Tür plötzlich seine Hakenkreuzfahne. Zum Glück stand ick früh uff, suchte irgendwas und sah, was da vor unserer Tür lag. Bis dahin hatten wir mit den Kiens 'ne Freundschaft, aber dann legt er uns seine Flagge vor unsere Haustür, so falsch war der. Nicht dran zu denken, wenn det die Russen jesehn hätten.

Nach dem Krieg wurde mein Vater abjeholt, er saß ein Jahr lang in Haft. Doch darüber wollte er nicht mit uns sprechen. Das Einzige, was er uns erzählte, war, dass er mit dem Schauspieler Heinrich George im gleichen Lager gesessen hatte. Da hatte er jemanden, mit dem er sprechen konnte. [D]

Nach 1945 verlor mein Mann seine Arbeit bei der Lufthansa, eigentlich hatte er geplant, sich als Autoschlosser selbstständig zu machen, doch damit war es aus. Zuerst fand er Arbeit in einer Streichholzfabrik in der Landjägerstraße, kurz darauf stellte er fest: ,In 'ner Fabrik arbeiten jehn, das ist mir nischt.' Stattdessen half Otto vorübergehend im Kohlengeschäft von Erwin Kerber aus, den er sehr gut kannte. Anschließend wurde er Fahrer beim Konsum und lieferte über 25 Jahre lang Ware in die Filialen aus, alles ,WtB', Waren für den täglichen Bedarf. Otto war tüchtig, konnte gut organisieren und erwarb sich schnell 'nen guten Ruf in Köpenick, dadurch wurde auch ich bekannt. Der hatte Talent und Verbindung, und wenn irgendwas fehlte, kamen viele Leute zu uns, der hat aus Scheiße Geld jemacht. Außerdem bekam Otto für seine Arbeit im Konsum Prämien, davon konnten wir Ferien an der Ostsee machen, das war 'ne schöne Zeit!

Als unsere Tochter Eva heranwuchs, zog ihr mein Vater eine Wäscheleine im Garten und meine Mutter nähte ihr 'ne Klammertasche. Einen Kindergarten gab's nicht, genau wie ich wurde Eva während der Woche von fremden Leuten betreut. Schon früh wurde uns klar: Dit ist keen Wäschermädel. Als unsere Tochter erwachsen wurde, wollte sie gerne das Friedrich-Fröbel-Haus in Pankow besuchen und Kindergärtnerin werden. Doch dadurch, dass mein Mann nicht in den Krieg musste, wurde das abgelehnt, Eva stünde kein Platz auf der Erzieherinnenschule zu. Man würde Mädchen bevorzugen, deren Väter als Soldaten im Krieg gekämpft hatten. Dennoch machte Eva ihren Weg und lernte bei der Firma Kälte Richter an der Warschauer

[D]
Der Theater- und Filmschauspieler Heinrich George wurde im Juni 1945 vom Sowjetischen Volkskommissariat für Inneres (NKWD) zunächst im Speziallager Nr. 3 Berlin-Hohenschönhausen inhaftiert. Ihm wurde unter anderem die Beteiligung an NS-Propagandafilmen und Durchhalteappellen kurz vor Kriegsende vorgeworfen. 1946 kam er in das ehemalige Konzentrationslager Sachsenhausen, wo er wenig später an den Folgen der Haftbedingungen starb.[4]

Brücke im Büro. Genauso wie ich ist meine Tochter immer in Köpenick geblieben.

Noch vor der Gründung der DDR kamen alle vier Wochen Parteimitglieder auf uns zu und fragten, ob wir nicht in die SED eintreten wollten, doch nein, das wollten wir nicht. Unsere Nachbarin Christel sprach meine Tochter an: ‚Na Evchen, jetzt biste 14, dann kommste in die FDJ‘, doch Eva sagte: ‚Nee, da geh ich nicht rein!‘ Daraufhin meldete uns die Nachbarin sofort, die war von Anfang an Parteimitglied und Nutznießerin. Nicht mal mein Cousin, ausgebildeter Diplom-Ingenieur, wurde Mitglied in der SED.

Nach 1945 verloren wir unsere Wäscherei in der Grünauer Straße an die Russen. Meine Eltern hatten weder ’ne Wäscherei noch ’ne Wohnung und mussten eine Zeit lang in der Laube leben. In der ersten Zeit ging ich sauber machen in die Bücherei am Tunnel, dort hatte ich nette Kollegen. Später half ich oft in unserem Konsum aus, packte Sachen ein und plättete wieder Wäsche für die janze Umgebung. Ick konnte und wollte nicht zu Hause bleiben; ick musste wat tun.

Über meine Schwägerin bekam ich bald einen neuen Job im Westen. Da ich gut nähen konnte, arbeitete ich für den Herrenschneider Kleinschmidt. Er war ein erstklassiger Schneider und führte ein schönes kleines Geschäft am Olivaer Platz in Charlottenburg. Der Schneider gab mir Ausbesserungsarbeiten wie Knopflöcher nähen mit nach Hause. Ich bekam ’nen Schlüssel für seinen Laden. Doch als ich beim ersten Mal eine der hinteren Türen aufschließen wollte, hing plötzlich ’ne Kette davor. ‚Au‘, denke ich, ‚Käthe sei wachsam. Der stellt dich jetzt auf die Probe.‘ Als ich kurz darauf dem Schneidermeister gegenüberstand, wies ich ihn darauf hin: ‚Ich bin mit Chefs groß geworden, aber dass ich bei Ihnen heimlich was mitnehme: Nein, das hab ich nicht nötig!‘ Herr Kleinschmidt winkte ab: ‚So war das nicht gemeint, kommen Sie bloß wieder.‘ Etliche Jahre fuhr ich rüber in den Westen, da mir die Arbeit bei dem alten Herrn Kleinschmidt gefiel. Da seine Frau und er keine Kinder hatten, nahm ich bei ihnen ein bisschen die Tochterrolle ein.

Zur Arbeit nach Charlottenburg nahm ich jedes Mal ’nen andern Weg wegen der vielen Kontrollen auf beiden Seiten. Wir

Betriebsfest mit Kolleginnen, Käthe S. rechts am Fenster, Berlin-Köpenick, 1960er-Jahre

Ostler konnten für Ostgeld auch drüben mit der Straßenbahn oder mit dem Bus fahren.

Aber nach dem Mauerbau im Sommer 1961 war Schluss mit meiner Arbeit im Westen. Erst als Rentnerin fuhr ich wieder regelmäßig und sehr gerne in den Westen, ab und zu begleitete mich mein Mann. Wir hatten zwar keine Verwandten drüben, aber meine Nachbarin Evelyn, die als Verkäuferin im Konsum arbeitete, hatte enge Verwandtschaft in Friedenau, erhielt jedoch keine Erlaubnis, in den Westen zu reisen.

So fuhr ich oft an ihrer Stelle rüber und besuchte die Tante von Willy Brandt, die in einem Friedenauer Altenwohnheim lebte, ihren Namen weeß ich nicht mehr. Sie bot mir eines Tages sogar eine ihrer Wohnungen im Westen an, aber mein Mann und ich wollten in Köpenick bleiben. Bei den West-Besuchen ging es um das Erbe meiner Nachbarin, so ging ich an ihrer Stelle mit dem Geld einkaufen und schleppte die Sachen nach Köpenick.

Einmal hätten die mich an der Grenze fast gefilzt, ich musste gut aufpassen, auf beiden Seiten wurde weiterhin streng kontrolliert.

Was ich bei dem West-Ost-Schmuggel verdiente, habe ich verbraten. Wie viel Geld ich damals schwarz eingetauscht habe, das erzähle ich nicht. Erst stand der Kurs niedrig, nachher ging der hoch auf eins zu sechs. Zurück vom Westbesuch, ging ich gerne in den ‚Exquisit'-Laden am Alexanderplatz einkaufen, gleich am Roten Rathaus oben. Dort leistete ich mir eine weiße Strickjacke für 140 Ost-Mark, und die hält bis heute. Ich trage gerne Sachen aus dem ‚Exquisit' und werde wegen der guten Qualität von anderen gefragt, wo ich das gekauft habe. [E]

Aus meiner Familie Förster in Köp'nick sind alle sehr alt jeworden, na gut, nicht so alt wie ick. Auf meine Eltern bin ich stolz. Leider ist meine Mutter früh an Zucker kaputtjegangen, furchtbar war das. Nachdem sie blind wurde, starb sie mit nur 69 Jahren. Vater wurde 87 Jahre, und mein Bruder Willy ist 107 geworden, er ist 2016 an Krebs gestorben.

[E]
Ab 1962 wurden in der DDR „Exquisit"-Geschäfte eröffnet. Sie boten neben hochwertigen DDR-Produkten vor allem importierte Textilien an, die mit DDR-Mark bezahlt werden konnten. Die Preise lagen in den „Exquisit"-Geschäften wie auch den „Delikat"-Läden mit ihrem Angebot an Lebens- und Genussmitteln weit über dem sonst in der DDR üblichen Preisniveau.

Silberne Hochzeit, Berlin-Köpenick, 1959

Jetzt ist meine Tochter Eva ooch schon 84 Jahre, ein bisschen schade, dass ich keene Enkel habe. Eva und ihr Mann Reinhard wohnen in Köpenick und besuchen mich oft in der Senioreneinrichtung. Nach 'ner Reihe von Krankheiten musste ich 1999 meine Wohnung uffgeben. Als Erinnerung daran hängt bei mir im Zimmer der Teppich mit Blumen an der Wand. Den haben mein Mann und ich, als wir beide uff Rente waren, zusammen geknübbert.

Otto war sehr tüchtig und ein lieber Mann. Er segelte gerne und baute zusammen mit unserem Schwiegersohn Reinhard, der Bootsbauer gelernte hat, nach Feierabend seine Boote. Eins davon war 'ne O-Jolle (Olympia-Jolle, 1936 olympische

An Bord mit Freundinnen auf dem Müggelsee, 2. v. l.: Käthe S., Berlin-Köpenick, 1970er-Jahre

Klasse), mit der er auf dem Müggelsee und später auf der Ostsee schipperte.

In den Ratskeller gingen mein Mann und ich gerne aus. Unser Rathaus in Köpenick, dat ist een Prachtstück! In Pankow musste ich mal auf 'ne Beerdigung gehen, also das war 'ne Drecksspelunke, dagegen ist unser Rathaus blitzeblank.

Vier Wochen vor unserer Goldenen Hochzeit ist Otto plötzlich gestorben, das war sehr schlimm für mich. Das ick so alt geworden bin, ist een Wunder. Ich bin immer doll aktiv und vergesse, dass ich 103 bin. Auch, dass ich drei Krebse überlebt habe, schiebe ich einfach weg."

Wir blättern in einem Buch mit historischen Aufnahmen von Köpenick. „Das ist das Wäschegeschäft von Richard Bauch, die hatten schöne Leinenwäsche. An der Köpenicker Freiheit, an der Dammbrücke gab's das Geschäft Seidenreit für Schürzen. Die führten herrliche frisch gestärkte Leinenschürzen, die trug ich am liebsten." Eines ist Käthe S. besonders wichtig:

„Ick muss wat machen! Mein selbstgebackener Kuchen ist im Hause sehr beliebt, für meine Mohnstolle bekomme ich viel Lob. Früher, als es den Mohn noch nicht fertig zu kaufen gab, musste der von Hand gerieben werden. Mensch, war dat allet schwer. So lange ich irgend kann, wasche ich meine Wäsche selber, da macht mir keener wat vor, und das macht mir immer noch Spaß. Meine Einstellung zum Leben? Ick bin so, wie ick bin. Ick bin 'n Arbeiterkind, und dabei bleib ick.

Ab und zu beschwert sich Christa, die Schulfreundin meiner Tochter, bei mir: ‚Sag mal Käthe, wo warst du denn? Ich habe so oft versucht dich anzurufen.' Dann antworte ich: ‚Na, wat soll sein. Wenn schönes Wetter ist, bin ick unten im Jarten.'"

„Geschichte – dafür hab ich
mich besonders interessiert"

Gertrud B., Februar 1914 in Libau/Kurland geboren, seit 1917/18 in Berlin

Zum ersten Mal treffen wir 2012 vier hundertjährige Frauen in einer Friedenauer Senioreneinrichtung. Gertrud B. bringt sich ins Gespräch ein, aber sie zögert, an einem Einzelinterview teilzunehmen. Als die Tür aufgeht und weitere Frauen zur Runde stoßen wollen, ergreift sie das Wort: „Nee, das ist nichts für Sie. Sie sind zu jung für diesen Kreis. Sie sind doch höchstens achtzig." Als es zum Interview mit Frau B. kommt, sind wir von ihrer selbstbewussten, kritischen Persönlichkeit und ihrem fotografischen Gedächtnis beeindruckt.

„Ich bin im Frühjahr 1914 in Libau geboren, im Baltikum an der Ostsee. Das war damals russisch, heute liegt Libau in Lettland.

Von drei Kindern bin ich die Jüngste und heiße Gertrud Nelly Elisabeth B. Meine Schwester Sigrid war zehn Jahre älter als ich und mein Vorbild. Unser Bruder Percy ist mit nur vier Jahren an ‚Genickstarre' gestorben, so nannten es die russischen Ärzte damals, wir grübeln bis heute, ob er an Kinderlähmung oder Hirnhautentzündung starb.

Bald nach meiner Geburt brach der Erste Weltkrieg aus, und meine Eltern und meine Schwester Sigrid mussten von Libau nach Hamburg fahren. Meine Mutter Agathe B., geborene Mahr, konnte nicht stillen, und genügend Milch für mich konnte man nicht mitnehmen. Sicher hätte ich als Säugling die Reise über Riga, Sankt Petersburg, Finnland und Schweden bis nach Hamburg nicht überlebt. Deshalb mussten meine Eltern mich bei dem lettischen Dienstmädchen Lina in Libau zurücklassen, doch die hat ganz rührend für mich gesorgt.

Nach eineinhalb Jahren, als das Baltikum von den deutschen Truppen besetzt war, kam ich zurück zur Familie. Meine Mutter und Tante Adele holten mich an der Grenze bei Tilsit ab. Doch da erkannte mich meine Mutter kaum wieder und fragte: ‚Ist das mein Kind?', denn ich war unglaublich wohlgenährt und prall, auch meine Haarfarbe hatte sich verändert. Meine Mutter erzählte, ich sah aus wie ein blonder Engel. So lebten wir in Hamburg, sind aber noch oft nach Libau gefahren. Als 1917 die Russische Revolution losging, zogen wir nach Berlin. Von da an habe ich fast immer in Berlin gelebt.

In Libau hatte mein Vater Hans B. eine Glasfabrik mit rund hundert Arbeitern geleitet. Da wurden Gläser aller Art hergestellt, auch Kunstverglasungen und Glasmosaike. Nachdem er aus dem Ersten Weltkrieg zurückkam, versuchte er noch einmal vergeblich, seine vollkommen zerstörte Fabrik wieder in Schuss zu bringen. Zwischendurch arbeitete Vater auch mal als Angestellter, er musste immer wieder neu anfangen. Am Ende gründete er sogar eine Spiegelfabrik in Ost-Berlin, doch dann ist er enteignet worden.

Vater diente in beiden Kriegen als Soldat. Als er 1918 nach Hause kam, war er für mich ein völlig unbekannter Mann. Er gab sich große Mühe, mich für sich zu gewinnen. Doch an unserem eher distanzierten Verhältnis änderte sich im Grunde wenig, auch nachdem meine Mutter 1941 starb, sie wurde nur 65 Jahre. Vom

Gertrud B. mit zwölf Jahren, Berlin, 1926

Charakter her war Vater fürsorglich und sozial eingestellt. Mir wurde als Kind viel von Wilhelm Busch und Fritz Reuter vorgelesen, und ich erinnere mich an ein wunderbares Kaleidoskop. Für unsere Familie setzte sich Vater stets ein und opferte sich auch für andere auf. Er wurde 89 Jahre alt.

Eine besonders frühe Kindheitserinnerung ist ein Besuch in Hagenbecks Tierpark in Hamburg, da muss ich sehr klein gewesen sein. Ich sehe deutlich das große Tor vor mir, links eine lange Reihe bunter Menschengestalten, die in der Sonne standen. In den Zoo hinein führte ein großer Weg, links saßen überall herrlich bunte Papageien. Das alles hat mich viel mehr bewegt als die großen Tiere im Zoo. Heute weiß ich, dass es abscheulich war, dass man dort Menschen wie Tiere ausstellte. Das müssen Menschen aus Ostafrika gewesen sein, weil wir dort ja Kolonien hatten. Außer ihnen befanden sich dort afrikanische Askari, die zur militärischen Schutztruppe für Deutsch-Ostafrika gehörten. [A]

Angekommen in Berlin, wohnten wir vorübergehend bei Verwandten in Prenzlauer Berg, dann zogen wir nach Frohnau in eine einfache Unterkunft. Meine Mutter Agathe malte gerne,

[A]
Die sogenannten Völkerschauen stellten das Leben fremder Völker angeblich „authentisch" in Zoologischen Gärten nach. Carl Hagenbecks Schauen der wie Tiere ausgestellten Afrikaner, Asiaten oder Indianer waren berühmt. „Völkerschauen" gab es von 1870 bis 1940.[1]

sie interessierte sich für alles Schöne. Da sie nicht gerne kochte, brachte sie mir das Kochen nicht bei, deshalb koche ich bis heute nicht. Mutter stammt aus Hamburg, mein Vater aus der Uckermark in Brandenburg. Meine Eltern lernten sich auf der Kunstschule in Hamburg kennen und lieben.

In Berlin trat meine Mutter in den Vaterländischen Frauenverein ein und nahm mich oft zu den Zusammenkünften mit. Ein bisschen sorgte der Verein sogar für unsere Familie. Bei einem Kaffeenachmittag hörte meine Mutter, dass eine Frau in unserer Nachbarschaft plötzlich gestorben sei. Sie hatte das Gefühl, sie müsse sofort dorthin, um zu kondolieren, und nahm mich mit. Auf dem ganzen Weg dahin heulte ich furchtbar los und war einfach untröstlich. Da sagte meine Mutter, so hart wie sie manchmal sein konnte, zu mir: ‚Na, so wirst du bei meinem Tode nicht weinen.' Sie ahnte nicht, dass mich Trauer schon als Kleinkind tief bewegte, insbesondere der Tod von Onkel Adolf, der 1917 fiel. ‚Ach', winkte meine Mutter ab, ‚du denkst ja nur an den Puppenwagen, den du nicht bekommst.' Doch daran dachte ich mit keiner Silbe.

Mit sechs Jahren wurde ich in Frohnau eingeschult. Bei der Einschulung wusste meine Mutter nicht so gut Bescheid. Alle anderen Kinder bekamen 'ne große Schultüte überreicht, nur ich nicht. Und dann trug ich auch noch 'ne russische Mütze, keines der Kinder in Deutschland hatte so was auf dem Kopf, furchtbar fand ich das. Unsere Schule lag am Bahnhof, eine Privatschule, die von Mutter und Tochter geführt wurde, das Donnersmarck-Lyzeum. Zu Beginn wurden wir ausgerechnet im Singen geprüft, und bei uns zu Hause war es nicht üblich zu singen. So sang ich zu tief und wurde fortan als ‚Brummer' bezeichnet.

Als ich acht war, zogen wir für zwei Jahre nach Darmstadt, damals drangen die Franzosen weit über den Rhein bis nach Darmstadt vor. Unser Nachbarort war bereits besetzt. Da sich unsere Familie in Darmstadt nicht recht wohl fühlte, kehrten wir schon 1924 zurück nach Berlin. Anfangs wohnten wir möbliert in der Nähe vom Hohenzollernplatz. Auf eigenen Wunsch besuchte ich das Realgymnasium für Mädchen an der Cecilienschule, einer höheren Mädchenschule in Wilmersdorf, benannt nach der Kronprinzessin Cecilie. Eine Schule mit hohem Niveau.

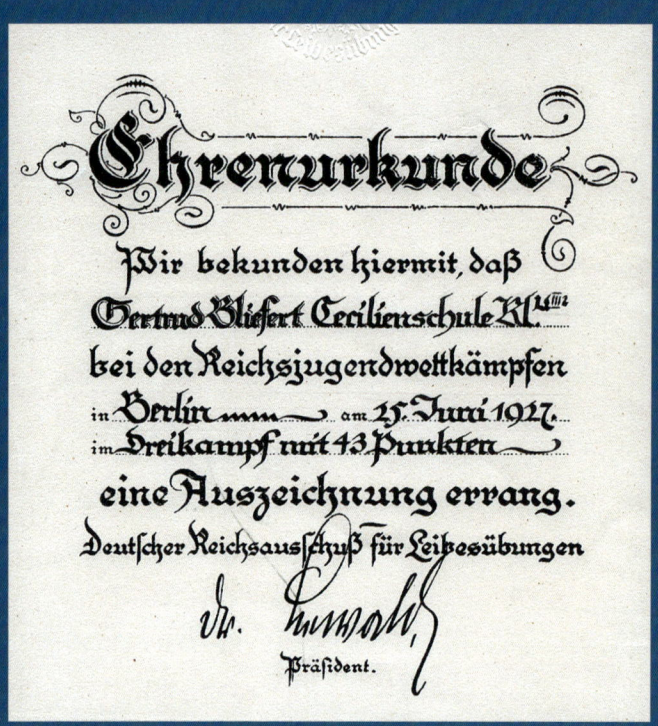

1928 erlebte ich den spektakulären Flug des Zeppelins. Um das Luftschiff vom Tempelhofer Feld aus sehen zu können, schwänzte ich nach anfänglichem Zögern wie die anderen Mädchen die Schule und fing mir meinen ersten Tadel ein. Ich bekam einen Eintrag, und der stand nachher auf meinem Zeugnis. Der Weg zum Tempelhofer Feld erschien uns weit, heute ist das nur ein Katzensprung.

Mein Lieblingsfach in der Schule war immer Geschichte, dafür hab ich mich von jeher besonders interessiert. Für Sprachen dagegen hatte ich keinen Sinn, bin deshalb sogar sitzen geblieben. Ich bekam sowohl in Englisch als auch in Französisch eine Fünf.

Eine Lehrerin, die mir wohlgesonnen war, riet mir, ich solle auf die Mozartschule in Charlottenburg wechseln, dort hätte ich es ein bisschen leichter. Von nun an hatte ich einen weiten Schulweg, musste 'ne halbe Stunde und länger laufen, denn das Geld für eine Monatskarte konnten sich meine Eltern nicht leisten. Die Mozartschule, die ich von 1931 bis 1934 besuchte, lag in der Guerickestraße 32. Tatsächlich lohnte sich der Wechsel: Die Mozartschule verließ ich mit einem guten Abitur in der Tasche.

Dass eine junge Frau überhaupt ihr Abitur machen konnte, war alles andere als üblich."

Gertrud B. unterbricht unser Interview und fragt streng: „Bevor Sie etwas über mich veröffentlichen, erwarte ich in jedem Fall, dass Sie mir zuerst den Text zeigen!" Wir erklären ihr unser Projekt und gehen später sämtliche Texte mit ihr durch. Sichtlich beruhigt, spricht sie über die Religion, die ihr sehr am Herzen liegt.

„Von Kindheit an lernte ich das Beten, darin führte mich meine Mutter ein. Nach meiner Konfirmation wurde mir bewusst, dass Gott für mich etwas ganz Großes ist. Ich habe nach meinem Konfirmationsspruch gelebt, den ich mir selber aussuchte: ‚Wenn Ihr mich von ganzem Herzen sucht, so will ich mich finden lassen.‘

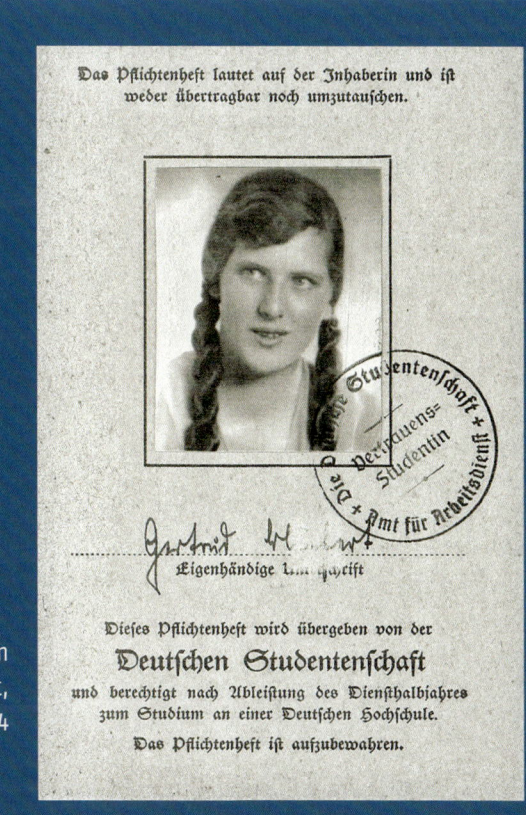

Pflichtenheft für Abiturientinnen von der Deutschen Studentenschaft, ausgestellt in Berlin 1934

Was ich sehr mag, ist die Geschichte vom heiligen Christophorus, der Christus übers Wasser trägt. Mit den Texten aus dem Buch Hiob aus dem Alten Testament beschäftige ich mich bis heute in unserem Theologischen Arbeitskreis in Dahlem. Und später hat mich natürlich mein Studium geprägt, vor allen Dingen die Zeit an der Universität in Tübingen. Doch darauf komme ich später zurück.

Noch als Schülerin wurde ich 1930 Mitglied im christlichen Pfadfinderbund Vortrupp. In unseren Pfadfinderuniformen marschierten wir Mädchen und Jungen gerne auf, sogar mal in Sechserreihen durchs Brandenburger Tor. Aufmärsche und Zusammenkünfte erlebte ich auch als junge Frau viele, auch 1933 bei der Maifeier auf dem Tempelhofer Feld stand ich dicht gedrängt zwischen den Tausenden von Zuschauern (am 1. Mai 1933 wurde auf dem Tempelhofer Feld ein gigantisches Massenspektakel der Nationalsozialisten veranstaltet). Im selben Jahr, März 1933, stand ich vor der Garnisonkirche in Potsdam. Der sogenannte Tag von Potsdam, mit Hindenburg und Hitler vor der Kirche, ging ja in die Geschichte ein. Sehr lange Zeit besaß ich eine Aufnahme von diesem Ereignis. [B]

Auch die Judenverfolgung erlebte ich mit und wusste, dass Juden von den Nazis abgeholt wurden. Doch nahm ich an, dass sie an Orte wie Theresienstadt gebracht würden. Dort konnten sie zwar nur sehr eingeschränkt leben, aber ich stellte mir nichts Schreckliches vor, das wurde äußerst geheim gehalten. Von den Konzentrationslagern und der Ermordung durch Gas erfuhr ich erst 1945. Als mir davon das erste Mal erzählt wurde, konnte ich das nicht glauben, wirklich nicht!

Vor 1933 besuchte ich die zehnte Klasse der Cecilienschule bis zur Obersekunda. Auf unsere Schule in Wilmersdorf gingen viele Jüdinnen, wir waren ein Herz und eine Seele.

Innerhalb kürzester Zeit kam dieser Wandel, dass auf einmal alles Jüdische so negativ abgetan wurde. Vorher waren sowohl unsere Vertrauensschülerin als auch unsere Lehrerin jüdisch. Unsere Klassenlehrerin Frau Dr. Friedberg oder Friedmann, den Namen weiß ich nicht mehr genau, soll sich nach 1933 umgebracht haben. [C]

Meine jüdischen Schulfreundinnen sind hoffentlich alle rechtzeitig aus Deutschland herausgekommen. Von zweien weiß ich

[B]
Der Staatsakt mit Reichspräsident Paul von Hindenburg und Reichskanzler Adolf Hitler fand am 21. März 1933 statt. Bei vielen Deutschen fiel das symbolträchtige Foto vom scheinbar ehrerbietigen Handschlag Hitlers mit Hindenburg auf fruchtbaren Boden: Sie verbanden mit dem „Tag von Potsdam" die Hoffnung auf Überwindung der als nationale Zerrissenheit wahrgenommenen politischen Lage in Deutschland. Nur zwei Tage später verabschiedete der Reichstag das Ermächtigungsgesetz, das Hitler diktatorische Vollmachten einräumte.[2]

[C]
Es könnte sich dabei um Bella Friedmann, geborene Schuster, handeln. Sie wurde am 17. April 1882 in Bernalillo/New Mexico/USA geboren und lebte bis zu ihrem Selbstmord am 16. März 1939 in Berlin. 1933 war in der Berliner Cecilienschule jede zweite der 600 Schülerinnen jüdischer Herkunft.[3]

Gertrud B. beim Arbeitsdienst, Molkenberg/Fürstenwalde, 1934

bestimmt, dass sie nach England flüchteten und dort anfangs als Krankenschwestern arbeiteten. Eine weitere Mitschülerin, eine Engländerin, ist rechtzeitig von ihrer Mutter nach England geholt worden. Mit ihr stehe ich bis heute in Verbindung.

Eine andere Freundin von mir lebt in Kanada, mit ihr habe ich auch noch Kontakt. Früher telefonierten wir oft um Mitternacht miteinander, aber jetzt bin ich zu müde, das schaff ich leider nicht mehr. Mitunter schreibe ich ihr Briefe. Na, lesen kann ich gut, das Schreiben geht gerade mal noch so.

Meinen späteren Beruf als Lehrerin verdanke ich im Übrigen meiner alten Religions- und Geschichtslehrerin, die ich sehr verehrte. Ihr Mann warnte mich früh vor den Nazis, vor allem nach dem Röhm-Putsch im Sommer 1934. Er machte mich auf die politischen Hintergründe aufmerksam: Dass nicht, wie es offiziell hieß, eine Verurteilung stattgefunden hatte, sondern Hitler seine Kameraden einfach niederschießen ließ (im Zuge des sogenannten Röhm-Putsches am 30. Juni 1934 entledigte sich Adolf Hitler missliebiger Weggefährten in der SA und ließ darüber hinaus noch weitere Regimegegner umbringen). Aus dieser Zeit kenne ich den Anfang des Nazi-Horst-Wessel-Liedes: ‚Die Fahne hoch! Die Reihen fest geschlossen! SA marschiert mit ruhigem, festem Schritt‘, doch weiter weiß ich nicht mehr.

Im Sommer leistete ich pflichtmäßig den Deutschen Frauenarbeitsdienst ab, sonst wäre ich nicht zum Studium zugelassen worden. Mir wurde bescheinigt, dass ich in Molkenberg bei Berlin als Arbeitsmaid an der „Arbeitsgemeinschaft Glaube und Rasse" teilgenommen hatte. [D]

So studierte ich anschließend an der Friedrich-Wilhelms-Universität Geschichte und Theologie. Neben dem Abitur brauchte man eine zusätzliche Bestätigung, um überhaupt studieren zu können. Ein Professor musste bescheinigen, dass ich das Studium gut durchführen würde, und ich erhielt den Nachweis. Ich wunderte mich, warum das Abitur nicht ausreichte. Erst viel später erfuhr ich, dass Hitler nicht wollte, dass so viele Leute ein Studium aufnehmen. Bestimmt, weil Akademiker kritischer denken.

1935 trat ich dem Weltbund Christlicher Studenten bei und gehörte der Bekennenden Kirche an. Bei unseren Zusammenkünften fürchteten wir uns sehr, entdeckt zu werden. Deshalb wählten wir dafür besonders sichere Orte, zum Beispiel in der Nähe der Charité, in der Neuen Charitéstraße. Wir trafen uns im neunten Stock aus Angst vor einer Festnahme, denn die Bekennende Kirche wurde bekämpft, man konnte keinem trauen. [E]

In gewisser Weise erlebte ich den Kirchenkampf mit. 1935 wurde Pfarrer Martin Niemöller zum ersten Mal in Festungshaft genommen. Zwei Jahre später kam er ins KZ. Meine Freundin und ich versuchten, mit ihm zu korrespondieren, dabei trat meine Freundin viel mutiger als ich auf, ich blieb ein Angsthase. Meine Freundin bekam eine Antwort von ihm: Niemöller akzeptierte uns als Mitglieder der Bekennenden Kirche. In Berlin lebten wir in der ständigen Angst, festgenommen zu werden. Dagegen war es in Tübingen weniger bedrohlich, einer meiner Gründe, die Stadt zu wechseln.

So zog ich 1936 nach Tübingen. Dort trat ich ein Jahr später der ‚Arbeitsgemeinschaft Nationalsozialistischer Studenten‘ (ANST) bei, die in Tübingen durchaus einen christlichen Geist zeigte. Ich plante, unter allen Umständen zurück an die Berliner Uni zu gehen, um dort mein Examen abzulegen und später

[D]
Ununterbrochen warben die Nationalsozialisten für „Rassenpflege" und für die „Reinhaltung des deutschen Blutes". Schmuckblätter wie *Die 12 Gebote zur Rassereinhaltung* erinnerten an die biblischen Zehn Gebote und überhöhten die NS-Rassenideologie ins Religiöse. Dazu trug auch das 1934 eingerichtete Rassenpolitische Amt der NSDAP bei, das die „NS-Rassenlehre" propagierte.[4]

[E]
Die Bekennende Kirche setzte sich gegen die Gleichschaltung von Lehre und Organisation der Kirche mit der NS-Ideologie ein. Martin Niemöller (1892–1984) gilt als Leitfigur des christlichen Widerstands gegen das NS-System. In Dahlem war die Bekennende Gemeinde unter seiner Leitung ab Mai 1934 aktiv, deren Mitglieder die „Rote Karte" als Ausweis erhielten. 1937 verhafteten die Nationalsozialisten Martin Niemöller und verschleppten ihn zuerst ins KZ Sachsenhausen und 1941 in das KZ Dachau.[5]

hier in den Schuldienst zu gehen. Doch das alles ging nur mit einer Mitgliedschaft in einer NS-Organisation. Also entschied ich mich für die ANST, weil ich meine Zugehörigkeit für befristet hielt, die ja automatisch mit meinem Examen enden würde.

Ein weiterer Grund für meinen Wechsel nach Tübingen war ein sehr guter Freund von mir, der im Tübinger Stift als Assistent arbeitete und bereits als Dozent an der Universität lehrte. Ihm verdanke ich es, dass ich wunderbar durch Tübingen geführt wurde. Leider entschied sich mein Freund sehr bald, als Pfarrer nach Niederländisch-Indien zu gehen, heute ist das Indonesien. Doch dorthin folgte ich ihm nicht, wir führten lange noch Briefkontakt, aber ich sah ihn nie wieder.

Ob ich den Wunsch hatte, eine eigene Familie zu gründen? Während meines Studiums hatte ich mehr als genug Freundschaften. Hätte ich mich in dieser Zeit für eine Heirat entschieden, wäre ich sicher in Südafrika oder England gelandet. Das ergab sich nicht, und einer von meinen Freunden ist auch gefallen. Außerdem hatte ich mir früh vorgenommen: Kinder wollte ich auf keinen Fall haben.

In der kleinen Stadt Tübingen hatte ich das Gefühl, dass dort die Nazis nicht so herrschten, das bekam man in Berlin viel stärker zu spüren. Daher entschlossen sich auch zwei meiner Mitstudentinnen, mit denen ich bis heute befreundet bin, nach Tübingen zu gehen.

Ausschlaggebend war auch mein Studienfach Religion. In Tübingen besuchte ich außerdem gerne Vorlesungen von Carlo Schmid, den ich sehr verehrte. Besonders gut erinnere ich mich an seine Vorlesung über Niccolò Machiavelli, die Schmid frei hielt. Neben seiner Arbeit als SPD-Politiker und Staatsrechtler übersetzte Schmid später die Werke von Machiavelli, Baudelaire und Malraux.

Obwohl ich mich in Tübingen wohlfühlte, kehrte ich 1939, kurz vor dem Ausbruch des Krieges, zurück nach Berlin. Noch im selben Jahr bestand ich mein Examen, ohne dass ich meine schriftlichen Arbeiten, mit denen ich bereits angefangen hatte, abzuliefern brauchte. 1940 begann ich mit meinem Referendariat an der Rückert-Schule. Ob ich von Anfang an Lehrerin werden wollte? Nee, gar nicht, ach wo. Ich wusste nicht, was ich werden sollte, und eine Schulfreundin riet mir: ‚Na, dann werd' doch Lehrerin.' Ich wählte die Fächer Deutsch und Religion, besonders wichtig: mein Lieblingsfach Geschichte. Religion gab ich später weniger. Ich hatte das Gefühl, dass ich im Unterricht nicht überzeugend genug sein konnte. Wenn ich es recht überlege, wäre ich im Grunde genommen lieber Wissenschaftlerin oder Bibliothekarin geworden.

Vor dem Beginn des Studiums musste jeder von uns angeben, welche Aufgabe man im Kriegsfalle übernehmen würde. Ich wollte auf keinen Fall als Krankenschwester beim Roten Kreuz eingesetzt werden. Nach Ausbruch des Krieges wurde ich im Dezember 1939 neben meiner Arbeit in der Schule zuerst als Luftnachrichtenhelferin, anschließend als Flugmeldehelferin eingesetzt. Wir saßen am Hohenzollerndamm, dicht am Emser Platz, und arbeiteten unter der Erde im Schichtdienst. Oben stand das Postgebäude, das bis heute dort steht, und unterirdisch befand sich der geheime Flugnachrichtendienst. Anfangs verstand ich nichts von alledem. Wir bekamen Kopfhörer aufgesetzt und mussten die Meldungen der U2 und M9 durchgeben. Hab lange gebraucht, bis ich die Flugzeugtypen erkannte und den Verlauf der Flugzeuge mitbekam. Wir mussten sofort Bescheid geben, welche Bomber welchen Ort anfliegen würden. Oft übernachteten wir auch im Keller, damit wir jederzeit an die Apparate gerufen werden konnten.

Nach dem Tod meiner Mutter 1941, die an den Folgen von Krebs starb, bezahlte ich noch Beiträge für den Luftschutzbund und die Nationalsozialistische Volkswohlfahrt (NSV). Damit hörte ich auf, sobald wir Lehrer zusammen mit der Deutsch-Russischen Schule 1943 evakuiert wurden.

Im Herbst 1942 wurde ich zum Glück aus dem Nachrichtendienst abberufen und widmete mich wieder ganz der Schule. Ich unterrichtete fortan an einer Deutsch-Russischen Schule, die gerade in die Kyffhäuserstraße umgezogen war. Meine neuen Schüler sprachen nur Russisch, doch durch meine Herkunft war mir das Russische nicht unbekannt. In unserer Schule herrschte ein Familiengeist, dennoch musste ich mich vor zwei meiner Lehrerkollegen besonders hüten: Dr. Friedrich Steinmann und der Musiklehrer (laut Dokument Herr Lerich, aber an den Namen erinnert sie sich nicht). 1942 waren beide im Einsatz in der Ukraine und kamen in einer SS-Uniform zurück, doch diese Zugehörigkeit merkte man ihnen nicht an. Außerdem hatte man einem von ihnen das „Goldene Parteiabzeichen" verliehen. [F]

[F]
Das „Goldene Parteiabzeichen der NSDAP" war die dritthöchste Parteiauszeichnung. In der Ukraine war die SS seit 1941 maßgeblich an der Verfolgung und Ermordung der jüdischen Bevölkerung beteiligt.

Trotz dieser hohen Auszeichnung blieben beide Lehrer in ihrer Einstellung den Kindern gegenüber einfach rührend, sie trösteten sie, sobald klar wurde, dass alle in die Kinderlandverschickung mussten.

In dieser Zeit wohnte ich bei meinen Eltern in Wilmersdorf und später in der Gotenstraße in Schöneberg. Wir zogen oft um, am Ende wohnten wir in der Meraner Straße, in der Nähe vom Bayerischen Platz. Da hatte ich nicht mal realisiert, dass wir in einer Wohnung lebten, aus der Juden vertrieben worden waren (mit der wachsenden Reglementierung durch die ‚Rassegesetze‘ vollzogen sich Umzug, Flucht und Emigration von jüdischen Mitbürgern anfangs möglichst unauffällig bis hin zur Deportation in den 1940er-Jahren). Einmal geriet ich am Bayerischen Platz in einen Fleischerladen, und zwar zu einer Uhrzeit, in der Juden nicht einkaufen durften. Im Laden brachte ich es einfach nicht fertig, dem Verkäufer zu sagen: ‚Nehmen Sie meine Karten und verteilen Sie die Ware an die Juden draußen.‘

Im Sommer 1943 wurden die Berliner Schulen geräumt, das bedeutete: Alle Schüler kamen zur Kinderlandverschickung. Die meisten meiner Kollegen und ich verließen Berlin und begleiteten die Kinder zuerst nach Sachsen, ins Erzgebirge, weiter nach Böhmen und bis nach Mähren. Während des Krieges gaben wir ihnen, so gut es ging, weiterhin Unterricht.

Noch vor der Kapitulation versuchten wir gemeinsam zu flüchten, doch ließ uns der deutsche Generaloberst Ferdinand Schörner nicht durch, denn der kämpfte mit seiner Heeresgruppe unerbittlich weiter. [G]

Am 8. Mai 1945 erlebten wir dicht an der vormals tschechischen Grenze im niederbayrischen Freyung den Einzug der Amerikaner, die riefen: ‚War is over!‘ Wir Schüler und Lehrer waren in Gasthäusern, in dem ehemaligen Luxuskurort Bad Luhatschowitz, untergebracht und konnten alleine nicht weiter. Heute weiß ich, dass auch die Amerikaner uns nicht weiterziehen ließen, sie hatten irgendein Abkommen, die wussten sicher von dem großen tschechischen Aufstand (der Prager Aufstand vom 5. Mai 1945 bezeichnet die Erhebung des tschechischen Widerstandes gegen die deutschen Besatzer am Ende des Zweiten Weltkrieges, der mit dem Waffenstillstand und der Stadtbefreiung am 8. Mai endete). Man befürchtete nicht zu Unrecht, dass

[G]
Ferdinand Schörner (1892–1973), von Hitler vorgesehener letzter Oberbefehlshaber und Generalfeldmarschall, schickte viele Soldaten auf sogenannte Himmelfahrtskommandos. Zurückweichenden Offizieren riss er Orden und Rangabzeichen herunter und verurteilte versprengte Soldaten zum Tode. Nach der Kapitulation floh Schörner in ziviler Kleidung, er wurde erst von amerikanischen Soldaten verhaftet und kam in russische Gefangenschaft.[6]

in Prag ebenso wie vorher in Warschau ein Aufstand gegen uns Deutsche ausbrechen würde.

Als wir in dem Dorf Elendbachl, dicht an der deutschen Grenze gelegen, ankamen, standen wir bald einer großen Abteilung amerikanischer Soldaten gegenüber. Anfangs wurden wir sogar mit Würstchen und Weißbrot versorgt. Wenig später verbreitete sich unter den Amerikanern eine seltsame Unruhe. Nahe einem Wäldchen wurden wir zusammen mit den Schülern, die Jüngsten darunter zehn und elf Jahre alt, von amerikanischen Offizieren gezwungen, an KZ-Leichen vorbeizugehen, die an dieser Stelle verscharrt worden waren. Dazu mussten wir uns in einer Reihe aufstellen, viele unserer Kinder brachen in lautes Weinen aus. Es handelte sich um Frauen aus einem Konzentrationslager, die durch das kleine Dorf getrieben worden waren. Viele von den weiblichen Häftlingen starben auf dem Weg und wurden nur notdürftig verscharrt. Uns wurden die ausgegrabenen Leichen mit den Worten ‚Das habt ihr verbrochen!' gezeigt, gleichzeitig dokumentierten die Amerikaner alles mit der Kamera. Einer meiner ehemaligen Schüler fand später das Filmdokument in Amerika in einem amerikanischen Museum (Gertrud B. legt eine lange Sprechpause ein). [H]

Nachdem unsere Schule von Direktor Dr. Rattermann 1945/46 offiziell aufgelöst wurde, konnte jeder von uns machen, was er wollte. Die meisten der Schüler gingen zu Fuß und schlugen sich allein durch, um zu ihren Eltern zu gelangen. Ich dagegen blieb eineinhalb Jahre in Bayern und fand Arbeit auf Bauernhöfen.

Lange Zeit erhielt ich keine Nachricht von meinem Vater und wusste nichts von alldem, was sich in Berlin zugetragen hatte. In Bayern waren wir völlig abgeschnitten. Ich lebte auf einem Hof und tat in der Landwirtschaft alles, was im Laufe eines Jahres anfiel. Das Wichtigste: Ich bekam etwas zu essen, das war natürlich wunderbar. Milch gab's in jedem Falle, davon musste der Bauer für die Gesamtbevölkerung etwas abgeben. Was ich später mit nach Berlin nehmen durfte, war ein großer Sack Kartoffeln, und den hütete ich sehr! Endlich bekam ich eine Nachricht von meinem Vater und erfuhr, dass unsere Wohnung in der Meraner Straße ausgebombt war. Mein Vater konnte nur ein paar Sachen aus unserem Keller retten, darunter einige meiner Bücher und

[H]
Am 13. April wurde das Außenlager Helmbrechts des KZ Flossenbürg aufgelöst und die vor allem weiblichen Häftlinge gezwungen, nach Zwodau/Böhmen zu marschieren. Dort ließen die Wachkräfte nichtjüdische Häftlinge zurück, die jüdischen Häftlinge wurden mit den Frauen aus Helmbrechts in Richtung Süden getrieben. Etwa 200 Frauen starben an Entkräftung oder wurden ermordet.[7]

Gertrud B. an ihrem Schreibtisch, Berlin-Schöneberg, 2013

sogar ein paar Schränke, die noch kurz zuvor in meinem Schlafzimmer standen.

Bevor es losging, fuhren die Amerikaner überall herum und
sammelten die übrig gebliebenen Berliner Schüler in Bayern
ein. Schließlich fuhren wir alle in einem Militärzug nach Berlin
und mussten auch die sowjetische Zone passieren. Ausgeladen
wurden wir auf dem Bahnhof Lichterfelde. Und da stand tatsächlich mein Vater am Bahnsteig und hatte ein kleines Wägelchen
dabei. Auf dieses luden wir meinen Kartoffelsack. Wie mein
Vater davon erfahren hatte? Die Nachricht, dass viele Berliner
Schüler an dem und dem Tag und zu der und der Stunde zurückkommen würden, verbreitete sich in ganz Berlin, und es
klappte tatsächlich.

Zurück in Berlin, gab mir mein Vater ein Zimmer. Mit meiner
festen Bleibe konnte ich trotz der verhängten Zuzugssperre in
Berlin bleiben. Vater lebte in einer Drei-Zimmer-Wohnung in
der Wielandstraße in Friedenau. Nachdem er in Schöneberg ausgebombt worden war, bekam er die Wohnung nach dem Krieg
zugewiesen. Auch meine Tante und deren Freundin fanden hier
ein neues Zuhause.

Von dieser Zeit an ging mein Leben sehr geordnet weiter.
Ich meldete mich sofort beim Schulamt, hoffte jedoch, ich hätte
noch ein oder zwei Tage Zeit zum Ausruhen, doch das ging

nicht! Sie suchten an den Schulen dringend nach Lehrkräften. Das Schulamt lag in der Hauptstraße 42, neben dem Friedhof, in der Nähe des jetzigen Schwimmbades. Ich sprach bei Schulrat Dr. Schäfer vor und kam, da ich als unbedenklich eingestuft wurde, an die Rückert-Schule. Hier hatte ich ja meine Ausbildung absolviert. Ich galt als unbelastet, denn ich besaß die rote Karte von der Bekennenden Kirche. Außerdem hatte ich Menschen, die mir bestätigten, dass ich nichts mit den Nazis zu tun hatte. [I]

Ich kam schnell wieder in den Schulalltag rein. In der Rückert-Schule lernten zusammen Schüler aus der Scharmützelsee- und der Uhland-Schule. Zuerst hieß sie noch Rückert-Scharmützel-see-Uhland-Schule, und bis 1954 war das eine reine Mädchenschule. Anfangs bestand das Lehrerkollegium nur aus 15 Personen. Zunächst sollte die Schule bis zum achten Schuljahr eine reine Einheitsschule werden. Um 1948 herum wurde das glücklicherweise geändert.

Ich erinnere mich an die entsetzliche Armut in der Schule. Die Schüler brachten Brotreste mit, die auf einem eisernen Öfchen, das in den Klassenzimmern aufgestellt worden war, geröstet werden konnten.

Wenige Jahre nach Kriegsende organisierte ich regelmäßig ein Treffen mit meinen Schülern aus der Deutsch-Russischen Schule. Heute sind die meisten von ihnen über siebzig Jahre alt, aber sie sind mir treu geblieben. Einige reisen zu unseren Treffen eigens aus dem Ausland an. Ich lade sie jedes Jahr am ersten Sonntag nach Pfingsten ein, bis heute. Bis 1961 nahmen daran auch ehemalige Schüler aus Ost-Berlin und der DDR teil.

Viele meiner Schüler bestätigen mir, dass sie eine Menge von mir gelernt haben. Ich bekomme immer Briefe noch und noch. Einer meiner Schüler ist der Historiker und Rabbiner Andreas Nachama, er ist ehemaliger Rückert-Schüler. Da besteht bis heute eine gute Beziehung, wir freuen uns, wenn wir uns sehen.

Beruflich ging es bei mir folgendermaßen weiter: 1953 wurde ich Studienrätin und 1966 zur Oberstudienrätin ernannt. In meiner Freizeit radelte ich von den Fünfzigerjahren an quer durch ganz Deutschland und unternahm viele Wanderungen. Und sooft es ging, besuchte ich Verwandte und Freunde in der

[I] Die sogenannte Weihnachtsamnestie bestätigte Gertrud B. am 20. Februar 1948 mit einer unscheinbaren grauen Postkarte des öffentlichen Klägers bei der Spruchkammer, vom „Gesetz zur Befreiung von Nationalsozialismus und Militarismus vom 5. März 1946 nicht betroffen" zu sein.

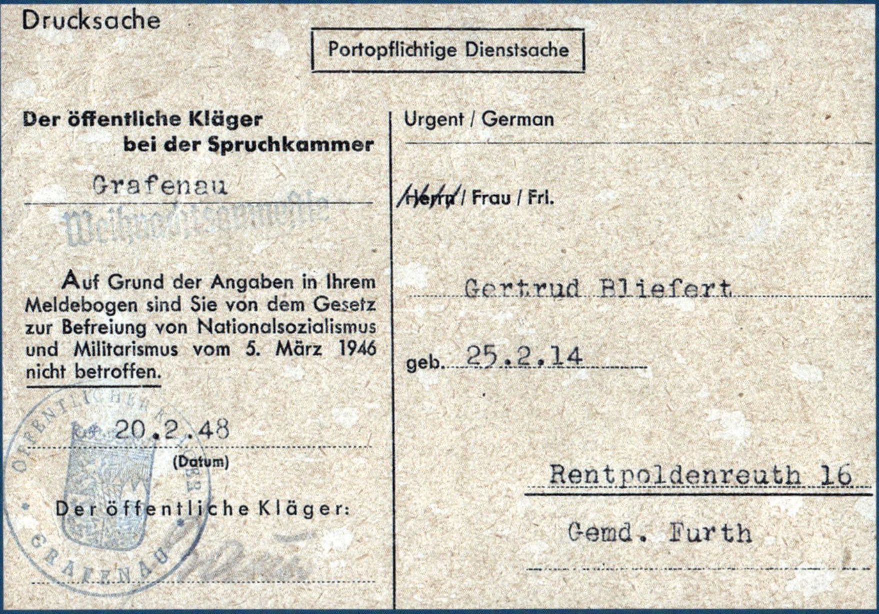

Drucksache

Portopflichtige Dienstsache

Der öffentliche Kläger
bei der Spruchkammer

Grafenau

~~Weihnachtsamnestie~~

Auf Grund der Angaben in Ihrem
Meldebogen sind Sie von dem Gesetz
zur Befreiung von Nationalsozialismus
und Militarismus vom 5. März 1946
nicht betroffen.

~~~~ 20.2.48
(Datum)

Der öffentliche Kläger:

Urgent / German

~~Herrn~~ / Frau / Frl.

Gertrud Bliefert

geb. 25.2.14

Rentpoldenreuth 16

Gemd. Furth

„Weihnachtsamnestie": Gertrud B.s Entnazifizierung
auf einer unscheinbaren Postkarte vom 20. Februar 1948

DDR. Ich fuhr fast jedes Wochenende rüber, sobald ich meinen
Passierschein bekommen hatte. Mit schwerem Gepäck reiste
ich, weil die Menschen dort wenig hatten. Kaffee war für sie
etwas Wunderbares und auch Kleidung. Doch einmal ist mir
in Ost-Berlin, in Niederschöneweide, etwas passiert. Beim
Aussteigen hatte ich zwar wie immer meine Mitbringsel dabei,
aber meine Handtasche mit den Papieren und 400 Westmark
lagen noch im Zug. In meiner Not erkundigte ich mich am
Bahnhof. Der Vorsteher verhörte mich natürlich lange, war aber
ausgesprochen nett. Dennoch dachte ich: ‚Jetzt kommst du am
Alexanderplatz in irgendein Gefängnis.' Doch es kam anders,
ich wurde mit großer Verspätung zunächst nach Angermünde
gebracht, von dort abgeholt und kam endlich in Schwedt bei
meiner Freundin an.

Also erlebte ich den Konflikt zwischen der Bundesrepublik und der DDR sehr genau. Diejenigen, die immer auf die
DDR herabschauten, die sind niemals dort gewesen, die kennen
sie im Grunde nicht. Für mich gehörte die DDR weiterhin
zu Deutschland, ich reiste oft in die DDR ein. Ich fuhr nach

Schwedt, Schwerin und in die Nähe von Dresden, nach Burgk zu meiner Cousine.

Am 30. Juni 1974 ging ich als Oberstudienrätin in den Ruhestand. Mit 60 Jahren freute ich mich über meine Pensionierung, denn ich war erledigt vom Schuldienst. Als Rentnerin bin ich viel gereist: England, Irland, Frankreich, Spanien. Na ja, davon zehrt man im Alter, also man sollte viel reisen! Nur nach Russland traute ich mich lange Zeit nicht, denn ich hatte Angst, als ehemals russische Staatsangehörige festgenommen zu werden, ich bin ja im russischen Libau geboren. 1985 wagte ich es und fuhr das erste Mal in die Sowjetunion über Helsinki nach Kiew, noch vor der schlimmen Reaktorkatastrophe in Tschernobyl im April 1986.

Wichtig ist mir bis heute, dass ich regelmäßig die Philippus-Kirche in Friedenau zum Gottesdienst besuche. Außerdem bin ich seit etlichen Jahren aktives Mitglied im Dahlemer Theologischen Arbeitskreis. Jeden Donnerstag treffen wir uns und studieren zusammen Texte. Ich engagiere mich gerne sozial, spende für die Aktion Sühnezeichen. Außerdem unterstütze ich den Diakonieladen in der Rubensstraße. Das alles halte ich für sehr wichtig.

Von 1946 bis 2013 wohnte ich in der Wielandstraße in Friedenau, im zweiten Stock, ohne Fahrstuhl, in der Wohnung meines Vaters. Erst mit 99 Jahren musste ich nach einem Schlaganfall in ein Seniorenheim umziehen. Meine schöne Altbauwohnung vermisse ich sehr, denn im Seniorenheim gefällt es mir nicht so gut. Was ich bis heute gerne tue, ist: Ich lese viel, und was ich besonders liebe ist *Immensee* von Theodor Storm, das ist meine Lieblingsnovelle. Gut im Kopf habe ich ein Gedicht von Theodor Fontane: ‚Gorm Grymme war König von Dänemark. Er herrschte 30 Jahr‘. Mit Goethe habe ich es nicht so gehabt.

Warum ich so ein hohes Alter erreicht habe? Das ist einem so mitgegeben, da kann man nichts dafür. Wenn das Gehirn an sich gut ist, ist das ein Geschenk. Ich habe sehr solide gelebt, weder getrunken noch geraucht. Besonderen Wert auf Ernährung hab ich nicht gelegt. Ich esse am liebsten Sauerkraut und Rotkohl, na ja, wenig Fleisch. Und ich bin viel in meinem Leben gewandert, unternahm gerne große Radtouren. Im Seniorenwohnheim nehme ich am Alterssport und Gedächtnistraining teil. Also, wie hundert fühle ich mich nicht, nein. Ich fühle mich wie so um die sechzig und merke, dass ich noch lange leben muss. Ich fühl' mich gesund. Angst vorm Sterben hab ich nicht, das sehe ich als Natur an. Wenn ich in meinem Leben in Gefahr war, bin ich immer ruhig geblieben und fühlte mich geborgen. Wenn es soweit ist, werde ich in Gottes ewiges Reich abberufen. Mein Leben kann ich so resümieren, dass es wirklich ein sehr glückliches Leben gewesen ist. Ein sehr begnadetes Leben, das würde ich sagen, bin ja immer gut durchgekommen. Was gut zu meinem Charakter passt, ist der schöne Spruch von Conrad Ferdinand Meyer: ,Ich bin kein ausgeklügelt Buch, ich bin ein Mensch mit seinem Widerspruch.'"

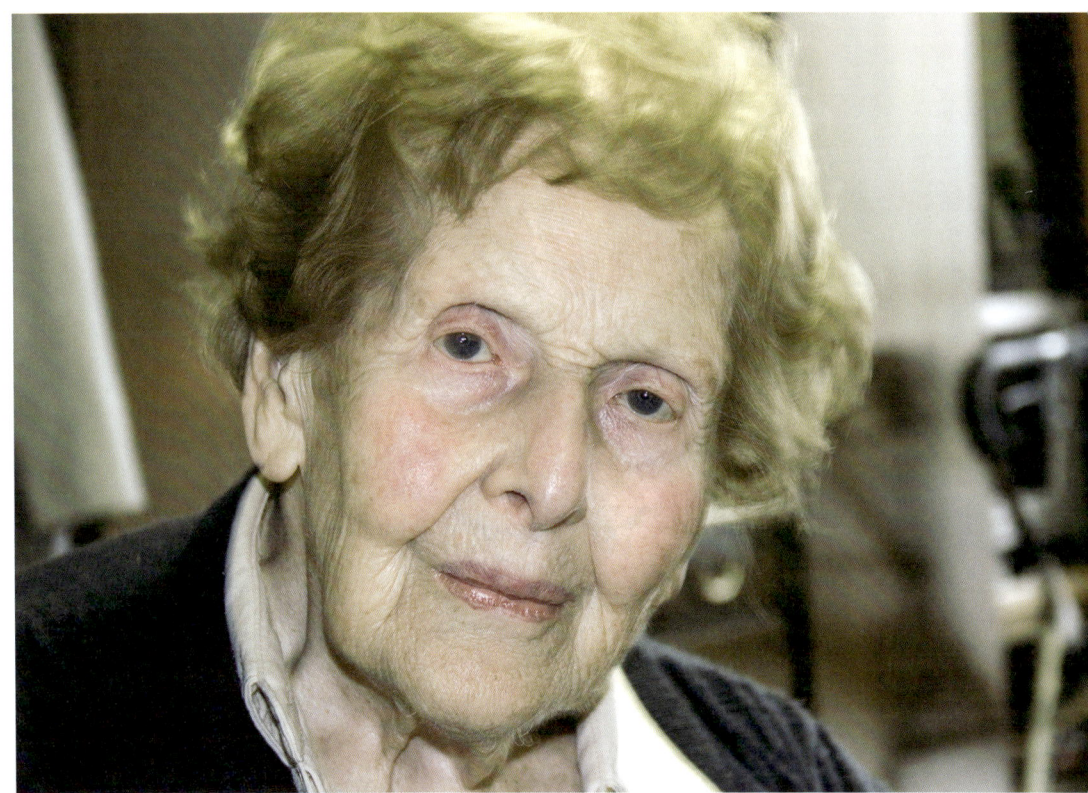

Gertrud B., Berlin-Schöneberg, 2013

„Ich esse nach der Uhr!"

Erich K., September 1913 in Weimar geboren, seit 1927 in Berlin

„Herr K.? Der ist um diese Zeit immer im Wald unterwegs, probieren Sie es kurz vor zwölf Uhr noch mal. Ganz wichtig, er ist nur Mieter bei uns, sprechen Sie bitte alles mit ihm direkt ab." Es klappt beim zweiten Anlauf, wir besuchen Erich K. in seinem Apartment im Köpenicker Seniorenzentrum am Stadtrand. Er zeigt uns seinen Computer: „Die Fotos, die Sie heute von mir machen, können Sie mir zuschicken. Ich geb' Ihnen meine E-Mail-Adresse. Arbeiten Sie auch mit Photoshop?" Von den rund vierzig hundertjährigen Berlinerinnen und Berlinern, die wir kennengelernt haben, ist Herr K. der erste, der regelmäßig am PC arbeitet. Als wir Erich K. nach seinem leicht thüringischen Akzent fragen, stimmt er zu: „Das kann durchaus möglich sein. Die Muttersprache bleibt im gewissen Sinne, Feinheiten in der Aussprache haben sich bei mir offenbar erhalten. Und das, obwohl ich schon über neunzig Jahre in Berlin bin."

„Mein Vater, Jahrgang 1878, kam ursprünglich aus Leipzig. Er arbeitete im grafischen Gewerbe als so eine Art Chemigraf, früher nannte sich das Klischeeätzer (Druckvorlagenhersteller). Meine Mutter hatte keinen Beruf, na ja, wir waren sechs Kinder zu Hause, da hatte sie genug zu tun. In der Zeit der großen Arbeitslosigkeit ging sie noch in andere Haushalte, half beim Waschen, das war schwere körperliche Arbeit. Von den sechs Kindern bin ich in der Mitte geboren, am 25. September 1913 in Weimar, ganz in der Nähe des Bahnhofs steht mein Elternhaus. An meine Kindheit hab ich kaum noch Erinnerungen. Vielleicht als mein Vater aus dem Krieg zurückkam, aber da ooch bloß janz düster, das muss 1918 oder 1919 gewesen sein.

Ick weeß nur, dass wir als Kinder viel rumgestromert sind, in der Beziehung ließ uns unsere Mutter freie Hand. Bei uns war so 'n Wäldchen gleich an der Ilm, da haben wir am liebsten gespielt. Unsere Erziehung übernahm vorwiegend meine Mutter, Vater war durch die Arbeit bedingt viel unterwegs. Mit der Schule kam ich soweit zurecht, aber ob ich regelmäßig meine Schularbeiten gemacht habe, das kann ich nicht mehr sagen. Für Technik hab ich mich von Anfang an interessiert, vor allem für Elektrotechnik. Bin nie so weit gekommen, dass ick das hätte studieren können, denn das war finanziell überhaupt nicht möglich. Ich ging nur auf die Volksschule. 1927 zogen wir nach Berlin um. Zwei meiner älteren Geschwister arbeiteten bereits in Berlin. Nun kam auch der Rest der Familie hierher, und das, ohne dass wir 'ne Wohnung hatten. Für uns musste schnell 'ne Laube aufjebaut werden, damit wir ein Dach übern Kopf kriegten: offm Kietzer Feld in Köpenick, gar nicht weit vom Seniorenzentrum. Wenn ick mir det heute überlege, völlig verantwortungslos von meinen Eltern. Na ja, die haben sich sicher was dabei jedacht. Mein Vater bekam zwar 'ne Arbeit, aber es dauerte nicht lange, und er wurde wieder arbeitslos.

In Berlin ging ich noch ein Jahr zur Schule. Nach der Volksschule begann ich eine Lehre als Feinmechaniker, das dauerte vier Jahre lang. Der Betrieb stand in Kreuzberg, Schlesische Straße, in der Nähe des Hochbahnhofs. Das nannte sich ,Telephon- und Telegraphenfabrik'. [A]

[A]
Vermutlich war das die Firma Paul Michaelsen Telegraphen- und Telephonfabrik, Schlesische Straße 18 in Kreuzberg.[1]

Nach der Arbeit besuchte ich die Weiterbildungsschule. Ich wohnte bei meinen Eltern in Köpenick, fuhr abends mit der Straßenbahn zur Abendschule. Der Unterricht ging oft bis 21:00 Uhr, danach fuhr ich zurück nach Köpenick und musste morgens wieder früh aufstehen, war ein schwerer Brot. Das ließ sich auf Dauer nicht machen, war einfach zu viel für mich, und ich musste mit der Schule aufhören.

1932 hatte ich ausgelernt und konnte kurz in dem Kreuzberger Betrieb weiterarbeiten. Dann folgte die Zeit der Massenarbeitslosigkeit, da fand ich nur noch gelegentlich 'ne Arbeit. Als 1933 die Nazizeit anfing, wollte ich zusammen mit meinem älteren Bruder in die SA eintreten. Da kriegt ihr bevorzugt Arbeit, hatte man uns geraten, das war der ausschlaggebende Grund für unsere Entscheidung. Doch entweder war bei der SA Geschäftsschluss oder was weiß ich, am Ende ist unsere Mitgliedschaft gescheitert.

Meine gesamte Jugend war durch die Nazizeit geprägt. Nach der langen Arbeitslosigkeit bekam man mit eenmal wieder 'ne Arbeit. Heute heißt es oftmals: ‚Warum habt ihr alle mitgemacht?‘ und ‚Woher kam eure große Begeisterung?‘ Sicher durch die Beseitigung der Arbeitslosigkeit bedingt, denn die Menschen sind ja bestrebt, ihren Lebensunterhalt zu bestreiten. Am Anfang dachten wir nicht daran, dass alle Arbeitsplätze vorwiegend für die Kriegsvorbereitung sind, überhaupt nicht!

1935 bekam ich endlich 'ne Stelle bei Siemens. Zuerst sollte ich in der Werkstatt anfangen, bekam sogar 'ne Weiterbildung, anschließend ging ich in die Produktion. Der Betrieb lag weit draußen in Siemensstadt, viele Jahre lang erledigte ich Kundenreparaturen, reparierte meist Projektoren für Kinos. Hat mir Spaß gemacht, weil ich ziemlich selbstständig arbeiten konnte und endlich Geld verdiente.

Nach der Lehre hatte ich nur fuffzig Pfennige jekriegt, später bei Siemens ging's endlich aufwärts: Da kam ich immerhin auf eine Mark die Stunde, zur damaligen Zeit ein guter Durchschnitt für 'nen Facharbeiter. Projektoren, die funktionsuntüchtig waren, wurden zu uns ins Werk geliefert, weil die woanders nicht repariert werden konnten. Die Geräte kamen fast aus der ganzen Welt zu uns, sogar aus Südamerika. Die Projektoren mussten von A bis Z auseinandergenommen, repariert und wieder montiert werden, dazu hatten wir spezielle Werkzeuge und Ersatzteile auf Lager.

Geliefert wurden kleine Projektoren: für 16- und 9,5-Millimeter-Filme, diese französische Norm, oder 8 Millimeter, die deutsche Norm. Also mehr Apparate fürs Heimkino und für transportable Anlagen.

Bedingt durch die Kriegsvorbereitung, baute ich später speziell ausgerüstete Fernschreiber, sogenannte Hellschreiber, den Begriff kennt heute keiner mehr. Die Hellschreiber wurden vorwiegend für den Einsatz im Krieg gebaut, das war eine Art Schreibmaschine, die mit Batteriebetrieb lief. Seitlich befand sich ein großer Motor, und der wurde mit Auto-Akkus angetrieben.

Bis ich 1939 meine Einberufung als Soldat erhielt, baute ich Hellschreiber. Für meinen Jahrgang 1913 gab's keine zwei Jahre Wehrpflicht, deshalb musste ich zum Glück nur ein Vierteljahr zur Wehrmacht.“

Als Erich K. schwer atmet und plötzlich ins Stocken gerät, fragen wir ihn, ob ihn die Vergangenheit zu sehr aufregt. „Ach, überhaupt nicht.“ Er trinkt einen Schluck Wasser und erzählt weiter.

„Im September brach der Krieg aus, aber wir waren längst bereit. Ich saß in einer Nachrichtenabteilung in Potsdam und wurde ooch gleich für den Transport eingesetzt. Wir hatten zwei Autos für ungefähr zehn Personen zur Verfügung. In die Autos wurden technische Anlagen eingebaut, und damit ging es ab nach Polen. Hat jar nicht mal lange jedauert, am 10. Dezember 1939 wurde ich reklamiert, da ich auf Veranlassung der Firma Siemens zurück nach Berlin sollte, um wieder im Betrieb zu arbeiten. Zurück von der Front, teilte man mir 'ne andere Arbeit zu, ich wurde für die Technik der Luftbeobachtung eingesetzt. In den Flugzeugen sollten Kameras mit automatischem Vorschub eingebaut werden, und damit kannte ich mich aus. Die Kameras lösten nach einer gewissen Zeit automatisch aus.

Bei der Firma Siemens lernte ich bald auch meine zukünftige Frau kennen. Hildegard arbeitete in unserer Abteilung, sie montierte elektrische Uhren. Die Uhrwerke kamen fertig zu uns ins Werk, die brauchten bloß noch zusammengesteckt werden. Die Uhren wurden damals mit 'nem Netzanschluss, das heißt mit normalem Strom, betrieben. Hildegard und ich gingen zusammen

Mittag essen, und wir fuhren gemeinsam mit der Bahn von der
Arbeit nach Hause. Sie wohnte in Prenzlauer Berg, in der Wei-
ßenseer Ecke. Auf diese Art und Weise entwickelte sich da was
zwischen uns, das war 'ne gute Möglichkeit, sich kennenzulernen.

1940 heirateten wir, das war 'ne Kriegshochzeit, insofern
konnten wir nicht groß feiern, dat jing jar nicht. Wo das Standesamt lag, dit weeß ick nicht mehr. Aus der Kirche war ich zu
Anfang der Nazizeit ausgetreten. Na, und Nachwuchs kam für
uns beide nicht infrage, wegen des Krieges nicht und auch nicht
in der Nachkriegszeit, na ja, warum denn ooch. Wir waren beide
nicht so erpicht auf Kinder, jeht ja ooch ohne.

1942 wurde ich wieder eingezogen, aber diesmal war es für
mich 'nen direkter Einsatz an der Front, 1943 ging es Richtung
Kiew, nach Orel an die Ostfront. Ich wurde in einer Vermittlungsstelle eingesetzt, die wieder in einem Auto eingebaut wurde. Die
Telefonvermittlung befand sich über so 'nem Klappenschrank. Ich
saß in einem Auto, weit vorne beim Kriegsgeschehen (am 5. Juli
1943 begann die deutsche Wehrmacht bei Orel und Belgorod
ihre letzte Großoffensive an der Ostfront). Großes Glück hatte

ich insofern, dass ich nicht in Stalingrad eingesetzt wurde. Ich musste einen Teil unseres Rückzugs 1943 mitmachen und erlebte dabei schweret Elend. Aber was ich dort gesehen und erlebt habe, darüber kann und will ich nicht sprechen. Dat jeht ja jar nich. Ick hab zum Beispiel gesehen, wie ein Fahrzeug mehreren Menschen über'n Kopf fährt. Solche Dinge kann man überhaupt nicht in Worte fassen (Herr K. schweigt minutenlang).

Wie ging's weiter? Eines Tages wurde ich wieder von Siemens reklamiert, und von nun an musste ich Prüfgeräte bauen. Innerhalb der Fertigung sollten die kompletten Geräte und teilweise auch die Bauelemente geprüft werden. Die Fertigung der Toleranzmessbrücken bereitete ich vor und baute die zusammen. Prüfgeräte brauchte man im Krieg dauernd, durch die vielen Kampfhandlungen und Luftangriffe ging immer was kaputt, und das musste so schnell wie möglich erneuert werden.

Bis zum Kriegsende arbeitete ich weiter bei Siemens. Das war wahrhaftig keene schöne Zeit und nervlich belastend für mich, denn ich blieb zwar in Berlin, musste aber jeden Tag damit rechnen, dass meine Einberufung kommt. So erlebte ich das Ende des Krieges in Berlin, die Russen kamen aus Richtung Norden. Der Spreetunnel in Köpenick war längst jesprengt, so konnten die Russen nicht mehr übers Wasser. Doch die bauten sich im Nu eine Brücke und fuhren mit ihren Fahrzeugen rüber. Dagegen taten wir nischt, und deshalb hab ich das auch überlebt.

Unmittelbar nach dem Krieg arbeitete ich bei so 'nem kleinen ‚Quäker‘, einer kleinen Firma, in Köpenick, zusammen mit drei oder vier Personen. In dem Betrieb wurden während des Krieges Fernkabel und Verbindungsstücke für Telefonanlagen hergestellt, von nun an nur noch einfache Dinge wie Feuerzeuge. Außerdem mussten nach 1945 viele Maschinen abjebaut werden, in Hirschgarten zum Beispiel, und dabei musste ick ooch mithelfen. Abgebaut wurden Drehbänke, Fräsmaschinen und was nicht alles, die Ausrüstung wurde speziell für die Metallbearbeitung in Russland gebraucht. [B]

[B]
Gemeint ist hier die Demontage (Erich K. verwendet den Begriff nicht) in der Sowjetischen Besatzungszone und frühen DDR, wo bis 1952 rund 3 400 Betriebe demontiert wurden.[2]

Verdammt schwer blieb unser Alltag auch lange Zeit nach 1945 in Berlin, da gab's lange die Lebensmittelkarten für die Grundversorgung, auf dem Tisch standen oft nur Kartoffeln. Noch dazu ereilten uns tragische Schicksale: Zwei meiner Brüder fielen im Krieg, einer davon starb, als die Russen 1945 einrückten, in der

Erich K.s Werkzeug ist penibel geordnet, Berlin–Köpenick, 2015

Nähe von Weißwasser in der Oberlausitz. Aus dieser Zeit stammt einer meiner Grundsätze: ‚Nie wieder Krieg, nie wieder!' Davon lasse ich mich nicht abbringen, überhaupt nicht. Auch unabhängig davon, was die Parteien für Ziele verfolgen. Den Krieg hat nicht der liebe Gott oder sonst wer gemacht, der ist allein durch Menschen gemacht worden. Und Krieg gilt es zu beseitigen, doch das haben wir bis heute nicht geschafft. Ich bin davon überzeugt: Was dahintersteckt, ist das Kapital, das als Einziges gewinnt. Genau das ist bis heute das eigentliche Übel!

Nach der Arbeit beim kleinen ‚Quäker' wechselte ich in einen Elektromotorenbetrieb in Köpenick. Dort mussten wir Elektromotoren neu wickeln und lackieren. 1950 legte ich im Werk meine Meisterprüfung mit allem Drum und Dran ab (Erich K. zeigt uns stolz seine gerahmte Urkunde als Handwerksmeister vom 16. August 1950 an der Wand).

Nach 'ner gewissen Zeit im Betrieb hat mich wieder mal der Hafer jepiekt, ick suchte nach einer neuen Aufgabe in der Berufsausbildung. So wechselte ich ins Funkwerk Köpenick in die Lehrwerkstatt und wurde bald Lehrmeister zur Ausbildung junger

[C]
Der VEB Funkwerk Köpenick gehörte zu den bedeu-tendsten Einrichtungen für Nachrichtenelektronik in der DDR. Die Zentrale in der Wendenschloßstraße 142–170 beschäftigte über 3 000 Mitarbeiter. Ende 1949 wurde das Werk zum Volkseigenen Betrieb für die Nachrichtenelektronik umge-wandelt. Neuer Schwerpunkt war später die Entwicklung von Rundfunksendeanlagen. Auch die Funktechnik des Berliner Fernsehturms kam aus diesem Werk.[3]

Menschen. Dazu musste ich kein Parteimitglied sein, nein, das war unabhängig davon. Ja, ich war in der Partei (SED), und ich bin bis heute überzeugt davon. Erstens mal nach dem Grundsatz: ‚Nie wieder die gleichen Verhältnisse, die du schon mal mitjemacht hast.' Und in der DDR galt anfangs dieser Grundsatz durchaus. Wie sich das nachher weiterentwickelt hat, na ja, die Frage muss ich offenlassen. Sicher nicht so ideal, wie ich mir das anfangs vor-gestellt hatte. [C]

Zurück zu meiner Arbeit als Ausbilder im Funkwerk Köpe-nick. Dort arbeitete ick etliche Jahre, bis mir dat ooch anjestunken hat. Ich wechselte in die Verwaltung, das war für mich außeror-dentlich lehrreich. Ich hatte ja nur 'ne Volksschulausbildung und musste mich mit dem gesamten Gebiet der Ökonomie vertraut machen. Manches davon ist mir verdammt schwergefallen, aber ooch das hab ich überwunden.

Erich K.s Handwerksmeisterbrief, ausgestellt in Berlin am 16. August 1950

Was folgte, war die Vereinigung der Volkseigenen Betriebe, die Fernsehproduktion wurde nach Radeberg verlagert. Da hörte ick im Funkwerk uff und arbeitete fortan als Hauptmechaniker beim Stern-Radio in Weißensee. In der Verwaltung war ich verantwortlich für den ganzen Maschinenpark, das Stern-Radio war in der DDR 'n bekannter Betrieb. Später suchten se dort dringend jemanden, der die Berufsausbildung übernimmt, ich brachte ja Erfahrung mit und übernahm jerne die Aufgaben als Ausbilder.

Bevor ich aus meinem Beruf ausschied, betreute ich auch die polytechnische Ausbildung von Schülern. Endgültig in Rente ging ich mit 65 Jahren, aber ick arbeitete noch zwei oder drei Jahre halbtags weiter. Erst dann begann für mich das faule Lotterleben.

Meine schönsten Erinnerungen? Meine Frau und ich führten über sechzig Jahre lang 'ne gute Ehe und ergänzten uns gut. Hildegard ist 2005 gestorben, insofern waren das sogar 65 Jahre Ehe. Hildegard und ich sind jedes Jahr zusammen in den Urlaub gefahren, manchmal sogar zweimal. Nachdem der Fahrzeugmotorbetrieb in der DDR lief, wurden die ersten Rollerfahrzeuge gebaut. Seit dieser Zeit besaßen wir immer 'nen Fahrzeug: zuerst einen Roller und später unseren ersten Trabant, das muss 1961/62 gewesen sein. Damit unternahmen wir oft Touren am Wochenende und machten Urlaub. Weil wir keene Kinder hatten, bekamen wir ohne Probleme Ferienplätze zugewiesen, einmal durch die Ferienorganisation (die beim Freien Deutschen Gewerkschaftsbund, dem FDGB, angesiedelt war) oder über unseren Betrieb. Der Betrieb besaß in Friedrichsbrunn im Harz ein Ferienheim mit mehreren Bungalows, da konnte man sich schön erholen. So bekamen wir gute Plätze, da wir außerhalb der Schulferien verreisen konnten. Doch nach Ungarn oder ins Ausland fuhren wir nicht, das Angebot hier genügte uns voll und ganz.

Außerdem hatten wir uns in Bergfelde in Brandenburg 'nen Garten angeschafft, als Rentner wohnten wir oft den ganzen Sommer über in unserer kleinen Laube. Über zwanzig Jahre lang hatten wir den Garten, das war 'ne wunderbare Zeit. Einen Rasenmäher baute ick mir alleine zusammen. Hatte mir irgendwo 'nen Motor jekauft und den Rest zusammenjestückelt. Den Rasenmäher hatte ich nicht nur für unseren Garten gebaut, den benutzte die

Die Arbeit am Laptop macht Erich K. Spaß, Berlin-Köpenick, 2015

ganze Nachbarschaft. Unseren Garten hatten wir nur gepachtet, doch zur Wendezeit ist die Pacht derart hochjeschnellt, dass wir schweren Herzens beschlossen, den Garten aufzugeben.

Nach der Wende fuhr ich zum ersten Mal runter nach Tirol, nahm dort Landschaftsbilder auf, die hängen überall in meiner Wohnung. Fotografieren und die Bilder anschließend am Computer nachbearbeiten, das ist eines meiner Hobbys. Ich fuhr in die West-Gebiete, an die Nordsee oben auf die Insel Sylt. Das wollte ick mir alles mal angucken, vorher hatte ick dazu ja keene Gelegenheit und es gefiel mir recht gut. Noch mit neunzig Jahren fuhr ich gerne Auto. Im jewissen Sinne vermisse ich das Autofahren heute, Unfälle hatte ich nie.

Auch ohne Auto kommt bei mir keene Langeweile auf, ich kann mich beschäftigen, lese viel über Politik, schöngeistige Literatur dagegen weniger. Was mir gefällt, ist die Arbeit am Computer, die Fotoarbeiten, das alles kann ich jederzeit machen. Ich möchte nicht dauernd Menschen um mich haben, na gut, in großen Abständen besuchen mich mein Neffe und eine Bekannte.

Was mich sehr interessiert, ist Politik. Vor allem ökonomische Fragen verfolge ich genau, die Sahra Wagenknecht zum Beispiel, die höre ich mir gerne im Fernsehen und im Radio an. Ich finde, sie ist intelligent, und was sie sagt, da ist auch immer was dahinter.

Hier im Seniorenzentrum wohne ich seit 2005, denn meiner Frau ging es bei uns zu Hause gesundheitlich immer schlechter. Sie brauchte dringend Pflege, deshalb mussten wir sehr plötzlich umziehen und unsere Zweizimmerwohnung in Hohenschönhausen aufgeben. Alles ruck, zuck auflösen, deshalb sind viele meiner Sachen weg, auch von den alten Fotos besitze ich kaum noch welche. Seit Hildegards Tod wohne ich in meinem Apartment im siebten Stock und organisiere fast alles allein. Vom Heim aus kümmert sich niemand um mich, hier bin ich nur Mieter und habe auch keine Pflegestufe. Zum Mittagessen gehe ich runter in die Kantine, aber alles andere organisiere ich selber.

Ob ich zufrieden mit meinem Leben bin? Darüber haben meine Frau und ich verschiedentlich jesprochen und festgestellt: Wir haben ein schönes Leben jehabt, wir haben nischt versäumt. Unser Leben war zwar nicht überschwänglich, doch ganz entsprechend unserer Erwartungen. Und die konnten wir uns ooch erfüllen, und weiter wollten wir nischt.

Wie ich es geschafft habe, ein so hohes Alter zu erreichen? Ich kann das überhaupt nicht sagen. Von meinen Geschwistern lebt keiner mehr. Meine Eltern sind nur Mitte siebzig geworden, sie starben kurz hintereinander zu Weihnachten 1953.

Na gut, ich stehe morgens um sechs Uhr auf. Ich hätte ja keine Veranlassung dazu, aber dann werd' ich wach und sag zu mir: ,Na gut, stehste uff.' Nach dem Frühstück gehe ich jeden Morgen 'ne Dreiviertelstunde im Wald spazieren. Insgesamt führe ich 'n sehr regelmäßiges Leben, das gilt auch für das Einnehmen der Mahlzeiten. Viele sagen: ,Ich esse, wenn ich Hunger habe.' Nee, ich esse nach der Uhr! Wenn Mittagszeit ist, um zwölf Uhr, esse ich. Oder ooch abends, da möchte ich auf keinen Fall aufs Abendbrot verzichten. Und wenn es bloß eene Stulle ist, das reicht mir. Mir geht's gut, ich hab keene Beschwerden. Charaktermäßig bin ich nicht so impulsiv, ich hab's am liebsten ausgeglichen. Was ich nicht so mag, sind irgendwelche Streitereien. Wichtig ist mir die Exaktheit, an die bin ich gewöhnt, allein durch die jahrelange Arbeit mit jungen Menschen im Betrieb.

Ich fühle mich lange nicht so alt, wie ich bin. Na gut, wenn's Schluss ist, ist Schluss, aber dass ick da irgendwelche Ängste habe, nee. Das geht hoffentlich schnell. Ich bin davon überzeugt, det Ableben jehört zum Leben, in der Beziehung bin ick halt Realist. Der Gedanke an irgendeine Art von Glauben ist bei mir null-kommanull! Das kommt durch die Kriegseinwirkungen, die haben bei mir einen Strich drunter jemacht. Also kurzum: Ich lass mir nischt vormachen, habe keinerlei Illusionen, ich bin und bleibe Realist.‟

Der Wecker auf dem Tisch piept um Punkt zwölf, Herr K. verabschiedet sich von uns und macht sich geradewegs auf den Weg zum Mittagessen in die Kantine. Dort plaudert er mit seinem Tischnachbarn und winkt uns noch mal zu, als er uns auf dem Weg zum Ausgang entdeckt.

Erich K. im Interview mit Rita Preuß, Berlin-Köpenick, 2015

„102 Jahre, da staun' ich selber!"
Ulla M., Dezember 1911 in Kreuzberg geboren

Auf unser Klopfen öffnet Ulla M. gut gelaunt die Tür zu ihrer Zweizimmerwohnung in Schöneberg. Im Wohnzimmer liegen dicke Teppiche und vor den Fenstern hängen schwere Vorhänge. Auf dem Sofa, ihrem Lieblingsplatz, liest sie jeden Morgen bei einer Tasse Kaffee den *Tagesspiegel*, den sie jetzt ordentlich zusammenfaltet: „Ick schaff den kaum, denn ich bleib meistens vorne bei der Politik hängen!"

Ulla M. ist 1,75 Meter groß, schlank und sehnig. An der rechten Hand trägt sie zwei übereinander gesetzte Eheringe. Bei unserem Besuch im März 2013 ist ihr Sportskamerad Heinz S. anwesend, mit dem sie seit Jahren befreundet ist. Ulla M. ist unglaublich schlagfertig und beweist Berliner Humor mit einer erstaunlich tiefen, fast männlichen Stimme. Zu ihrer Mitgliedschaft im Sportverein bemerkt Heinz S.: „Ulla, von

Auszüge aus dem Interview mit Ulla M.:

deiner Sorte gibt's nicht mehr so viele." Sie entgegnet spöttisch: „Mensch, jetzt werd' ick schon unter Sorte einsortiert!"

„Am 23. Dezember 1911 bin ich zur Welt gekommen, nur einen Tag vor Heiligabend, da biste mit den Geschenken immer schlecht weggekommen. Jetauft wurde ich Ursula und Frieda, und lange Zeit wurde ich Ulli genannt. Geboren und aufgewachsen bin ich in der Tempelhofer Vorstadt, dem späteren Kreuzberg, Arndtstraße 34, in der Nähe der Bergmannstraße. Als Kind spielte ich auf der Straße Völkerball.

Ick bin 'ne waschechte Berlinerin, auch meine Eltern sind beide in Berlin jeboren. Mein Vater Fritz Karl August Rossow war Schlosser von Beruf. Meine Mutter bekam mich schon mit 19 Jahren. Sie hieß Margarete, später habe ich sie immer ‚Emme' genannt. Sie war vor allem Hausfrau und Mutter, denn damals arbeiteten die Frauen noch nicht so. Um ein bisschen wat für die Familie dazuzuverdienen, ging Muttern als Aushilfe in den Verkauf. Nur, wenn Saison war, arbeitete sie im Kaufhaus Jonass, damals ein riesiges Konfektionsgeschäft, das über mehrere Stockwerke ging. Es lag in der Nähe vom Alexanderplatz, und es war eines der ersten Kaufhäuser, in dem man auf Abzahlung einkaufen konnte. [A]

Als 1914 der Erste Weltkrieg ausbrach, musste mein Vater zum Militär und fuhr vom S-Bahnhof Alexanderplatz aus in den Krieg. Komisch, dit weiß ich noch janz jenau. Da war ich höchstens drei oder vier Jahre alt. Irgendwie muss ich als Kleinkind schon 'nen Begriff davon gehabt haben: Krieg ist was Schlimmes. Gegen Ende des Krieges fuhr meine Mutter mit mir zum Berliner Schloss, da war ich immerhin sechs Jahre alt. Ich weiß noch, um besser sehen zu können, stand ich auf 'ner Bank, und da marschierten die Soldaten an uns vorbei, aber mein Vater war nicht dabei. Sagen Se mal, kennen Sie die Kaiserhymne noch? Nee wa? (Ulla M. guckt uns herausfordernd an und gibt die Hymne mit übertriebenem Pathos zum Besten.)

‚Heil dir im Siegerkranz, Herrscher des Vaterlands! Heil, Kaiser dir! Fühl in des Thrones Glanz die große Wonne ganz, Liebling des Volks zu sein! Heil Kaiser dir!'

Dieses kaisertreue Lied lernte ich bei Großmuttern. Bei uns zu Hause in der Arndtstraße wurde garantiert nichts von Kaiser Wilhelm gesungen, denn mein Vater war eher links eingestellt. Deutschnationale Lieder wie dieses hörte ich oft bei meiner Groß-

[A]
1928/29 ließen die Inhaber des 1889 gegründeten Kaufhauses Jonass & Co., Hermann Golluber und Hugo Haller, an der Lothringer Straße (heute Torstraße), Ecke Prenzlauer Allee ein Kaufhausgebäude im Stil der Neuen Sachlichkeit errichten. Per Kaufschein erhielten die Kunden die Möglichkeit, nach einer Anzahlung den Rest in vier Raten abzuzahlen. Nach 1933 wurden die jüdischen Besitzer aus dem Geschäft gedrängt, nichtjüdische Geschäftsführer leiteten das Kreditkaufhaus weiter. 1934 erfolgte der Warenverkauf im Alexanderhaus am Alexanderplatz 2.[1]

Ulla M.s Eltern Margarete und
Fritz Karl August Rossow, um 1910

mutter. Sie wohnte gleich um die Ecke von uns, in der Friesen-
straße 19, vier Treppen, und hatte 'nen schönen Balkon.

Als der Kaiser 1918 abtreten musste, amüsierten wir uns darüber. Da kam dieses Lied auf: ‚O Tannebaum, o Tannebaum, der
Kaiser hat in Sack jehaun. Der Kronprinz muss Granaten drehn,
Aujuste muss Kartoffeln stehl'n. O Tannebaum, o Tannebaum,
der Kaiser hat in Sack jehaun.'

Diese Lieder hab ich auf meinem hundertsten Geburtstag in
unserem Sportverein vorgetragen, Mensch, die haben gestaunt,
weil sie die Texte nicht mehr kannten. [B]

Später zog meine Familie von Kreuzberg nach Tempelhof, da
wohnten wir am längsten. Ich ging in 'ne reine Mädchenschule:
Mit 32 Schülerinnen in der ersten Klasse. Unsere Lehrerin hieß
Fräulein Grete, die war ganz in Ordnung. Gemischte Klassen
kamen erst später auf. Unterrichtet wurden wir Mädchen von
Lehrerinnen, nur unser Schuldirektor gab Erdkunde. Ich ging auf
eine einfache Schule, denn für den Besuch einer höheren Schule
musste man Schulgeld bezahlen, und meine Eltern hatten nicht
das Geld dafür. Heute ist das zum Glück anders, der Wechsel auf
eine höhere Schule ist umsonst.

[B]
Die preußische Kaiserhymne
Heil dir im Siegerkranz von
Heinrich Harries (1762–
1802) wurde in der Kaiser-
zeit bei öffentlichen Anlässen
zur Melodie der britischen
Hymne gesungen.[2]

Was mir Spaß gemacht hat ist das Lesen, ich lese furchtbar gerne. Alles was mir unter die Finger kam, hab ich gelesen. Das hab ich von Muttern geerbt, sie hat mir schon als Kind Bücher besorgt. Die ollen Griechen verschlang ich als Jugendliche. Am besten gefiel mir die Geschichte von einem, der am Felsen angekettet wurde und zu dem ständig der Adler geflogen kommt und ihm die Leber aus dem Körper hackt. Ach Mensch, wie heißt die Sage noch?"

Ulla M. schlägt heftig mit der Hand auf den Tisch, die Kaffeetasse droht umzukippen. Doch schnell ist ihr Ärger wieder verraucht, Themenwechsel.

„Außerdem treib' ich seit meinem zehnten Lebensjahr Wettkampfsport. Zuerst war ich im Männerturnverein Tempelhof,

Klassenfoto von 1919, erste Reihe ganz rechts: Ulla M., Tempelhof bei Berlin

die Turnhalle lag gleich neben unserer Wohnung in der Friedrich-Wilhelm-Straße 69, auf der anderen Seite lag die katholische Herz-Jesu-Kirche. Sooft es ging, turnte ich im Verein. Doch davon war meine Mutter überhaupt nicht begeistert, sie war gegen den Sport eingestellt. Aber vom Sport ließ ich mich schon als Kind nicht abbringen.

Unsere Familie wurde bald größer, und als Älteste musste ich mich oft um meine kleinen Brüder kümmern. Schnell lernte ich das Kochen und übernahm das für alle. Zuerst kam Karl zur Welt, aber er starb als Kind gegen Ende des Ersten Weltkrieges. Mein zweiter Bruder hieß Günter, Jahrgang 1920, er fiel im Zweiten Weltkrieg. Mein dritter Bruder Ewald wurde 1927 geboren. Ewald ist erst vor Kurzem an Krebs gestorben. Zum Schluss kam 1932 mein jüngster Bruder Peter zur Welt. Peter ist zwanzig Jahre jünger als ich und wurde als Kind oft für meinen Sohn gehalten.

Ich trug früh 'nen Herrenhaarschnitt, auch wenn das meinem Vater nicht besonders gefiel. In den 1920er-Jahren kam der Bubikopf gerade in Mode, und ich durfte mir die Haare abschneiden lassen, aber nur, wenn ich mit 'nem ordentlichen Scheitel ging. Durch Zufall kam ich als Jugendliche zum Kugelstoßen, das 1920 offizieller Wettkampfsport für Frauen wurde. Ich war 14 Jahre alt, hatte keine Ahnung, wie Kugelstoßen geht, und probierte es einfach aus, das ging auf Anhieb. Ich konnte besser stoßen als unsere Vereinsmeisterin: Hannchen Grund hieß die, den Namen weiß ich sogar noch, guck mal an. Hannchen, die konnten wir alle nicht leiden!

7,35 Meter, das war für 'nen Anfänger viel! In den Dreißigerjahren war ich fünfmal Meister im Kugelstoßen. 12,59 Meter, das war meine persönliche Bestleistung, und damit stand ich an vierter oder fünfter Stelle in Deutschland."

Ulla M. zeigt uns in ihrem Fotoalbum die erste Trainingshose für Frauen bei Mannschaftskameradinnen und lacht: „Mensch, Ilse Krüger!" Als wir sie nach ihrer Ausbildung fragen, wechselt ihre Laune. Nach der Volksschule musste sie 1925 als ungelernte Kraft arbeiten.

„Mein Einstieg in den Beruf? Ach, das ist eher 'ne Katastrophe gewesen. Nach meinem Abschluss an der Volksschule fing ich

Ulla M. beim Kugelstoßen auf dem Vereins-
platz der Turngemeinde in Berlin (TiB),
Berlin-Neukölln, um 1933

[C]
Die C. Lorenz AG existierte
bis 1948 in Tempelhof.
Für Funktechnik und Te-
lefonanlagen war sie die
größte und modernste Firma
Deutschlands. Anfang der
Dreißigerjahre stieg Lorenz
zum führenden Produzenten
für magnetische Aufnahme-
geräte auf. Die Firma stellte
1933 den ersten Volks-
empfänger (VE301) her. In
Königs Wusterhausen baute
Lorenz Anfang der 1920er-
Jahre den ersten Sendemast
für die Übertragung von Telefon und Rundfunksendungen,
außerdem den Sender für
Rundfunkübertragungen auf
dem Berliner Funkturm.[3]

mit 14 Jahren in einer Firma an. Mein Vater brachte mich bei der
Firma Lorenz im Büro unter: als Mädchen für alles. Bei uns zu
Hause war das Geld immer knapp, daher konnte ich keine Lehre
machen. Die Firma C. Lorenz, das ist ein großes rotes Gebäude
am Tempelhofer Hafen, das steht bis heute am Lorenzweg 5. Das
Haus ist vier oder fünf Stockwerke hoch, steht auf der anderen
Seite vom Ullstein-Haus.

Als Mädchen für alles musste ich Kaffee kochen, Botengänge
machen und Briefe eintüten, aber schnell merkte der Chef, dass
ich viel mehr kann. So erledigte ich dieselben Arbeiten wie die
Büroangestellten, bekam aber nicht mehr Lohn dafür. Unsere
Tippse riet mir: ‚Ulli, lern' doch Stenografie und Schreibmaschine.' So rappelte ich mich bei Lorenz langsam hoch, lernte
Steno, Schreibmaschine, technisches Zeichnen und Englisch.
Fortan arbeitete ich im Schreibzimmer als Stenotypistin, Konto-
ristin und technische Angestellte und arbeitete fast zwanzig Jahre
lang bei Lorenz bis 1945. [C]

Woll'n mal sagen, die Entwicklung des Fernsehens steckte in
den Kinderschuhen, das klappte noch nicht so. Doch ich kann

Gebäude der ehemaligen C. Lorenz AG in Tempelhof, 2018

mich entsinnen, dass wir neugierigen Bürofrauen unbedingt mal einen Blick in die neuen Studios werfen wollten. Das war ulkig, wenn man da zur Tür reinkam und sich plötzlich selber auf dem Bildschirm sah. Wenig später entdeckten uns die Techniker und verscheuchten uns schnell wieder vom Gelände.

Im Zweiten Weltkrieg war die Firma C. Lorenz ausschließlich Rüstungsbetrieb und entwickelte die Funktechnik für die Wehrmacht weiter. Da ich technisches Zeichnen gelernt hatte, wurde ich als technischer Bearbeiter eingesetzt. Mein letzter Auftrag im Kriege war die Bestellung von hundert Kanistern, aber die Dinger wurden nicht mehr gebaut. Doch was in der Firma Lorenz während des Krieges sonst noch produziert und entwickelt wurde, blieb streng geheim. Ich wusste nicht mal, was mein Nebenmann machte. Darüber wurde nicht gesprochen.

Die Zeit mit Hitler? Nee, das war hässlich. Mein Vater war sehr links eingestellt, allerdings weiß ich bis heute nicht, in welcher Partei er war. Auf jeden Fall war mein Vater politisch sehr aktiv, in Tempelhof bekam er das Amt als Vorsteher seiner Partei. Meine Mutter und ich sollten mal mitmarschieren über die Berliner Straße, um Reklame für seine Partei zu machen. An der nächsten Ecke blieben wir einfach stehen, wir wollten uns nicht für seine Partei einspannen lassen. Auch zu uns nach Hause kamen oft Männer, die mit Vater über Politik diskutierten. Als Adolf Hitler 1933 an die Macht kam, nahm sich mein Vater plötzlich das Leben (vermutlich war ihr Vater Mitglied der Kommunistischen Partei gewesen).

Mensch, was alles passiert ist. Das war grausam! Meine Mutter musste sich als Witwe mit drei kleinen Söhnen durchschlagen. Mein Bruder Peter war gerade mal ein Jahr alt, daher wohnte ich lange Zeit bei Muttern.

Ich blieb begeisterte Sportlerin in meinem Turnverein, und das rettete mich nach dem Tod meines Vaters. Dort wurde ich natürlich beeinflusst, weil die Häuptlinge im Verein alle für Hitler waren. Zum Glück wurde ich politisch weiter nicht belästigt, ich betätigte mich nicht, trat weder in den BDM (Bund Deutscher Mädel), noch in die NS-Frauenschaft ein. Vielleicht ließen die Nazis mich in Ruhe, weil mein Vater sich das Leben genommen hatte, ich weiß es nicht.

Am 1. Dezember 1929 verließ ich meinen Tempelhofer Turnverein und wurde Mitglied in einem der größten und ältesten Berliner Sportvereine, der TiB: Das ist die Turngemeinde in Berlin, Tempelhof, am Columbiadamm, die wurde 1848 gegründet. Sogar meinen Spitznamen verliehen die mir im Verein. Früher wurde ich Ulli jenannt, doch als ich Mitglied in der TiB wurde, gab es schon 'ne Ulli. Seitdem heiße ich Ulla, und das ist mindestens schon achtzig Jahre so. 1931 wurde ich als Brandenburgische Fünfkampfmeisterin ausgezeichnet. Mit der Zeit bekam ich jede Menge Medaillen und Urkunden verliehen, da hab ick mehrere Ordner zu liegen: Handball, Kugelstoßen, Mehrkampf im Fünfkampf, Diskuswerfen (in prall gefüllten Ordnern bewahrt Ulla M. ihre Urkunden von 1925 bis 1987 auf). Neben meinen frühen Erfolgen im Kugelstoßen feierte ich auch im Handball große Siege als Torsteherin. Zuerst spielte ich als rechts außen, aber irgendwann fiel ein Torsteher aus, ick sprang ein und bin dabei jeblieben! Beim Handball stand ich fast immer im Tor, wir trainierten richtig ernsthaft und dadurch kam ich viel rum in Deutschland. Das war hübsch, die vielen Reisen hätten meine Eltern nicht zahlen können. 1935 kam ich sogar in die Olympia-Trainingsmannschaft und nahm 1936 an der Olympiade in Berlin teil. Kurz bevor das Spiel anfing, standen wir Handballerinnen in Reih und Glied im Stadion. Wir mussten mit ‚Heil Hitler'

Ulla M. (erste Reihe rechts) in der TiB-Handballmannschaft, Mitte der 1930er-Jahre

grüßen. Haste eben gemacht, ging nicht anders (Ulla M. winkt ab, wird plötzlich sehr ernst. Kurz darauf erzählt sie von ihren sportlichen Erfolgen und gerät ins Schwärmen).

1938 waren wir sogar Deutscher Meister und später mehrfach Vizemeister im Handball, ach das waren schöne Zeiten! Beim Sport wurde ich auch gefilmt, die Ufa machte eine Filmaufnahme von mir, und das lief in der Sportwochenschau: 1933 Brandenburgische Meisterschaft im Kugelstoßen. Auch unsere Handballmannschaft kam oft in die Zeitung, bald wurden die anderen Spieler neidisch, denn als Torsteher wurde meist ich abgebildet."

Der Sender rbb interviewte und filmte 2013 Frau M., aber sie verpasste den Beitrag in der *Abendschau*. Wochen später wollen wir ihr den Film auf dem Computer zeigen, doch sie winkt ab: „Ach, nee machen Sie den ollen Kasten zu, heute nicht!" Sie zeigt uns ein Foto von Handballspielerinnen.

„In der Nazizeit unter Hitler mussten wir im Röckchen Handball spielen. Einer unserer Trainer muss sehr treudeutsch gewesen sein und bestand auf Röckchen. Damit nicht genug, wir mussten uns selber um die Röcke kümmern. Eine von uns besorgte billig den Stoff: schwarzen Satin. Dann bekamen wir 'n Schnitt mit nach Hause und nähten uns die Röcke. In unserer Handballmannschaft gab's eine Stürmerin, von der es hieß, sie sei lesbisch. Aber die anderen Spielerinnen und mich ließ sie in Ruhe, sie hatte ihre Liebschaft wohl außerhalb des Vereins.

Wenn ich zum Handballtraining zum TiB-Platz fuhr, musste ich sehr oft meine drei Brüder mitschleppen. Besonders aufpassen musste ich auf meinen zwanzig Jahre jüngeren Bruder Peter. Meine älteren Brüder stromerten auf dem Gelände rum, aber dafür war Peter zu klein. Im Verein hielt man Peter immer für meinen Sohn, das Gerücht machte die Runde: ‚Guck mal, Ulla hat 'nen Sohn!‘ Peter stand als Fünfjähriger immer artig hinter meinem Tor, so hatte ich den im Blick. Nach dem Spiel ging ich mit meinen Brüdern ins TiB-Casino Kaffee trinken. Die drei

Handball im Röckchen, Berlin-Neukölln, um 1935

bekamen jeder für 'nen Groschen Himbeerwasser und saßen wie 'ne Eins am Tisch. Ich hatte die gut im Griff, bei mir gab's Backpfeifen, wenn sie nicht parierten, das ging gar nicht anders. Meine Mutter war froh, wenn ick ihr die Jören abnahm.

Sobald meine Brüder im Bett lagen, ging ich gerne feiern, besuchte oft Konzerte oder ging ins Theater. So saß ich im Publikum, als Johannes Heesters das erste Mal in Berlin auftrat. Er stand in der Hitlerzeit, 1939 oder 1940, auf der Bühne und hatte seinen entscheidenden Durchbruch in Berlin. Alle im Publikum waren von Heesters' Gesang als Graf Danilo schwer begeistert. Die Eintrittskarten für die Operette *Die lustige Witwe* bekamen wir über die Organisation ‚Kraft durch Freude' verbilligt. Bei großen Vorführungen wurden die Karten bezuschusst, sodass auch Leute wie ich sich das leisten konnten. Heesters' Operettenaufführung lief im Admiralspalast gegenüber vom Bahnhof Friedrichstraße im Hof.

Jahrzehnte später, 2006, erlebte ich Johannes Heesters noch mal auf der Bühne im frisch renovierten Admiralspalast. Der trug zwar wieder Frack, Zylinder und seinen weißen Schal auf der Bühne, aber sein Auftritt war 'ne Katastrophe, das empfand jeder im Publikum so. Den hätten sie nicht mehr auf die Bühne lassen dürfen. Dass der Heesters mit über hundert Jahren noch auftrat, da war sicher seine fast fünfzig Jahre jüngere Frau die treibende Kraft. Na jut, vielleicht vermisste Heesters ooch den Beifall.

Während des Zweiten Weltkrieges blieben meine Familie und ich in Berlin, zum Glück wohnten wir in einem ruhigen Viertel in Tempelhof, dort war die Bombardierung nicht so schlimm. Wenn doch mal der Fliegeralarm losheulte, musste ich meiner Mutter gut zureden. Die wollte partout oben in unserer Wohnung bleiben, bis eines Tages unser Kronleuchter runterdonnerte und auf dem Tisch landete. Nach dem Alarm betrat ich vorsichtig unser stockdunkles Wohnzimmer, sah, dass da irgendetwas auf dem Tisch lag. Zuerst traute ich mich nicht nachzusehen, hätte ja was explodieren können, doch da lag nur unser Kronleuchter. Erst von diesem Tage an ging meine Mutter bei Alarm freiwillig mit in den Keller runter. Heutzutage lacht man darüber, ulkig, was einem alles wieder einfällt.

Gefährlich wurde es auch auf unserm Sportplatz am Columbiadamm, vor allem abends. Wir Sportler mussten oft in den Luftschutzkeller ganz in der Nähe runter, denn ausgerechnet dort hatten Militärs schon vor dem Krieg ihre Waffen gelagert. Das bedeutete: Beim kleinsten Funken wären wir sofort in die Luft geflogen.

Nach dem Tod meines Bruders Günter, der nicht aus dem Krieg zurückkehrte, hielten wir zusammen. Doch mal war ich richtig wütend auf meine Mutter. Ohne mich zu fragen hatte sie es fertiggebracht, einige meiner Siegermedaillen in die Metallsammlung zu geben. Wenn ich meine Medaillen nicht gleich zu Hause sicherte, räumte Muttern sofort ab. Nur weil sie gegen den Sport eingestellt war, brauchte sie sich nicht derart hässlich zu verhalten und den anderen alles zu vermiesen.

Vierzehn Tage nach der Kapitulation Deutschlands 1945 sollten wir uns als ehemalige Mitarbeiter bei Lorenz melden. Dann wurden wir von den Russen für Aufräumungsarbeiten in der völlig zerstörten Stadt eingesetzt. Die Soldaten kamen aus Sibirien und benahmen sich mir gegenüber anständig, das war eine nette Truppe, das kann ich nicht anders sagen. Wir mussten aufräumen, und es waren nicht die Russen, die den Dreck gemacht hatten. Die Deutschen gingen überall plündern, auch bei der Firma Lorenz.

Von nun an bestimmten bei uns in Berlin die Russen, und irgendeine gute Seele von denen hat mich in die Küche verfrachtet. Sehr gut für mich, denn fortan bekam ich Mittagessen beim Russen. Es gab Eintopf mit furchtbar viel Fleisch, sehr würzig und abwechslungsreich gekocht. Nur einmal musste ich mich gegen Handgreiflichkeiten wehren. Aber schuld waren andere Soldaten, die auf 'ner Durchreise bei uns vorbeikamen. Unsere Soldaten vor Ort wussten, dass die uns nicht belästigen durften. Die fremden russischen Soldaten befanden sich auf der Fahrt vom Kriege nach Hause. Na, als die frech werden wollten, drohte ich denen massiv, und dann sind die geflitzt!

Die Russen wurden von den Amis abgelöst, und im Sommer 1945 wurde Berlin in vier Zonen eingeteilt. Von nun an lebten wir in der amerikanischen Zone, und die Amis setzten mich in einer Kaserne als Reinemachefrau ein. Der deutsche Staat wurde damals verpflichtet, Reinigungsfrauen für die Kasernen bereitzustellen, und für das Aufräumen wurden wir bezahlt. Was aber viel wichtiger war: Wir bekamen regelmäßig etwas zu essen. Und das war gerade in der Zeit nach dem Krieg überlebenswichtig!

Wir waren mit fünf bis sechs ‚Weibsen‘ im Einsatz, die sich noch aus der Zeit der Büroarbeit bei der Firma Lorenz kannten. Wir sollten die Kasernen aufräumen und putzen, das ging ungefähr zwei Jahre lang. Die Amis kamen oft aus sehr vermögenden Familien. Unser ‚Häuptling‘ hieß Robert, wir duzten uns untereinander. Er war sehr höflich zu uns und versorgte uns ausreichend mit Material. Für unsere Arbeit brauchten wir oft Seife und Bohnerwachs, was man nur sehr schwer bekam. Robert bot mir an, er würde mich gerne als Hauswirtschafterin mit nach Amerika nehmen. Doch ich lehnte ab: Nee, raus aus Berlin, das wollte ich nicht.

Ich hab ja immer lange vorher geplant: Ich wollte das Casino in meinem Sportverein TiB übernehmen, und dazu brauchte ich die Ausbildung als Wirtschafterin. Man konnte nicht wie heute einfach kommen und sagen: Ick mach ’ne Kneipe uff. Das ging nicht ohne ’ne Ausbildung: Wirtschafterin oder Kneipier musste man sein, sonst hätte ich weder die Genehmigung noch die Konzession von oben jekriegt. Bei der TiB hatte ich mich zeitig als neue Casinopächterin für den Ausschank angemeldet. Da mich dort alle fein leiden konnten, ham se mir das auch eingeräumt. Aber unser Gelände am Columbiadamm war komplett zerbombt, dass dauerte ein paar Jahre, bis alles wieder stand. Mit vereinter Kraft mussten wir zuerst die Schützengräben zubuddeln, da packte ich mit an. Unser Vereinshaus musste sogar komplett wiederaufgebaut werden.

1948 begann ich mit der Ausbildung als Wirtschafterin am Pestalozzi-Fröbel-Haus in Schöneberg. Dort suchten sie nach Frauen, die nicht Mitglied in der NSDAP waren. So fing ich mit 37 Jahren an zu lernen, ging eineinhalb Jahre zur Schule. Die Schule wurde von ‚Senatens‘ bezahlt. Ich bekam während der Schulzeit mein Geld weiter, das war schön! Man musste nicht selber was bezahlen, sondern bekam etwas dazu. Nach dem Kriege wurden ausgebildete Frauen gesucht. Wir waren ’ne prima Klasse und die meisten von uns hatten mein Alter. Unterrichtet wurden wir in Wirtschaftskunde, Gesundheits- und Ernährungslehre. Zum Beispiel mit wie viel Kalorien man etwas zubereitet, aber natürlich kochte ich später nie nach irgendwelchen Kalorien.

Nach der Prüfung ging ich als Wirtschafterin und bekam sofort ’ne Stelle übers Amt vermittelt: im Schöneberger Kinderheim

,Schwalbennest', das lag in der Hauptstraße im Hinterhof, in der Nähe vom Kaiser-Wilhelm-Platz. Es hatte viele Räume, wir hatten einen Kater, und unten im Hof hielten wir sogar Karnickel. [D]

Als Wirtschafterin kochte ich für sechzig Kinder und zehn Erwachsene, das machte mir großen Spaß, besonders der Kontakt zu den Kindern. Kinder von vier bis 16 Jahren wurden bei uns untergebracht, manche kamen als Waisen zu uns, andere konnten nicht von ihren Eltern versorgt werden.

Ich fing früh am Morgen an zu arbeiten, weil ich für alle das Frühstück machen musste: Stullen schmieren und belegen, denn die Kinder gingen morgens zur Schule. Nach dem Kriege war das Brot streng rationiert. Mal hatten wir siebzig Kinder, mal bloß fünfzig, dann konnte ich eine Viertelstunde später kommen und mir meine Zeit selber einteilen. Das war 'ne hübsche Zeit für mich! Die Großen kamen gerne zum Gemüseschneiden in die Küche, weil sie dafür 'ne Stulle extra bekamen. Ich war die Küchenfee, aber Gott sei Dank musste ich nicht abwaschen. Dafür hatte ich eine extra Hilfe, ,Schmuckstück' nannte ich die. Neben dem Kochen bestellte ich dementsprechend Kartoffeln, Gemüse und Fleisch. Von dem Geld, das ich im Kinderheim verdiente, gab ich Muttern, wie das so üblich war, was ab, denn ich wohnte ja weiterhin zu Hause. Nach 'ner Zeit bot mir unsere Heimleiterin Fräulein Bünger einen besseren Posten an, aber ich hatte andere Pläne.

1953 übernahm ich endlich das TiB-Casino in unserem wiederaufgebauten Vereinshaus. Wir hatten sechzig Stühle, bei uns im Angebot gab's Fleischklopse mit Sauerkohl. Ich stand hinter der Theke und meine Mutter kochte, verdiente dabei aber keinen Pfennig. Sobald ein Wettkampf anstand, musste Muttern mich im Ausschank vertreten. 1955 erschien sogar ein Artikel über mich in der Zeitung, darin stand, dass ich mich in meiner Rolle als Sportskanone und Casinopächterin der TiB sauwohl fühlen würde. ,Sauwohl', über dieses Wort regte sich meine Mutter natürlich auf. Ick aber sage: Das war genau der richtige Ausdruck!

Trotzdem ich viel Spaß bei der Arbeit hatte, musste ich nach fünf Jahren das Casino in meinem TiB-Verein wieder aufgeben. Es ernährte meine Mutter und mich einfach nicht, und es wurde mir zu viel, immer von früh bis spät vor Ort zu sein, das war kein Acht-Stunden-Tag. Die Sportkameraden kamen um halb sechs ins Casino, bestellten ihr Bier und spielten Skat bis halb zwölf

[D]
Von 1949 bis 1953 arbeitete Ulla M. im „Schwalbennest" auf dem Gelände des ehemaligen „Maison de Santé" in der Schöneberger Hauptstraße 14, heute steht dort ein türkischer Supermarkt.[4]

Ulla M. beim Bierzapfen in der TiB-Vereins-
kneipe, Berlin-Neukölln, um 1956

und länger. Am anderen Morgen musste wieder geputzt und alles
vorbereitet werden.

Ich hatte einige Verehrer, aber meinen zukünftigen Mann
Georg lernte ich erst spät kennen, natürlich über meinen Sportverein TiB. Durch Zufall traf ich ihn in einer gewöhnlichen Bier-
kneipe, neben Georg wurde noch ein Platz frei. Ich setzte mich
neben ihn, er hat mir wohl von Anfang an gefallen. Als ich 1961
fünfzig Jahre alt wurde, heirateten wir. Kurz darauf hörte ich auf
zu arbeiten und wurde Hausfrau."

Die Wohnzimmerschränke aus Eichenholz und die Kopie des
berühmten *Mann mit dem Goldhelm* erinnern an ihren Mann.
Abgesehen vom neuen Fernseher hat sich in ihrem Wohnzimmer seit 1960 kaum etwas verändert.

„Anfangs führte Georg, er war 1903 geboren, ein Geschäft in
der Schöneberger Wexstraße, doch das musste er aufgrund seiner
schweren Kriegsverletzung aufgeben. Wir waren unternehmungs-
lustig, gingen gerne aus, nur zusammen tanzen konnten wir nicht

wegen seiner Gehbehinderung. Später saß Georg im Rollstuhl und war hundert Prozent schwerbehindert, Stufe sechs. Trotzdem unternahmen wir viel und lachten vor allem zusammen. Ich brachte ihn sogar dazu, mit mir in die Oper zu gehen. Wann sind wir in unsere Wohnung eingezogen? 1961? Na, ist auch egal, kommt nicht drauf an. Also kurz nachdem die Wohnungen hier gebaut worden sind.

Das Schöneberger Rathaus ist bei uns gleich um die Ecke, und da gingen wir oft hin, wenn da Ausstellungen oder politische Veranstaltungen liefen. 1963 sprach Kennedy hier. Aber das ärgert mich heute noch, dass der einfach herkam und sagte: ‚Ich bin ein Berliner.‘ Ist doch idiotisch! Nicht, dass ich den Kennedy nicht leiden konnte. Diese Art von Spruch hat mich einfach jeärgert (jetzt kommt Ulla M. richtig in Fahrt, wirbelt energisch mit den Händen und wiederholt). Also, so 'n Quatsch! Mensch, dit ärgert mich bis heute! [E]

Als Kennedy seine Rede hielt, war der Platz vorm Rathaus knackend voll. Die Leute klatschten wie wild, da buhte keiner. Vor allem als er seinen berühmten Spruch ‚Ich bin ein Berliner‘ sagte, da gab's eine begeisterte Klatscherei. Schräg gegenüber oben auf einem Haus machte am Ende irgendeiner Musik, blies auf 'ner Trompete, das fand ich wunderhübsch.

Mein Mann Georg starb 1979, seitdem lebe ich allein in unserer Wohnung mit dem Blick auf die Schöneberger Rathausuhr. Die ist sozusagen meine Küchenuhr, und die hat noch nie gestreikt. Kinder hatten mein Mann und ich keine. Ich hab ja meine drei Brüder groß jezogen, das hat mir jelangt!"

Als ihr Bruder Peter diesen Satz las, beschwerte er sich bei seiner Schwester. Wenn es um die Familie gehe, solle sie sich zurückhalten. Ulla M. winkt ab und bemerkt trocken: „Soll er sich beschweren, dit bringt jar nischt."

[E]
US-Präsident John F. Kennedy hielt am 26. Juni 1963 seine berühmte Rede vor dem Rathaus Schöneberg in West-Berlin zum 15. Jubiläum der Berliner Luftbrücke. Er garantierte die Freiheit der westlichen Hälfte der Stadt und wurde von der Bevölkerung begeistert gefeiert.[5]

„Trotz der Pleite mit dem TiB-Casino: Ich bin und bleibe eng mit meinem Verein verbunden. Trainiert hab ich jeden Dienstag und Donnerstag, sonntags liefen die Wettkämpfe. Bis 1997 nahm ich an den Wettkämpfen teil. Daher kenne ich einige meiner Sportskameraden seit mindestens fünfzig Jahren. Einmal im Monat treffen wir uns im Vereinslokal mit zwölf bis 15 Leuten, und auch wenn dort Feiern anstehen, bin ich dabei. Auch meinen Geburtstag feiere ich immer im Vereinsheim. Zum hundertsten Geburtstag hielt ich 'ne Rede, in der ich meine Kameraden mit alten Liedern aus der Kaiserzeit beglückte. In der TiB engagierte ich mich viele Jahre als Kassenwart, und natürlich feuere ich auf der Straße unsere Vereinsmannschaft beim Marathonlauf an.

Ich hab in einer Zeit gelebt, in der sehr viel passiert ist. 102 Jahre bin ich jetzt, da staun' ich selber. Aufstehen tu ich immer um sieben Uhr, gegen halb neun frühstücke ich ausgiebig, das Frühstück mache ich mir selber. Na ja, mit hundert laufen die Beine nicht mehr so schnell, aber ich kann mich nicht beschweren. Und dass man nachher ein bisschen lahm wird, dafür kann man nichts. Vor langer Zeit hab ich mir vorgenommen: Ich will 103 Jahre alt werden, dann ist es genug. Ob ich an Gott glaube? Na ja, ein bisschen, man beschummelt den da oben manchmal ein bisschen. Zwischendurch sag ick, ohne jemanden anzusprechen: Ach, das war wieder hübsch, danke schön.

Mit dem Sterben hab ich mich nie groß beschäftigt. Meine Gesundheit ist jut (Ulla M. klopft demonstrativ auf ihren Holztisch), da rechne ich überhaupt nicht mit. Neulich hat mich im TiB-Verein einer von den Sportskameraden auf das Thema Sterben angesprochen. Er ist fast zehn Jahre jünger als ich, gerade mal 93 Jahre alt. ‚Ulla, wie stehst du eigentlich zum Tod?‘, fragte er mich. Ich antwortete: ‚Du wirst lachen, hab ich mich noch nicht mit befasst.‘ Was soll ich mir den Kopf darüber verrückt machen, wenn ich sterbe. Na, ich hoffe, das geht schön schnell, damit ich keinen Ärger habe. Da noch lange rumkrepeln. Ach, ihr macht euch alle verrückt damit. Was interessiert mich das jetzt? Ich hab ihm geraten: ‚Guck mal, du bist jetzt 93 und kannst auch hundert werden, dann musst du noch zehn Jahre lang damit leben. Überlege mal, wie lange du ständig so 'n Quatsch denkst. Da beschäftige dich mal gar nicht erst mit, warte doch erst mal ab!‘

Wie ich es geschafft habe, so alt zu werden? Na ja, geraucht hab ich nicht. Aber das mit dem Nichttrinken? Nee, das möchte ick ablehnen. Wir haben viel gefeiert: Partys, das ist ja mit Ringelpiez und Tanzen, früher hab ich das alles mitgemacht. Und dass man immer ordentlich Sport treiben soll? Ach, das steht doch dauernd in der Zeitung. Ick finde, wie heute die Gymnastik gemacht wird, ist ein bisschen langweilig.“

„Wann haben Sie Zeit für einen Besuch? Müssen Sie mal zum Arzt?", fragen wir Ulla M. Darauf entgegnet sie lachend: „Auweia, zum Arzt? Da war ich über ein Jahr und länger nicht mehr. Sagen Se mal, muss man da noch zehn Euro Gebühr zahlen?"

Anfang 2014 drehen wir mit Ulla M. und Helga G. den Dokumentarfilm *Zum 140-jährigen Jubiläum des Pestalozzi-Fröbel-Hauses – Hundertjährige Zeitzeuginnen berichten*. Bei den Dreharbeiten kocht Frau M. Kaffee für das Team und bleibt gelassen: „Na, wissen Sie, ich wurde ja schon oft interviewt." Bei der Filmpremiere bringt Ulla M. die Zuschauer auch auf der Leinwand mit ihrem Berliner Humor zum Lachen.

Blick aus Ulla M.s Küche auf das Rathaus Berlin-Schöneberg, 2013

„Unkraut vergeht nicht"

Helga G., Juli 1912 bei Bitterfeld geboren, seit 1949 in Berlin

Frau G. zeigt sich bei unserer ersten Begegnung in Mariendorf mit ihrem handgeschriebenen Lebenslauf bestens vorbereitet und fragt skeptisch: „Was genau haben Sie mit dem Interview vor?" Im Laufe des Gesprächs bricht das Eis und nach vielen Besuchen entsteht 2014 der Dokumentarfilm *Hundertjährige Zeitzeuginnen erzählen*, mit den Protagonistinnen Helga G. und Ulla M.

„Ich bin am 5. Juni 1912 in Holzweißig bei Bitterfeld geboren. Mein Vater war Elektromeister im Braunkohlebetrieb, und meine Mutter arbeitete als Schneiderin. Also gehörten wir gerade noch zur Mittelschicht. An Geschwistern hatte ich nur meinen zwei Jahre jüngeren Bruder Erhard. Wir wurden evangelisch getauft und konfirmiert, doch später trat ich aus der Kirche aus und bin bis heute in keiner Kirchengemeinschaft mehr Mitglied.

Auszüge aus dem Interview mit Helga G.:

In Bitterfeld ging ich 1918, ohne die Volksschule zu besuchen, aufs Lyzeum, also auf die höhere Mädchenschule. Das Abitur hätte ich spielend geschafft, aber meine Eltern bestimmten, dass ich nach der Mittleren Reife einen Beruf ergreifen soll. Ich sollte in die Fußstapfen meiner Mutter treten und Schneiderin lernen. Doch am Ende respektierten die Eltern meinen Wunsch, Kindergärtnerin zu werden. 1928 begann ich in Leipzig mit der Lehre. Als frisch gebackene Kindergärtnerin gründete ich um

Mit ihrem Bruder Erhard, Holzweißig bei Bitterfeld, 1917

Mit ihrem Vater, Holzweißig bei Bitterfeld, 1920

1931 herum einen Privatkindergarten, denn Bitterfeld war ein
großes Industriegebiet, und in der alten Siedlung wohnten viele
kleine Kinder, doch es gab keine einzige Betreuungsgelegen-
heit. So lief ich in der Siedlung herum, klingelte und erzählte
den Leuten von dem geplanten Kindergarten. Anfangs sagten
sie sofort: ‚Wir kaufen nichts!‘ Ich aber erklärte ihnen: ‚Ich will
ihnen nichts verkaufen! Ich will einen Kinderbetreuungsdienst
aufmachen.‘ Nachher funktionierte mein Privatkinderkarten ein
paar Jahre lang, aber pro Kind verdiente ich nur 50 Pfennige pro
Woche. Obwohl mir das evangelische Jugendheim kostenlos die
Räume zur Verfügung stellte, verdiente ich zu wenig.

Was nun folgte, ist meine finstere Vergangenheit. Ich meldete mich 1937 freiwillig zum Reichsarbeitsdienst, da hatte ich
mich von einer Freundin anstecken lassen. Wenn man in dieser
Zeit eine höhere Ausbildung anstrebte, wurde der Arbeitsdienst
vorher gewünscht, und dabei bin ich hängen geblieben. Acht
Jahre lang war ich als Arbeitsdienstführerin in verschiedenen
Dienstgraden im Einsatz, im Erzgebirge und anderswo in Sachsen. Meine Aufgabe war es, Kontakte zu den Bauern aufzuneh-
men, sodass die Mädchen dort eingesetzt werden konnten. Als
Arbeitsmaid arbeitete man bei den Bauern auf dem Feld, und
das musste vorbereitet und genau mit den Bauern besprochen
werden. Außerdem musste man im Lager Veranstaltungen durchführen: Morgens leitete ich als Arbeitsdienstführerin immer den
Frühsport. Jeden Tag wurde gesungen, und natürlich gaben wir
auch politische Schulungen. Das haben wir getan, weil wir es
mussten, und nicht aus politischer Überzeugung.

Außerdem war ich für die Verwaltung zuständig, dafür hatten
wir zwar eine Bürokraft zur Verfügung, aber ihre Arbeit musste
von den Lagerführern kontrolliert werden. Im Lager hatten wir
ungefähr 45 Mädchen im Alter von 18 und 19 Jahren. Mit den
jungen Leuten übten wir Volkstänze ein und bereiteten Feste
fürs Dorf vor. An sich eine schöne Arbeit, und das Politische,
das nahm man so hin. Darüber machte man sich keine Gedan-
ken – im Nachhinein natürlich schon. Hinterher machte ich mir
große Vorwürfe. Man hätte aufmerksamer und kritischer sein
müssen, das war man aber nicht, empfand das eher als lästig. Wir
führten die politischen Schulungen durch, gingen aber nicht auf
die Hintergründe ein, insofern erkannte man manches nicht. Das

Helga G. in ihrer Zeit beim
Reichsarbeitsdienst, um 1938

[A]
Die Teilnahme am Reichs-
arbeitsdienst (RAD) wurde
ab 1935 für alle Arbeits-
kräfte im Alter von 18 bis
25 Jahren Pflicht. Doch
anfangs fehlten die finanzi-
ellen und personellen Mittel,
daher wurde der RAD für
Frauen erst ab 1939 Pflicht.
Eingesetzt wurden sie in
der Erziehung, Verwaltung,
Wohlfahrt und besonders in
der Landwirtschaft.[1]

war sicher ein Fehler, dass man da nicht gründlicher nachfragte.
Von zu Hause hatte ich keine politische Erziehung erfahren, da
meine Familie politisch nicht interessiert war, und insofern fehlte
mir anfangs der Zugang. [A]

Im Reichsarbeitsdienst wurden wir irgendwann einfach in
die Partei übernommen, verhältnismäßig spät, ohne gefragt zu
werden, wurde uns eines Tages mitgeteilt, dass wir die ‚Ehre‘
und das ‚Vergnügen‘ hätten, jetzt Parteimitglieder zu sein. So war
ich in der NSDAP, hatte selber nichts dazu getan, das passierte
automatisch. Kurz vor Ende des Krieges war ich auf Heimaturlaub in Bitterfeld. Mein Vater redete auf mich ein: ‚Es ist sowieso
alles vorbei. Was willst du noch den weiten Weg nach Bayern
fahren, bleib doch hier.‘ Aber pflichtbewusst, wie ich war, fuhr
ich zurück zu meiner Dienststelle nach Bayern. Am 8. Mai 1945
wurde ich dort von den Amerikanern als Kriegsgefangene einen
Tag lang festgehalten und dann entlassen.

Nach dem Krieg versuchte ich, beruflich wieder Anschluss
zu bekommen. Ich kehrte über Umwege 1946 wieder zurück
zu meinen Eltern nach Bitterfeld, das jetzt zur Sowjetischen Be-

satzungszone gehörte. Kurz darauf bewarb ich mich in Leipzig beim sozialpädagogischen Frauenseminar, wollte dort die Ausbildung zur Jugendleiterin machen. Doch das wurde aus politischen Gründen abgelehnt. Daraufhin versuchte ich es weiter und bewarb mich in Berlin beim Pestalozzi-Fröbel-Haus (PFH).

Das PFH willigte ein, unter Vorbehalt würde ich sagen. Ich konnte und wollte meine Arbeitsdienstzeit nicht verheimlichen. Der Vorbehalt bestand darin, dass ich mich einem Entnazifizierungsausschuss der Amerikaner stellen musste. Das tat ich im Laufe meiner Ausbildung, und die fanden mich harmlos (das Dokument von 1949 hat sie aufbewahrt). Ich wurde von ihnen befragt, musste Zeugenaussagen bringen, dass ich keinen Juden verfolgt oder irgendwelche bösen Dinge getan hatte. Das hatte ich nicht, und ich konnte mit zwei Bescheinigungen von jüdischen Familien nachweisen, dass ich deren Kinder gut betreut hatte. [B]

[B]
In unserem Film *Zum 140-jährigen Jubiläum des Pestalozzi-Fröbel-Hauses – Hundertjährige Zeitzeuginnen erzählen* setzt sich Helga G. vor der Kamera kritisch mit ihrer Zeit als Arbeitsdienstführerin auseinander.[2]

Mit der Jugendleiterinnenklasse vom Pestalozzi-Fröbel-Haus, rechts außen: Helga G., 3. v.r.: Helgas Freundin Anneliese, Berlin-Schöneberg, 1950

Nach 1945 verspürte ich den dringenden Wunsch nach einem Neuanfang, es war ja eine unruhige, desorientierte Zeit nach dem Krieg, das galt auch für die Pädagogik. Da sollte mir die Ausbildung als Jugendleiterin helfen und neue Perspektiven aufzeigen. Um die Ausbildung in Berlin bezahlen zu können, lieh ich mir von meinen Eltern 1 000 Mark. Das waren noch Reichsmark, glaube ich, das Geld zahlte ich ihnen später zurück. In unserer kleinen Klasse hatten bereits alle eine Kindergärtnerinnenausbildung. Mit drei meiner Mitschülerinnen hielt ich bis vor Kurzem engen Kontakt. Mit Irmgard zum Beispiel rannte ich oft zu Veranstaltungen, Themen wie die Tiefenpsychologie interessierten uns sehr, da fuhren wir sogar mit der S-Bahn bis nach Wannsee zu einem Vortrag. Und wir gingen oft zusammen ins Theater. Weil wir kein Geld hatten, sind wir von Schöneberg bis ‚jwd‘ (‚janz weit draußen‘) hin- und wieder zurückgelaufen. Im Theater nahmen wir meistens oben im dritten Rang die billigsten Plätze und genossen es, unsere Lieblingsschauspieler anzuschauen. Gern gingen wir ins Hebbel-Theater oder ins Berliner Ensemble und sahen uns Stücke wie *Mutter Courage* mit Helene Weigel an. Uns gefiel das Sprechtheater mehr als das Musiktheater. An das komplett zerstörte Berlin hab ich dagegen nur wenige Erinnerungen, das nahm man so hin.

Eine weitere, sehr wichtige und enge Freundin für mich ist Anneliese. Sie ist elf Jahre jünger als ich, und auch sie lernte ich im Pestalozzi-Fröbel-Haus kennen. Sie kam aus Wolgast. In Schöneberg wohnte ich ein bisschen so wie in einem Internat, zu dritt in einem Zimmer, im Haus 1. Anneliese dagegen war bei einer befreundeten Familie in Kreuzberg untergebracht.

Unsere Freundschaft basierte darauf, dass wir beide kein Geld in der Tasche hatten und darauf angewiesen waren, ein bisschen was zu verdienen, dazu vermittelte uns das Pestalozzi-Fröbel-Haus etwas. Im Zoologischen Garten fanden Spielnachmittage statt, und da wollten wir uns als Betreuerinnen fünf Mark verdienen. Aber als Anneliese und ich am Zoo ankamen, wurde uns mitgeteilt, dass der Spielnachmittag ausfällt. So saßen wir im Zoologischen Garten und waren untröstlich. Wir zählten unsere letzten Moneten und kauften uns ein Eis, das wir gemeinsam aßen. Und das war die Grundlage unserer Freundschaft, die bis heute anhält. Anneliese ist meine beste Freundin und lebt in

Vor der Charité: stehend links Frau Dr. Geissler, Helga G. mittig in der ersten Reihe sitzend, Berlin-Mitte, um 1952

Lichterfelde, sie ist auch der Grund, warum ich mich im Alter für Berlin entschieden habe. Seit 1987 lebe ich wieder in Berlin. Wir haben engen Kontakt, was ich meiner Freundin Anneliese erzähle, erzähle ich sonst keinem! Wir telefonieren jeden Sonntag miteinander, genauso wie ich ist sie politisch sehr interessiert, und dann überlegen wir, wie man die Welt verbessern kann. Es ist sehr wichtig, dass man solche Menschen im Leben hat."

„Jetzt sind wir zeitlich ganz woanders gelandet", stellt Helga G. fest und zeigt demonstrativ auf ihren Lebenslauf, „wir waren bei meiner Ausbildung."

„Die Ausbildung am Pestalozzi-Fröbel-Haus gefiel mir, und das Lernen ist mir nie schwergefallen. So bestand ich im September 1950 die Abschlussprüfung als Jugendleiterin, und auch die anderen Schülerinnen legten erfolgreich die Prüfung ab. Die zentrale Erfahrung, die ich aus meiner Ausbildung mitnahm, ist die psychologische Einschätzung dessen, was ich erlebt und dessen, was ich getan hatte. Das war für mich das Wesentliche. Neu für mich war, dass man in der Medizin das Körperliche mit dem Psychischen eng in Verbindung brachte. Völlig neu war die Tiefenpsychologie, die in die Pädagogik hinüberstrahlte.

Als frisch gebackene Jugendleiterin nahm ich mir eine Wohnung in Pankow. Zuerst arbeitete ich in einem heilpädagogischen Kinderheim in Zehlendorf. Dorthin kam oft eine sehr interessante Ärztin aus der Charité: Frau Dr. Geissler, die Psychologie und Medizin studiert hatte. Zu ihr wechselte ich später in die Charité und arbeitete bis 1953 in der Nervenklinik der Kinderabteilung, die Dr. Geissler leitete.

Ich kann mich erinnern, dass ich in der Charité Bertolt Brecht gesehen habe. Seine Frau Helene Weigel lag auf der Frauenstation, gleich hinter unserer Kinderstation. Da hieß es plötzlich: ‚Der Brecht ist vorne!‘ Ich sagte zu einer Kollegin: ‚Geben sie mir mal irgend ’ne Akte, ich will den mal sehen!‘ Mit der Akte unterm Arm geklemmt, ging ich durch die Frauenabteilung und sah tatsächlich den Brecht. Er war nicht sehr groß, etwas stämmig. Ich fand nicht, dass er ein schöner Mann war. Der war nicht mein Typ, geheiratet hätte ich den nicht. Dennoch konnte ich mir gut vorstellen, dass er sich bei allen durchgesetzt hat: in politischen und in privaten Beziehungen gleichermaßen. [C]

Auf unserer Kinderstation lag eines Tages ein krankes Waisenkind. Oskar kam krank aus einem Heim zu uns. Als Flüchtlingskind aus Ostpreußen blieben sein Nachname und sein Alter unbekannt. Nachdem Oskar den Nachnamen ‚Matte‘ gemurmelt hatte, blieb es dabei. Ich nahm ihn sogar mal übers Wochenende mit zu mir nach Hause, Anfang der Fünfzigerjahre muss das gewesen sein. Oskar fühlte sich wohl bei mir und fragte mich: ‚Kann ich nicht bei dir bleiben?‘, aber das ging einfach nicht. Zwar nahmen später Adoptiveltern den Jungen bei sich auf, doch sie waren komplett unvorbereitet. Sie wünschten sich einen braven Musterknaben, und genau das war Oskar natürlich nicht. So kehrte der Junge wieder zurück ins Kinderheim.

Die Zeit in der Charité war für mich zwar eine hochinteressante, aber auf die Dauer auch belastende Tätigkeit. Oft kamen Kinder zu uns mit Hirntumoren und anderen schweren gesundheitlichen Schäden oder Verhaltensstörungen. Sicher ein Grund, warum ich bald nach Westdeutschland wechselte. Bis zu meinem

[C]
Der Schriftsteller und Dramatiker Bertolt Brecht (1898–1956) kehrte im Oktober 1948 aus dem amerikanischen Exil zurück mit Zwischenstopp in der Schweiz. Er beteiligte sich am Wiederaufbau des Kulturlebens in Ost-Berlin und führte zusammen mit seiner Frau Helene Weigel das Berliner Ensemble.[3]

Helga G. als Mitarbeiterin der Kinderabteilung der Charité-Nervenklinik, Berlin-Mitte, 1951

Umzug arbeitete ich in der Charité. Am 17. Juni 1953 musste ich auf dem Weg zur Arbeit sehr lange auf die S-Bahn warten. Überall standen plötzlich russische Soldaten herum und Panzer fuhren auf den Straßen. Die Parteileute in der Charité, die Mitglied in der SED waren, zitterten wegen des Aufstands der Arbeiter. Doch dann wurde der Aufstand brutal niedergeschlagen. Abends musste man sehen, wie man nach Hause kam, das erlebte ich hautnah mit. [D]

Nachdem ich Berlin verlassen hatte, ging es für mich beruflich kreuz und quer durch Westdeutschland: Als Heimleiterin arbeitete ich bei der Arbeiterwohlfahrt in Wuppertal, auf der Insel Sylt und später in Bonn. Mit 55 Jahren bewarb ich mich bei der Victor-Gollancz-Stiftung im Familienministerium, wollte mal probieren, ob ich das mit Mitte fünfzig noch schaffe. Und ich hab's geschafft und wurde eingestellt. Ich arbeitete an Fortbildungslehrgängen für Fachkräfte im sozialen Bereich. Mit der Stiftung zog ich von Erlangen über München nach Frankfurt. Im Umziehen bin ich mehr als geübt.

[D]
In den Tagen vor dem und am 17. Juni 1953 kam es nach Protestaktionen auf Ost-Berliner Großbaustellen zu Demonstrationen in der gesamten DDR. In mehr als 700 Orten gingen Menschen auf die Straße. Sie forderten außer der Rücknahme der Normenerhöhung die Ablösung Walter Ulbrichts und die Wiedervereinigung, freie Wahlen und Freiheit für alle politischen Gefangenen. Der Volksaufstand wurde mit militärischer Gewalt niedergeschlagen: Ungefähr fünfzig Menschen starben und rund 15 000 wurden festgenommen.[4]

1972 gab es einen Erlass, mit dem Sozialberufe geändert wurden. Die Bezeichnung Jugendleiterin wurde abgeschafft, von da an galt der Titel ‚graduierte Sozialpädagogin‘. So erhielt ich 1973 eine Urkunde mit meinem neuen Berufstitel Sozialpädagogin vom Pestalozzi-Fröbel-Haus zugeschickt. Meine letzte Station als Pädagogin in der Victor-Gollancz-Stiftung war Bad Homburg.

Nach meiner Erfahrung sollte die heutige Kindererziehung so aussehen, dass man dem Kind so viel Freiheit wie möglich lassen sollte, damit es seine eigenen Kräfte entwickeln kann. Später muss ein Kind natürlich auch bestimmte Grenzen anerkennen. Ich finde es gut, wenn Kinder einen Kindergarten besuchen, vor allem im Hinblick auf soziales Verhalten. Das lerne ich nicht, wenn ich alleine zu Hause bei Mama bin.

Als ich in Rente ging, überlegte ich: ‚Was machst du nun? Wo willst du leben?‘ In die DDR zu meiner Familie wollte ich nicht ziehen, Berlin war für mich das Naheliegendste. Ich besuchte mindestens einmal im Jahr meine beste Freundin Anneliese in Berlin. So nahm ich mir 1987 eine Wohnung in Mariendorf und zog später in eine Seniorenresidenz um. In meinem Apartment mache ich alles alleine, bisher habe ich keine Pflegestufe. Nur zum Mittagessen gehe ich in den Speisesaal, Frühstück und Abendessen bereite ich mir selber.

Die Familie meines Bruders lebt bis heute in Bitterfeld, meine Neffen und Großneffen besuchen mich ab und zu. Wenn bei mir was kaputtgeht, repariert das einer meiner Neffen.“

Während des Interviews fotografieren wir Helga G.: „Sie machen so viele Fotos von mir, das tut ja weh!“, sagt sie lachend. Sie rückt ihren Dutt zurecht, den sie mit einer weißen Schleife zusammengebunden hat.

„Warum ich nicht geheiratet habe? Ich hätte ein paarmal heiraten können, wollte es aber nicht. Es war wahrscheinlich auch nicht der Richtige dabei. Ich bin ja die Generation, die von den Kriegsgefallenen betroffen ist, das heißt viele Männer in meinem Alter kamen nicht mehr zurück aus dem Krieg. Aber ich hab es nicht sehr vermisst. Ich habe nie geheiratet, hatte keine Kinder, hab in der Richtung nichts zu bieten. Dafür reiste ich sehr viel, sobald das nach dem Kriege wieder ging. Als Erstes fuhr ich nach Italien. Ich reiste fast immer auf eigene Faust oder in Gruppenreisen. Das kostete zwar viel Geld, hat mir aber großen Spaß gemacht. Am besten hat mir Bali gefallen! Da möchte ich noch mal hin: Menschen in bunten Sarongs, Palmen und einfach dortbleiben. Ich war drei Tage auf Bali und fand es hinreißend. Allein die Tänze! Ich hab immer noch meine Muschelkette als Erinnerung, damit wurden wir begrüßt, als wir mit dem Schiff dort ankamen, ein wunderschönes Erlebnis.

1981 reiste ich für drei Wochen nach China. Dort wurden wir von den Chinesen bestaunt, sobald wir aus dem Bus stiegen. In 'nem Warenhaus kaufte ich mir eine Maomütze, auch die Mütze bewahre ich bis heute auf. Sogar in die Sowjetunion fuhr ich – bis nach Sibirien an den Baikalsee.

Wie ich es geschafft habe, ein so hohes Alter zu erreichen? Fast alle in meiner Familie sind relativ alt geworden: Mein Großvater über neunzig, mein Vater 86, und auch meine Großmutter mütterlicherseits wurde 81 Jahre. Meine Mutter dagegen litt an einer Herzkrankheit und starb schon mit 76. Mein Bruder Erhard verstarb vor zehn Jahren, mit 88. Na gut, ich bin immer ein Mensch der Bewegung gewesen. Mit 16 fing ich mit dem Tanzen an, damals gab's noch die großen Bälle! Ich besuchte viele Kurse und leitete später selber Tanzgruppen, bis Mitte achtzig hab ich viel und sehr gerne getanzt.

Ansonsten esse ich, was mir schmeckt, ohne Rücksicht auf Verluste, aber in Maßen. Ich esse sogar Schweineschmalz und trinke ab und zu ein Glas Wein am Abend. Was mir schmeckt, lasse ich mir zukommen. Noch dazu habe ich einen sehr starken Willen, den hatte ich schon immer. Ich lass mich nicht unterkriegen. Unkraut vergeht nicht!"

Unsere Interviewfragen hatten wir Helga G. auf Wunsch vorab zugeschickt, zum Beispiel: Wie würden Sie sich selbst charakterisieren, Ihr Temperament, Ihre Persönlichkeit? Sie lacht:

„Über diese Frage habe ich sehr lange nachgedacht. Ich würde sagen, ich bin ein Mensch, der vom Verstand gelenkt wird! Gefühle wurden immer klein gehalten, das war schon in meiner Familie so. Ich hab eine mittlere Intelligenz mitbekommen und bin zielstrebig auf die Dinge losgegangen. Ich bin immer auf mich allein gestellt, demzufolge bin ich sicher sehr ichbezogen. Das ergibt sich, wenn man alles alleine entscheiden will und muss. Ich bin der Meinung, dass ich das Leben nach meiner Veranlagung führen musste und auch geführt habe, insofern bin ich zufrieden mit meinem Leben. Ich bin ein Einzelgänger.

Wenn ich zurückblicke: Früher hat man beschaulicher gelebt und war sicher bescheidener, ob das nun besser oder schlechter ist, kann ich nicht sagen. Heute gefällt mir vieles besser. Ich brauche nicht mehr am Waschbrett zu stehen und ewig zu rubbeln, ich stopfe meine Wäsche einfach in die Maschine, und die wäscht für mich. Weitaus weniger gut finde ich, dass wir heute so konsumorientiert leben: Die Leute werfen meines Erachtens viel zu viele Sachen weg.

Der Tod ist nah, ich bin 102, da ist er mir schon ziemlich nah. Ich denke sehr viel über den Tod nach und habe keine Angst davor. Sorgen habe ich vor dem, was vorher kommt. Ich habe ein langes, buntes Leben hinter mir und denke: Nun hast du eigentlich genug gehabt. Wenn Herr Tod jetzt käme und sagen würde: ‚Komm!‘, würde ich antworten: ‚Gut, dann gehen wir.‘ Was nach dem Tod passiert, da komme ich mit christlichen Vorstellungen nicht weiter: Paradies, lieber Gott und Engel, das ist für mich nicht vorstellbar und kein Trost. Die Leute, die einen festen Glauben haben, sind im Grunde genommen zu beneiden, ich kann's nicht.

In einem Film hat mal einer gesagt: ‚Von der Materie, da geht nichts verloren.‘ Wenn das so ist, würde das Leibliche wahrscheinlich weg sein. Doch ich weiß nicht, ob eventuell das Geistige weiter existiert. Doch das sind nur vage Vorstellungen.

Zu meinem hundertsten Geburtstag bekam ich ein Buch von einem schwedischen Schriftsteller geschenkt, es heißt *Der Hundertjährige, der aus dem Fenster stieg und verschwand* (Jonas Jonasson, 2011). Darüber hab ich mich köstlich amüsiert. Allein die Geschichte mit dem Elefanten, ich habe es gleich zweimal gelesen. Das ist in letzter Zeit das Buch, was ich am schönsten fand. Bücher waren immer meine Freunde: meine Begleiter von Kindheit an und im ganzen Leben."

Ihre Regale stehen voller Bücher, in zwei Reihen hintereinander gestapelt. Neben Klassikern finden sich Fachbücher zur
Psychologie und zur Philosophie von Karl Jaspers, Uta Ranke-
Heinemann oder Hannah Arendt, und sie liest gerne Krimis
von Autoren wie Eric Ambler.

„Ich weiß nicht, wie man sich fühlen muss, wenn man 102 Jahre
ist. Ich fühl' mich jünger, und ich fühl mich gut. Alte Menschen
spielten früher keine große Rolle, das ist heute anders. Es wäre
wünschenswert, wenn alle Leute im Alter so leben könnten wie
ich: gut versorgt, aber nicht eingeengt.
  Vor Kurzem bekam ich eine Einladung von den Kindern
meines Großneffen in Leipzig zur Hochzeit. Da musste ich ab-
sagen, das ist langsam zu anstrengend für mich. Bei so einer
großen Hochzeitsfeier mit siebzig Gästen geht das Fest sehr
lange. Irgendwann müsste mich jemand von den Gästen nach
Hause fahren und könnte die ganze Zeit über nichts trinken.
Außerdem werde ich auf der Feier sicher von allen angestarrt,
weil ich so ein hohes Alter habe, und das mag ich nicht. Da fühl
ich mich unwohl.“

Wir gehen gemeinsam ins Café der Senioreneinrichtung.
Während Helga G. ein Stück Kuchen mit Sahne isst, grüßt
man sie von allen Seiten, auch ihre jüngere und an Demenz
erkrankte Zimmernachbarin. Sie unterstützt diese tatkräftig.
Als wir nachfragen, winkt sie ab: „Ja, ich helfe Frau W., aber
darauf möchte ich nicht näher eingehen. Was ich tue, ist mit
ihrer Tochter abgesprochen. Jetzt wechseln wir das Thema!“

„Über mein Lebensmotto hab ich lange nachgedacht: Ein Neu-
beginn hat mir stets neuen Auftrieb gegeben, das war und ist mir
sehr wichtig. Routine und sehr lange an einem Ort bleiben, das
ist nicht mein Stil. Ich gab oft in meinem Leben eine Sicherheit
auf und entschied mich bewusst für eine Unsicherheit, die neue
Anforderungen an mich gestellt hat. Dazu fällt mir eine Zeile von
Hermann Hesse ein: ‚Und jedem Anfang wohnt ein Zauber inne,
der uns beschützt und der uns hilft zu leben‘, aus dem Gedicht
Stufen. In meinem Leben gab es viele Anfänge, und nach neuen
Herausforderungen habe ich stets gesucht. Deshalb würde ich

sagen, in dem Vers von Hesse steckt ein ganzes Stück von meiner Lebensauffassung."

Als wir mit ihr zusammen ihr Apartment verlassen, schließt Frau G. ihre Wohnungstür ab mit den Worten: „In die linke Hosentasche stecke ich den Schlüssel, in die rechte mein Taschentuch. Das mache ich seit Jahren, doch wissen Sie, manchmal verzweifle ich an meiner eigenen Strukturiertheit."

Helga G. nach der Filmpremiere von *Hundertjährige Zeitzeuginnen erzählen* im Pestalozzi-Fröbel-Haus mit der damaligen Direktorin des Hauses Sabine Hebenstreit-Müller und unserem Kameramann Erik Krambeck, Berlin-Schöneberg, 9. Juli 2014

„Zwei Weltkriege! Mich bringt nichts um"
Gertrud P., August 1912 in Insterburg/Ostpreußen geboren, seit 1915 in Berlin

Bohnsdorf liegt am Stadtrand von Berlin, in der Nähe von Schönefeld. In der Wohnung von Gertrud P.s Tochter sitzt eine etwa siebzigjährige Frau am Tisch und liest Zeitung. Irritiert fragen wir sie nach ihrer Mutter, mit der wir verabredet sind. „Sie haben sich doch gerade kennengelernt, sie sitzt am Tisch", antwortet diese lachend. Mit 102 Jahren wirkt Gertrud P. viel jünger, und mit diesem Eindruck sind wir nicht allein. 2014, bei der Premiere des rbb-Dokumentarfilms *Heimatfront – Die Berliner und der Erste Weltkrieg* im Deutschen Historischen Museum, wurde auch Gertrud P. als Zeitzeugin eingeladen. Abends regnete es in Strömen, sodass Hundertjährige wie die Schriftstellerin Elfriede Brüning mit einem Regenschirm vom Taxi geleitet wurden. Nicht aber Gertrud P., die nass wurde, niemand zählte sie zu den über hundertjährigen Darstellern.

„Junkuhn ist mein Mädchenname, der Name ist ostpreußisch. Geboren wurde ich am 25. August 1912 in Insterburg in Ostpreußen; ich bin mit Pregelwasser jetauft. Lange sollten wir aber nicht in Insterburg bleiben, denn mein Vater Gustav Junkuhn fiel Anfang 1915 im Ersten Weltkrieg. Da wir in Ostpreußen keine Verwandten hatten, holte uns die ältere Schwester meiner Mutter zu sich nach Berlin.

Meine Eltern Johanne und Gustav Junkuhn sind beide 1884 geboren. Als Tischlergeselle wollte mein Vater ’ne eigene Tischlerei aufbauen und hatte sogar eine in Aussicht. Doch dann kündigte sich der Krieg an, 1915 wurden überall Brotkarten eingeführt, und er musste im Juli zu seiner ersten Übung antreten. Von da an kam mein Vater nicht mehr nach Hause, bis auf zwei Ausnahmen. Der Grund für seinen Fronturlaub war die Geburt meiner Schwester, doch starb sie kurz darauf am plötzlichen Kindstod. Das muss schrecklich für meine Mutter gewesen sein. Als sie morgens an ihr Bettchen ging, lag das Kind plötzlich tot

Erstes Foto von Gertrud P.,
Insterburg, 1912

Kurz vor dem Fronteinsatz:
Gertrud P.s Vater Gustav (Mitte) beim
Reservisteneinsatz mit Kameraden,
Arys in Ostpreußen, 1914

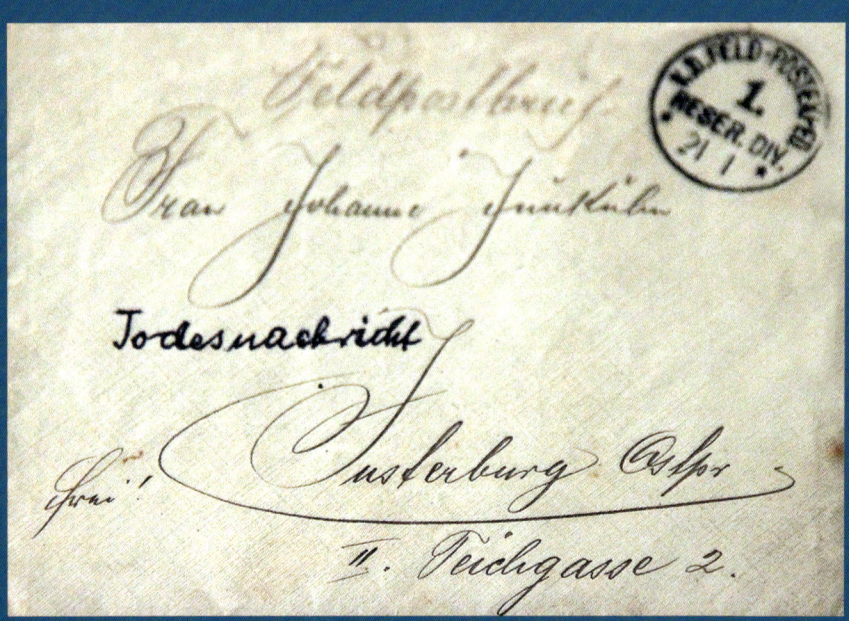

Feldpost mit der Nachricht vom Tod des Vaters, Januar 1915

da. Was der Grund für den Kindstod ist, weiß bis heute keiner. So kam Vater noch ein letztes Mal zu ihrer Beerdigung zurück von der Front.

Als Kleinkind mit ungefähr zweieinhalb Jahren hab ich eine sehr frühe Erinnerung an meinen Vater, er nahm mich auf 'n Arm und fütterte mich dabei mit Würstchen. Später erzählte mir meine Mutter: ‚Das ist möglich, das hat er manchmal gemacht.' Nach seinem Tod heiratete meine Mutter Johanne nicht wieder, so wuchs ich ohne Vater und ohne Geschwister auf.

Meine Mutter und ich wohnten in Berlin in der Prenzlauer Allee, vier Treppen. Zuerst besuchte ich die Gemeindeschule, später die Mittelschule, die lag kurz vor dem Alexanderplatz. Ich bin sehr gläubig aufgewachsen, ging jede Woche in den evangelischen Kindergottesdienst, doch im Laufe meines Lebens hat sich meine Einstellung zur Religion grundlegend geändert. Meine Mutter dagegen blieb bis zum Schluss sehr gläubig. Als alleinstehende Frau wurde sie zunehmend eigenbrötlerischer, da ihr mein Vater sehr fehlte und sie sich für keinen neuen Mann an ihrer Seite entscheiden konnte.

Was mich geprägt hat, ist die Sparsamkeit meiner Mutter, daher bin ich bis heute nicht sehr anspruchsvoll. Wenn ich als Kind mitunter irgendwas Schönes sah und damit liebäugelte, sagte meine Mutter stets: ‚Dafür haben wir kein Geld.' Doch als Heranwachsende litt ich nicht mehr darunter, dass wir keine großen Sprünge machen konnten. Und dennoch ermöglichte es mir meine Mutter, zur Tanzstunde zu gehen, sicher deshalb, weil sie selber nie das Tanzen gelernt hatte. Wenn irgendwas gefeiert wurde und jemand meine Mutter zum Tanz aufforderte, hing sie wie ein Sack an ihrem Tanzpartner und konnte keinen vernünftigen Schritt machen. So was wollte sie mir ersparen.

Ansonsten war meine Mutter Johanne ein ausgesprochener ‚Umstandskommissar', allein um aus dem Hause zu gehen, brauchte sie immer sehr viel Zeit. Als Mitglied in der Evangelischen Frauenhilfe nahm sie mich oft mit zu den Veranstaltungen. Eines Tages saßen wir zusammen in einem vollen Saal, irgendjemand war gestorben, und es sollte eine Gedenkminute geben. Das war für meine Mutter und mich das Schlimmste, was es geben konnte, denn ausgerechnet in so einer Situation wussten wir, dass wir an uns halten müssen, um nicht plötzlich laut loszulachen.

Gertrud P.s Mutter Johanne Junkuhn, um 1915

Auch in unpassenden Momenten waren wir beide sehr albern, entsetzlich fand ich das manchmal.

In der Schule rollte ich gerne mit den Augen ringsherum, sodass meine Nachbarin meinte: ‚Na, guckste in alle Ecken?‘ Über diese Bemerkung lachte ich laut, weil man ja nichts sieht, wenn man mit den Augen rollt. Doch ansonsten gab es in unserer Schule nicht viel zu lachen. Ich musste in der ersten Reihe sitzen, und der Geschichtslehrer verteilte immer Striche und bei drei Strichen gab's einen Tadel. Bevor die Zeugnisse verteilt wurden, ging man zu ihm und bat: ‚Herr Doktor Soundso, Sie geben mir doch keinen Tadel, oder?‘ Am Ende wurde der Lehrer weich und strich alles wieder.

Nach dem Abschluss der Mittelschule wollte ich Fremdsprachenstenotypistin für Deutsch, Englisch und Französisch werden. Sprachen fielen mir leicht, dafür musste ich nie büffeln. Das meiste für den Beruf eignete ich mir selber durch Eigenstudium an. Auf meinem letzten Zeugnis der Höheren Handelsschule standen sechs oder sieben Einser und lauter Zweien. In der Höheren Handelsschule gehörte ich zum letzten Jahrgang, in den die Schüler nur ein Jahr lang gingen, kurz darauf verdoppelte sich die Schulzeit auf zwei Jahre.

Ich kann mich an die Inflationszeit entsinnen, die ich bewusst miterlebte. Vor einem Bäckerladen standen wir neben einer Frau, die sich mit großen Augen die Auslagen anschaute. Sie sagte zu meiner Mutter: ‚Ich würd' mir so gern eine Zuckerschnecke kaufen. Aber die kostet sieben Millionen, und ich hab nur noch fünf Millionen Mark in der Tasche.' Schon am nächsten Tag hatte das Geld nicht mehr den Wert, also musste man es doch ausgeben. [A]

[A]
Preise am 9. Juni 1923 in Berlin:
Ein Ei – 800 Reichsmark
Ein Liter Milch – 1 440 Reichsmark
Ein Kilo Kartoffeln – 5 000 Reichsmark
Eine Straßenbahnfahrt – 600 Reichsmark
Ein Dollar entsprach 100 000 Reichsmark.

Preise am 2. Dezember 1923 in Berlin:
Ein Ei – 320 Milliarden Reichsmark
Ein Liter Milch – 360 Milliarden Reichsmark
Ein Kilo Kartoffeln – 90 Milliarden Reichsmark
Eine Straßenbahnfahrt – 50 Milliarden Reichsmark
Ein Dollar entsprach 4,21 Billionen Reichsmark.[1]

Mit meinem Handelsschulabschluss fing ich bei der Firma Sanitas an, die Büros waren in der Friedrichstraße, Ecke Karlstraße (seit 1947: Reinhardtstraße). Doch wo die Herstellungsräume für die Röntgenapparate und medizinischen Geräte lagen, kann ich nicht mehr sagen (Wedding, Müllerstraße 49). In der Firma Sanitas lernte ich meinen ersten Mann Heinz kennen, der bei seinen Eltern in Lichterfelde wohnte. Auch er hatte einen kaufmännischen Beruf erlernt und fuhr immer von Lichterfelde mit dem Rad zur Arbeit. Nach einer langen Zeit als Fremdsprachenstenotypistin bei Sanitas kam ich mit meinem Gehalt nicht weiter. Die Firma war so knauserig, ich verdiente immer nur 150 Mark und bekam auch nach Jahren nicht mehr Geld. Daraufhin bewarb ich mich woanders, und am Jahresende klappte es plötzlich. So feierten wir Silvester wie toll, denn genau einen Tag nach dem Neujahrstag trat ich meine neue Stelle an und verdiente dort dreißig

Mark mehr. Fortan stenografierte und übersetzte ich Fachtexte in Englisch und Französisch. In den Texten ging es um die Beschreibungen und Anleitungen von Maschinen. Zum Glück hab ich 'ne leichte Auffassungsgabe und arbeitete mich da schnell rein. Sowie ich eine neue Vokabel hörte, trug ich sie in mein Vokabelheft ein, und dann saßen die auch bei mir. Leider kann ich mich nicht mehr an den Namen des Fremdsprachenlabors erinnern, na sage mal (Frau P. wird unruhig, erzählt aber kurz darauf weiter).

An die Nazizeit hab ich nur wenige Erinnerungen. Was ich noch weiß ist, dass es oft verrückt zuging. Wenn der Hitler 'ne Rede hielt, dann musste wirklich alles stillstehen. Alle Betriebe stellten ihre Maschinen ab. Das betraf auch unser Fremdsprachenlabor, sobald der Befehl kam, mussten alle aufhören zu arbeiten, und wir mussten uns die Hitlerreden im Radio anhören. 1938 heirateten Heinz und ich, und nach unserer Heirat musste ich meine Stelle aufgeben.

1940 kam unser Sohn Rolf zur Welt und am Ende des Krieges unsere Tochter Bruni. Mein Mann Heinz verbrachte lange Zeit in englischer Gefangenschaft. Als er zurück nach Hause kam, ist da mal was zwischen uns gewesen, was ich nicht verkraften konnte, und daraufhin hab ich mit ihm Schluss gemacht. (Frau P. verstummt. Die Trennung und Scheidung von ihrem ersten Mann sind bis heute tabu).

Lassen wir das Thema, zurück zum Ende des Krieges, da wurden meine Mutter, mein vierjähriger Sohn und ich aus Berlin evakuiert. In einem kleinen Ort in der Nähe von Frankfurt (Oder) brachte ich meine Tochter zur Welt. Die Front rückte immer näher, und es waren kaum noch Leute vor Ort. Bei der Geburt half mir zwar eine Frau, aber die hatte gerade mal 'nen zweistündigen Lehrgang als Hebamme jemacht und eenmal irgendwo zugeguckt, mehr nicht. In der Nähe von uns war Militär stationiert, und von dort holte die Frau zum Glück einen Arzt zur Hilfe. Erst dieser Arzt versorgte mich und band die Nabelschnur richtig ab.

Vierzehn Tage später versuchten wir mit einem Treck mitzukommen, doch vergeblich, denn mit dem großen Kinderwagen wollten die Leute uns nicht mitnehmen. Geschwächt von der Geburt, musste ich mit dem Rest der Familie zu Fuß bis nach Frankfurt (Oder) weiter gehen und erst dort nahm uns endlich ein Treck Richtung Berlin mit.

Nachdem wir heil nach Berlin zurückkehrt waren, wohnten wir wieder in unserer alten Wohnung in Friedrichshain. Anfang der 1950er-Jahre zogen wir weg von der Frankfurter Allee, weil meine Tochter Bruni an Tuberkulose erkrankte. In Friedrichshain lag ja lange Zeit alles in Trümmern, auf dem Bürgersteig standen die Trümmerloren, und ich versuchte, so gut es ging, meine schwerkranke Tochter zu schützen. Doch irgendwann mussten wir weg, raus aus der schlechten Luft.

Bevor meine Tochter 1952 eingeschult wurde, kam sie rund vier Monate in eine katholische Lungenheilstätte in Michendorf (Brandenburg) zur Kur. Das war schlimm für uns, denn ich durfte mein Kind nur einmal im Monat besuchen. Bruni saß dann die ganze Zeit auf meinem Schoß und wollte mich nicht mehr loslassen. Und weil sie einfach nicht zunahm, wurde ihre Kur immer wieder verlängert. Wenn sie bei den Mahlzeiten nicht genug aß, schlugen ihr die Schwestern auf den Mund. Sobald sie sich übergeben musste, setzte es wieder Schläge. Als ich davon erfuhr, monierte ich das sofort – darauf sagten die Schwestern: ‚Ja, weil ihre Tochter sich mit Absicht übergeben hat.' Aufgebracht schimpfte ich: ‚Reden Sie doch keinen Blödsinn! So schön ist Übergeben nicht, dass man das mit Absicht macht!' Bald darauf wurde Bruni nach Hause entlassen.

Noch während der Arbeit in dem deutschen Fremdsprachenlabor in Berlin lernte ich meinen zukünftigen zweiten Mann Emil P. kennen. Lange Zeit waren wir nur gute Freunde, doch das änderte sich in der Nachkriegszeit. Mit Emil und meinen Kindern zog ich zusammen an den Stadtrand von Berlin, nach Bohnsdorf. Auch meine Mutter fand dort eine Wohnung.

Seit 1953 wohne ich in Bohnsdorf. Emil und ich heirateten Anfang der Fünfzigerjahre, mein Mann ist gebürtiger Schlesier. Zum Glück kamen meine Kinder von Anfang an gut mit ihrem Stiefvater zurecht. So arbeitete ich lange Zeit im Haushalt. Als die Kinder älter wurden, nahm ich für ein paar Jahre 'ne Stelle in einer chemischen Fabrik in Grünau an. Ich wollte nicht so weit zur Arbeit fahren, aber der Name der Fabrik fällt mir wieder nicht ein, na sage mal! Mensch, heute hab ich 'n Brett vorm Kopf.

Mir gefällt es in Bohnsdorf, sicher weil ich eine große Gartenliebhaberin bin. Gartenarbeit ist für mich immer die schönste körperliche Arbeit, Hausarbeit dagegen mag ich nicht. Was ich liebe, sind Blumen: Sonnenblumen und Tagetes. Wir hatten immer 'nen großen Garten mit vielen Obstbäumen. Im Herbst saßen wir jeden Abend am Tisch und haben zwee Eimer Äppel jeschnippelt, die am nächsten Tag entsaftet wurden. Das Obst musste ja verarbeitet werden. Wenn sich im Sommer andere erholten, arbeiteten wir im Garten. Vor allem an meinem Nussbaum hänge ich, ich bin so glücklich, dass ich den habe. 'Ne halbe Stunde nach dem Essen raus an die frische Luft und das Laub zusammenharken, dann ist mein Blutzucker wieder geregelt. Die Gartenarbeit ist für mich 'ne richtige Wohltat, die hab ich geliebt! Bis vor zwei Jahren konnte ich in unserem Garten arbeiten, das vermisse ich heute am meisten.

Als Ausgleich zur Arbeit ging unsere ganze Familie gerne wandern, und auf dem Weg sangen meine Tochter und ich oft. Ich hab zwar keine besonders schöne Stimme, aber ich singe die Noten richtig und kann die Töne gut halten. Ach, da gab's doch so ein Lied (sie fängt an zu singen): ‚Der Hanewackelatzefitzekockepipenatepipeneienau, liebt's Madel von der Au, pipenatepipeneienau, ja der Hanewackelatzefitzekockepipenatepipeneiedau, liebt's Madel von der Au, pipenatepipeneienau.‘

Eigentlich ein albernes Lied, aber gerade das haben meine Tochter und ich oft zusammen jesungen. Besonders gerne auch das Volkslied *Wohlauf in Gottes schöne Welt, lebe wohl, adé*. Doch dieses Lied durften wir in der DDR nicht mehr singen, da hieß das Lied nur noch: *Wohlauf in unsre schöne Welt*, denn Gott durfte es nicht geben. Wenn wir das Lied zweistimmig sangen – hab ich trotzdem ‚Gottes schöne Welt‘ und meine Tochter nur ‚unsre schöne Welt‘ jesungen.

In der DDR-Zeit hielt ich mich mit der Politik zurück. Als Rentnerin fuhr ich oft über den Grenzübergang Friedrichstraße und besuchte unsere Verwandten im Westen. Nachdem die gestorben waren, fuhr ich zur Freundschaft in den Westen. Statt Freundin musste ich natürlich behaupten, ich besuche meine Cousine im Westen, sonst hätte ich ja nicht rüber jedurft und keine Reiseerlaubnis bekommen. Noch dazu wohnten viele meiner Freunde weit weg von Berlin, eine besonders gute Freundin von mir in der Nähe von Fulda. Sie hatte einen Schlesier geheiratet und war mit ihm dorthin gezogen. Gerade zu ihr hielt ich immer engen Kontakt und besuchte sie in Süddeutschland.

Doch die Reise zu ihr musste ich lange Zeit vorher beantragen. Bei meiner ersten Reise nach Süddeutschland musste ich, ich weiß nicht wie viele Stationen durchlaufen, bis ich endlich bei meiner Freundin in Fulda ankam.

Mit der ganzen Familie dagegen konnten wir sehr lange nicht verreisen, da mein Mann keinen Urlaub bewilligt bekam, er war in seinem Betrieb nicht abkömmlich. Als es endlich mal klappte, fuhren wir an die Ostsee, in die Nähe der polnischen Grenze, in 'nen kleinen Ort bei Heringsdorf, und übernachteten in einem Privathaushalt. Bevor es losging, nervten mich die ganzen Vorbereitungen, vor allem das Kofferpacken. Bis heute stelle ich keine großen Ansprüche, Reichtum hab ich nie vermisst, es hat mir genügt, wenn's zum Leben jereicht hat.

Die Wende 1989? Da muss ich überlegen, das ging mitten in der Nacht los. Genau an dem Tag, am 9. November, besuchte ich wieder mal Freunde in West-Berlin, und wie immer wurden meine Papiere an der Grenze streng überprüft. Auch mein Gepäck wurde kontrolliert, denn irgendwas hatte ich in einem Pappkarton bei mir – ach ja, ich hatte ein Kaffeegeschirr von meiner Freundin geschenkt bekommen. Der Grenzbeamte ließ den Karton durchleuchten, und ich erklärte: ‚Das ist nur ein Kaffeegeschirr.‘ Darauf sagte er: ‚Ja, das sieht man, da ist ja auch die Kanne.‘ Ich hatte Glück, dass der das durchgehen ließ, denn es war nicht gestattet, gebrauchtes Geschirr mit über die Grenze zu nehmen. Man durfte nur neu Gekauftes mitnehmen und mein Service war nicht mehr vollständig, doch der Beamte monierte das nicht und ließ mich durch die Kontrolle. Und nur 'ne Stunde später war die Grenze offen, nicht zu fassen. [B]

Warum ich ein so hohes Alter erreicht habe? Ich denke, bei mir sind es die Gene, denn meine Mutter ist auch 96 Jahre alt geworden. Sicher ist es auch meine positive Lebenseinstellung, ich bin zufrieden mit meinem Leben. Zu meinem hundertsten Geburtstag kam der Pfarrer zu mir und fragte, ob ich nicht mal in die Gemeinde kommen will. Da antwortete ich: ‚Bei den vielen schrecklichen Dingen auf der Welt ist mir mein Glaube abhandengekommen. Ich bin einfach zu realistisch für den Glauben.‘ Ganz ähnlich ist das auch mit den regelmäßigen Kontrolluntersuchungen bei den Ärzten. Ich sehe das so: Wenn ich keine Beschwerden habe, was soll ich da? So lange es mir gut geht, mach ich nischt!

[B]
Am Abend des 9. November 1989 verlas SED-Politbüromitglied Günter Schabowski einen Beschluss des Ministerrates zur neuen Ausreiseregelung: „Privatreisen nach dem Ausland können ohne Vorliegen von Voraussetzungen (Reiseanlässe und Verwandtschaftsverhältnisse) beantragt werden. Die Genehmigungen werden kurzfristig erteilt." Auf Nachfrage erklärte Schabowski, nach seiner Kenntnis trete das sofort und unverzüglich in Kraft. Tausende von Ost-Berlinern stürmten daraufhin die Grenzübergänge nach West-Berlin. Kurz vor Mitternacht öffneten sich die ersten Schlagbäume an den Grenzübergangsstellen.[2]

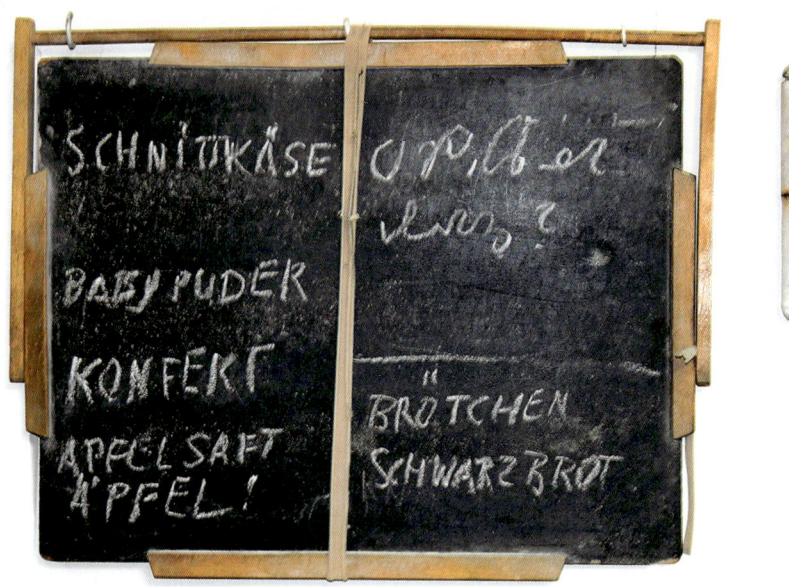

Notizen, darunter auch in Steno, an Gertrud P.s Küchentür, Berlin-Bohnsdorf, 2014

Vor Kurzem hab ich mir eine Seniorenwohngemeinschaft in unserer Umgebung angesehen. Nach meinem Besuch fragte mich eine der Mitarbeiterinnen: ‚Frau P., sollen wir einen Termin festlegen?‘ Da sagte ich zu ihr: ‚Ja, aber jetzt doch noch nicht. Das hat Zeit, vielleicht in ein paar Jahren.‘ Meine Tochter Bruni und mein Schwiegersohn kauften vor langer Zeit das Nachbargrundstück in Bohnsdorf, um in meiner Nähe zu wohnen, und dafür bin ich ihnen sehr dankbar. Auch mein Enkel wohnt auf dem Grundstück. Ohne meine Familie könnte ich längst nicht mehr in meinem kleinen Häuschen wohnen, denn mein Mann Emil ist vor ein paar Jahren gestorben, er ist 99 Jahre geworden. Seitdem lebe ich alleine in meinem Häuschen, so rücke ich meiner Tochter nicht den ganzen Tag auf die Pelle. Ab und zu gehe ich zu ihr rüber zum Kartenspielen.“

Ihr kleines Gartenhaus besteht aus: Wohnzimmer, Schlafzimmer und Küche. Den Abwasch erledigt sie allein: „Ich wasch lieber mehrmals am Tag eine kleine Menge ab.“ Sie führt uns in ihrem Gartenhaus herum. Früher wohnte hier die ganze Familie mit nur einem Wasseranschluss vor dem

Haus. Seit Kurzem unterstützt ihre Tochter sie beim Einkaufen und Kochen. Wenn diese im Kühlschrank längst abgelaufene Lebensmittel findet und vor dem Verzehr warnt, erwidert Frau P. gelassen: „Ich hab zwei Weltkriege überstanden, mich bringt nichts um." Jeden Morgen liest Gertrud P. sorgfältig die *Berliner Zeitung*, die sie in ihrer Küche stapelt. Jedes Familienmitglied bekommt je nach Interessensgebiet Artikel zugesteckt, die sie sorgfältig mit einem Textmarker angestrichen hat. Als wir sie auf eine Tafel mit handgeschriebenen Nachrichten, auch in Steno, an der Küchentür ansprechen, erklärt Frau P. uns lachend: „So können meine Tochter und ich uns gegenseitig Nachrichten schreiben, die kein anderer lesen soll, denn außer uns kann keiner in der Familie Steno."

Gertrud P. zu Besuch bei ihrer Tochter Bruni, Berlin-Bohnsdorf, 2014

„Grünes Kleid, grüne Zigarette"

Elsa D., April 1915 in Lichtenberg geboren

Schlichte Holzmöbel in skandinavischem Stil, ein Regal voller Bücher, ein Schreibtisch mit einem Computer – im Wohnzimmer von Frau D. könnte auch eine wesentlich Jüngere wohnen. Sie lebt allein in ihrer Wilmersdorfer Wohnung. Sie freut sich über unsere Blumen: „Jürgen, bring mir doch bitte mal 'ne Vase", sagt sie zu ihrem Sohn, der bei unserem ersten Besuch dabei ist. Als er zurückkommt, meint sie: „Ach, was hast du denn da für eine Vase? Hol mal eine größere!" Im Gespräch fallen ihre gepflegten Hände und dunkelrot lackierten Fingernägel ins Auge, sie blüht im Laufe unseres Gesprächs sichtlich auf und stellt auch an uns etliche Fragen.

Auszüge aus dem Interview mit Elsa D.:

„Aufgewachsen bin ich in der Pettenkoferstraße in Lichtenberg, also genau genommen bin ich ein Ossi! Kurz vor Ausbruch des

Ersten Weltkrieges heirateten meine Eltern am 6. Juni 1914 in der Zionskirche in Berlin-Mitte. Sie zogen in eine Drei-Zimmer-Wohnung in Lichtenberg, der Bezirk entwickelte sich gerade zu einem beliebten bürgerlichen Wohnviertel.

Noch vor meiner Geburt zog meine hochschwangere Mutter Katharina Storch zu ihren Eltern in die Rheinsberger Straße 32 in Berlin-Mitte, Ernst und Mathilde Fraas. Sie sollten sie unterstützen, da mein Vater schon zu Beginn des Krieges eingezogen wurde. Mit Hilfe einer Hebamme kam ich am 22. April 1915 auf die Welt. Auch nach meiner Geburt lebten meine Mutter und ich ein paar Wochen lang bei meinen Großeltern. Das Haus in der Rheinsberger Straße fiel schon von Weitem auf, denn es war das einzige Haus mit nur zwei Stockwerken. Heute stehen dort zwei neue Mietshäuser, die genauso hoch wie die anderen sind.

Das erste Foto von Elsa D.,
Lichtenberg bei Berlin, 1915

Meine Großeltern wohnten unter dem Dach, mit Toilette auf halber Treppe. Solange mein Vater in der Kaserne seinen Dienst ableisten musste, fanden wir oft Unterschlupf bei den Großeltern. Mein Vater Martin Storch diente ab 1914 als Feldwebel in der Kaserne in Charlottenburg-Westend und erhielt nur zu meiner Geburt einen kurzen Urlaub. Er war stolz darauf, Mitglied des Königin-Elisabeth-Garde-Grenadier-Regiments No. 3 zu sein, wo er Soldaten ausbildete. Die Kaserne lag an der Schlossstraße und glich einer riesigen Burganlage. [A]

Manchmal besuchten Mutter und ich meinen Vater in der Kaserne. Einmal standen wir sogar in der Nähe, als er dabei war, ein Regiment offiziell zu verabschieden, das kurz darauf an die Front versetzt wurde. Ich muss zwei oder drei Jahre alt gewesen sein, ich riss mich plötzlich von der Mutter los, rannte zu meinem Vater, umklammerte seine Beine und rief aus vollem Halse: ‚Ah, da ist er ja!‘ Die angetretenen Soldaten fingen schallend an zu lachen, und meinem Vater blieb nichts anderes übrig, als ihnen den Befehl zu geben: ‚Rührt euch!‘ Diese Geschichte erzählten mir meine Eltern immer wieder, und mein Ausspruch ‚Ah, da ist er ja!‘ wurde zu jeder passenden und unpassenden Gelegenheit zum Besten gegeben. Gott sei Dank musste mein Vater nicht an die Front, da bei ihm eine Herzkrankheit festgestellt wurde.

1921 begann meine Schulzeit. Da ich ein Einzelkind blieb, ging ich wahnsinnig gerne zur Schule. Im Laufe der Jahre besuchte ich fünf verschiedene Schulen. Ich wechselte aber nicht etwa, weil wir dauernd umziehen mussten, sondern aufgrund meiner sehr ehrgeizigen Mutter. Sie legte großen Wert darauf, dass ich auf die beste Schule ging, und ihr Anspruch steigerte sich von Schule zu Schule.

Meine Mutter wurde im Dreikaiserjahr 1888 geboren. Anfang des zwanzigsten Jahrhunderts gab's nur wenige berufstätige Frauen, die eine Ausbildung hatten. Meine Mutter begann eine kaufmännische Lehre in dem angesehenen Textilkaufhaus Friedrich Hahn, das am Alexanderplatz lag. Hahn war seit 1911 ein berühmtes Konfektionshaus für Damenmode, das auch in Alfred Döblins *Berlin Alexanderplatz* eine Rolle spielt (Döblin beschreibt, dass das Kaufhaus Hahn, das einst neben Wertheim und Tietz stand, bereits 1929 wieder abgerissen wurde). Meine Mutter, eine sehr kluge und pfiffige Frau, stieg dort früh zur Hauptkas-

[A]
Teile der ehemaligen Kaserne an der heutigen Soorstraße sind erhalten und stehen unter Denkmalschutz.

Elsa D. mit ihrer Mutter Katharina Storch,
Lichtenberg bei Berlin, 1919

siererin auf. Vor dem Ersten Weltkrieg einen so anspruchsvollen Posten so jung auszuüben, das sprach für das große Talent meiner Mutter, mit Menschen und Zahlen umzugehen. Nach ihrer Heirat 1914 gab sie ihre Stelle auf, wie das in bürgerlichen Haushalten damals üblich war. Später half sie meinem Vater tatkräftig im Steuerbüro und wurde seine rechte Hand.

Mein Vater, der 1887 im sächsischen Kunnersdorf geboren wurde, hatte sieben Geschwister. Zwei seiner Brüder fielen im Ersten Weltkrieg. Nach seinem Umzug nach Berlin um 1905 absolvierte Vater zunächst eine kaufmännische Lehre bei der Firma Maggi. Später arbeitete er als Angestellter in einer chemischen Fabrik in der Rigaer Straße 14 in Friedrichshain. Die Firma Sicco und Co. war im zweiten Hof und stellte medizinische Produkte her: Präparate gegen Menstruationsbeschwerden, aber auch Verhütungs-, Potenz- und Verjüngungsmittel. Passend zu den Verhütungsmitteln hatte Sicco und Co. ein besonderes Motiv als Firmenlogo: einen gefesselten Storch. Mein Mädchenname ist Storch, deshalb kann ich mich genau daran erinnern.

In den 1920er-Jahren bestimmten die Inflation, die Arbeitslosigkeit und die Weltwirtschaftskrise unseren Alltag. Meine
Mutter ahnte früh, dass auch der Arbeitsplatz ihres Mannes in
Gefahr war. Und sie sollte recht behalten: tatsächlich ging die
Firma Sicco und Co. pleite. Mein Vater hatte es auch Mutter
zu verdanken, dass er seinen eigentlichen Beruf als Steuerberater fand. Das kam so: Meine Mutter liebte es einzukaufen, am
liebsten bei Rosenheim, das war das Geschäft mit den schönsten
Geschenkartikeln in der Leipziger Straße. Dort kam sie oft mit
dem Bücherrevisor Herrn Spannagel ins Gespräch. ‚Wollen Sie
nicht bei mir anfangen zu arbeiten?‘, fragte er sie. Meine Mutter
fühlte sich geschmeichelt, entgegnete aber etwas forsch: ‚Nein,
aber ich habe einen Ehemann, vielleicht könnte der ja bei Ihnen
im Büro anfangen.‘ Es klappte, wenig später arbeitete Vater für
Herrn Spannagel und absolvierte eine Ausbildung als Steuerberater und Bücherrevisor. Er war noch nicht lange in Stellung, da
starb Herr Spannagel an einer Blinddarmentzündung. Kurz darauf
übernahm mein Vater das große Beratungsbüro, und die Witwe
des Bücherrevisors war heilfroh, dass sie einen Nachfolger hatte.
Nach einiger Zeit machte sich mein Vater selbstständig, von nun
an prangte an unserer Haustür das Firmenschild: Martin Storch,
Steuerberater und vereidigter Bücherrevisor.

Einer der größten Kunden meines Vaters wurde die Firma
Winkler am Spittelmarkt, der größte deutsche Fabrikant für Taschentücher und Berufskleidung. Winkler hatte in der Zeitung
annonciert, und mein Vater bewarb sich. Es war ulkig, anfangs
lehnte Gustav Winkler eine Zusammenarbeit mit meinem Vater
ab: ‚Herr Storch, ich würde Sie ja gerne einstellen, aber Sie sind
mir einfach zu jung für einen so großen Betrieb.‘ Nach kurzer
Zeit meldete sich Winkler wieder bei meinem Vater und sagte:
‚Ich komme nun doch auf Sie zurück.‘ Von da an arbeitete er für
Winkler. Bis heute bewahre ich Stofftaschentücher der Firma
Winkler in meinem Wäscheschrank auf. [B]

Konfirmiert wurde ich mit 14 Jahren vom Oberdomprediger
Willy Richter im Berliner Dom. Seine Art zu predigen impo-
nierte mir so sehr, dass ich sogar Theologie studieren wollte. Zur
Konfirmation bekam ich meinen ersten Fotoapparat geschenkt,
eine 9x12-Kamera, die ich bei folgendem Großereignis auspro-
bierte. Nach dem plötzlichen Tod von Reichsaußenminister

[B]
95 Prozent aller deutschen
Taschentücher ließ die
Firma Gustav Winkler vor
dem Zweiten Weltkrieg in
Schlesien produzieren, die
Berliner Zentrale war in der
Wallstraße 13 im Bezirk
Mitte.[1]

Gustav Stresemann am 3. Oktober 1929 nahmen meine Eltern und ich an dem Trauerzug teil: Am 6. Oktober 1929 verlief dieser von der Wilhelmstraße aus quer durch die Stadt. Um dabei sein zu können, mussten wir stundenlang anstehen. Die Straßen waren überflutet von Menschen, die dem beliebten Politiker die letzte Ehre erweisen wollten. Auch Reichspräsident Paul von Hindenburg folgte dem Trauermarsch zu Fuß. Von der Wilhelmstraße aus fotografierte ich den Tenor Richard Tauber, der gerade aus dem Fenster des Hotels Adlon hinunterschaute. Die Fotos habe ich lange Zeit aufbewahrt. Tauber war ein berühmter österreichischer Operntenor. [C]

Schon als Schülerin ging ich gerne ins Theater. Im Schauspielhaus am Gendarmenmarkt (heute Konzerthaus Berlin) bewunderte ich Gustaf Gründgens in seinen großen Rollen als Mephisto und Hamlet. Auch die Schauspielerin Emmy Sonnemann, die spätere Ehefrau von Hermann Göring, trat dort auf, doch sie stand nur belanglos auf der Bühne herum. Ich liebte auch die großen Varietés der Stadt. Neben dem berühmten Wintergarten südlich der Friedrichstraße und dem ULAP (Universum Landes-Ausstellungs-Park) am Lehrter Bahnhof amüsierte ich mich in der Scala. Dieses Varieté befand sich bei uns in der Martin-Luther-Straße. Wenn Besuch aus der Provinz kam, bereitete es mir großen Spaß, sie direkt gegenüber von der Scala in das verruchte Transvestitenlokal Eldorado in die Motzstraße zu führen. In dem großen Tanzsaal des Nachtlokals konnte man kaum zwischen Männern und Frauen unterscheiden, die grell geschminkt und in schrillen Kostümen die Gäste provozierten. [D]

Meine weitere Leidenschaft war das Kino, das damals Lichtspielhaus hieß. Sobald in der Stadt ein neues Kino eröffnete, waren wir vor Ort. Zum Glück war mein Vater ein begeisterter Kinogänger und lud mich oft ein. Als der Ufa-Film *Der Kongress tanzt* 1931 Premiere feierte, standen wir stundenlang vor dem Kino an. Aber das lohnte sich, denn es lief der erste große Musikfilm des deutschen Tonfilms mit Lilian Harvey und Willy Fritsch in den Hauptrollen. Man sagte mir oft, ich sähe Zarah Leander sehr ähnlich. Ich erinnere mich, dass wir zu einer Abendveranstaltung gingen und die Leute sich am Eingang nach mir umdrehten und tuschelten. Einer sagte: ‚Wir haben gerade am

[C]
Mit dem Lied von Richard Tauber *Dein ist mein ganzes Herz* aus der Operette *Das Land des Lächelns* (Franz Lehár) stieg der Opernsänger Richard Tauber (1891–1948) 1929 fast über Nacht zum Weltstar auf. Nach Anfeindungen wegen seiner jüdischen Herkunft emigrierte Tauber 1938 nach London.[2]

[D]
Das Eldorado in der Motz-Ecke Kalckreuthstraße, das 1928 eröffnet wurde, galt bis zu seiner Schließung nach 1933 als eines der berühmtesten Nachtlokale der Lesben- und Schwulenszene Berlins. Heute befindet sich darin ein Bio-Supermarkt.[3]

Elsa D. als junge Frau,
Berlin-Schöneberg, 1930er-Jahre

U-Bahnhof Ihr Foto gesehen.' Ich fragte erstaunt: ‚Mein Foto?'
Es stellte sich heraus, dass am U-Bahnhof ein Plakat von Zarah
Leander hing.

Meine Mutter war immer besorgt um mich: Ich bekam weder
Rollschuhe noch ein Fahrrad. Doch wenn es um meine Bildung
ging, war ihr nichts zu teuer, und sie ließ alles durchgehen. Mit
16 Jahren durfte ich auf eigene Faust in ein deutsch-englisch-
französisches Ferienlager fahren. So verbrachte ich die Sommer-
ferien 1931 im Sanatorium Pannwitz in Hohenlychen, das für
den internationalen sportlichen Schüleraustausch genutzt wurde.
Im Zuge der internationalen Verständigung nahmen viele französische, englische und deutsche Schüler teil, darunter auch viele
deutsch-jüdische Kinder. [E]

Dort tagte eine deutsch-französische Kommission mit Ver-
tretern wie dem preußischen Kultusminister Adolf Grimme,
dem Berliner Oberbürgermeister Dr. Heinrich Sahm, genannt
‚Doktor Langsam', und den Botschaftern Frankreichs, Spaniens
und Deutschlands. Bei dieser hochkarätig besetzten Veranstaltung lernte ich den Engländer Geoffrey A. kennen. Er verliebte

[E]
Nach der Machtübernahme
der Nationalsozialisten
wurde Pannwitz zum
Reichssportsanatorium um-
funktioniert. Die deutschen
Sportlerinnen und Sportler
trainierten hier wochenlang
zur Vorbereitung auf die
Olympischen Spiele 1936
in Berlin.[4]

sich in mich und wollte mich sogar heiraten. Geoffrey gehört zu den Verehrern, die ich in meiner ‚Raupensammlung' verewigt habe. So nenne ich mein Spezialalbum, in welchem ich die Fotos meiner Verehrer gesammelt habe. Kurze Zeit darauf besuchte mich Geoffrey zusammen mit seiner Mutter in Berlin. Er und ich waren damals so gut wie verlobt und gingen oft aus. Besonders gerne besuchten wir ein tolles Café Unter den Linden, Ecke Wilhelmstraße. Wir saßen in der ersten Etage auf einem Balkon und schauten auf die Prachtstraße Unter den Linden hinunter, dabei sagte Geoffrey zu mir: ‚Wenn ich mir das Leben da unten ansehe, ihr Deutschen habt den Krieg verloren, aber es ist hier viel schicker als bei uns!' Geoffrey zählte zu den ernsthafteren meiner Verehrer, doch sobald es um Politik ging, machte er sich über mich lustig, vor allem im Zusammenhang mit den Nazis. Ich war ja weder eine Parteigenossin, noch sympathisierte ich mit den Nazis, aber dennoch kränkte es mich sehr, wenn er über die Deutschen und damit auch über mich herzog. Schon in dieser Zeit spürte ich die Vorzeichen des Krieges und hatte beschlossen, Deutschland nicht zu verlassen. Nach England zu heiraten erschien mir zu riskant, außerdem wollte ich als einzige Tochter meine Eltern nicht im Stich lassen. So trennten sich bald unsere Wege.

Ein Kaufhaus, das meine Mutter und ich häufig besuchten, war das Kaufhaus Israel in Mitte, an der Königstraße, Ecke Spandauer Straße. Es war das älteste und lange Zeit das größte Kaufhaus der Stadt. Auf sechs Etagen wurden Waren angeboten. Bei der Inventur erstanden wir hier die tollsten Sachen: eine Strumpfhose für 20 Pfennige oder ein schickes Halstuch für wenig Geld. Die Inhaber waren sehr großzügig und setzten bei ihren Inventurausverkäufen die Preise massiv runter. Das heißt: Sie reduzierten nicht nur um eine Reichsmark, sondern räumten rigoros ihre Lager, um Platz für neue Waren zu schaffen. Nach 1933 gab es hier keine Einkaufsbummel mehr, weil die Geschäftsführer deutsche Juden waren. [F]

Regelmäßig ging ich zu einer jüdischen Konfektionsfirma, dessen Besitzer ein guter Kunde meines Vaters im Steuerbüro war. Im Sortiment führten sie besonders schöne Hutmodelle. Der Chef hieß Konsul Eppstein, und er schlug mir als treuer Kundin eines Tages vor: ‚Warum wollen Sie eigentlich studie-

[F]
Der Kaufhausbesitzer Wilfrid Israel wurde 1933 in das SA-Gefängnis Papestraße verschleppt. Dort befand sich eines der frühen Konzentrationslager Berlins, heute eine Gedenkstätte. Das Kaufhaus Nathan Israel wurde 1939 enteignet und 1943 komplett zerstört, seine jüdischen Besitzer flohen, wurden deportiert oder ermordet.[5]

ren? Sie haben ein perfektes Hutgesicht, damit könnten Sie sehr
gut bei mir verdienen!' Wenn ich mich bei Eppstein mal wieder
nach einem neuen Hut umschaute, kam der Konsul auf mich zu
und sagte: ,Fräulein Storch, dieses exklusive Modell hier, das ist
der Hut für sie.' Wenn ich ihn fragte: ,Und was kostet der Hut?',
dann entgegnete er prompt: ,Den bezahlt doch Ihr Vater!' So
trug ich stets die modernsten Hüte. Als ich eines Tages auf den
Straßen in Mitte entlangschlenderte, wunderte ich mich, dass
sich Leute hinter meinem Rücken irgendetwas notierten. Auf
der Leipziger Straße sprach ich schließlich einen der Passanten
an und fragte: ,Sagen Sie mal, was schreiben Sie denn da? Und
warum verfolgen Sie mich?' Kleinlaut kam die Antwort: ,Ent-
schuldigen Sie bitte, ich will nur Ihren Hut skizzieren, um den
Schnitt abzunehmen.'

Eines Tages besuchte ich wieder den Laden von Konsul Eppstein. Da erzählte er stolz: ,Ich habe ein ganz neues Hutmodell
für Sie. Damit gehen Sie am nächsten Sonntag über den Kurfürstendamm.' Das war eine Art Lotsenhut: vorne hochgeklappt
und im Nacken länger geschnitten. Das Modell gefiel mir, und
kurz entschlossen verließ ich mit dem brandneuen Hut auf dem
Kopf den Laden. Als ich nach Hause kam, fragte meine Mutter
spöttisch: ,Was hast Du dir denn da andrehen lassen?' Ich antwortete: ,Der Konsul hat gesagt, das ist das neueste Modell.' Am
darauffolgenden Sonntag erschien die *Berliner Illustrirte Zeitung*,
und was war vorne auf der Titelseite zu sehen? Mein Lotsenhut!
Mit dem neuen Hut auf dem Kopf ging ich kurz darauf auf dem
Kurfürstendamm spazieren. Sofort drehten sich alle Leute um
und schauten mir hinterher.

Auf feine und moderne Kleidung legte auch meine Freundin Lotte S. viel Wert. Lotte, die aus Breslau stammte, hatte
ich während der Ferien in Bansin auf Usedom kennengelernt.
Wir gingen regelmäßig zusammen aus, bei der Wahl der Lokale
hatten wir unsere Prinzipien: Clärchens Ballhaus in der Auguststraße, nein, das war uns nicht fein genug. Schon am Nachmittag
besuchten wir die schönsten Tanzcafés der Stadt. Als wir wieder
einmal ins Café Knorr gingen, überlegten wir: ,Hier würden wir
am liebsten bis zum Abendbrot bleiben, aber dafür reicht unser
Taschengeld nicht aus.' Da kam ich auf die Idee: ,Wir rufen bei
uns an und fragen, ob meine Eltern zum Abendbrot ins Tanzcafé

„Nicht ohne meinen Hut",
Berlin-Schöneberg,
Mitte der 1930er-Jahre

kommen wollen.' Und meine Eltern antworteten bereitwillig:
‚Eine tolle Idee von euch, wir kommen!'

Meine Eltern waren auf dem neuesten Stand der Technik, bei
uns zu Hause gab es schon sehr früh ein Telefon. Zum Telefonieren riefen wir die Vermittlung an, nannten unsere Nummer:
Vineta 1 11 und wurden kurz darauf verbunden. Als selbst-
ständiger Steuerberater brauchte mein Vater ein Telefon, daher
bekamen wir schon Mitte der 1920er-Jahre einen Anschluss
(Ende der 1920er-Jahre gab es mit rund 500 000 Anschlüssen
in Berlin die höchste Telefondichte der Welt).

Ab und zu besuchte ich mit meiner Schulfreundin Lore H.
das berühmte Romanische Café (am Kurfürstendamm zwischen
Tauentzienstraße und Budapester Straße), das befand sich dort,
wo heute das Europa-Center steht. Hier verkehrten berühmte
Schriftsteller und Künstler, das war immer aufregend. Genau
gegenüber lag mein Lieblingscafé: das Café Trumpf, im Erdgeschoss des Filmtheaters Gloria-Palast. Es war unglaublich
gemütlich dort, und ich saß besonders gerne an den Tischen
im großen Wintergarten. Da die Preise im Café Trumpf hoch
waren, riss der Besuch große Löcher in unser Taschengeldkonto.

Gleich um die Ecke an der Joachimsthaler Straße lag eine Filiale des berühmten Café Kranzler. Eines Tages hatten Lore und ich uns dort wieder einmal verabredet. Es war tolles Wetter und wir hatten beschlossen, uns für den Ausflug an den Kurfürstendamm besonders schick anzuziehen. Hier wurde der ‚Fünfuhrtee' serviert. Weder meine Freundin noch ich tranken gerne Tee, aber wir bestellten uns selbstverständlich den ‚Fünfuhrtee', weil das als besonders vornehm galt. Der Tee schmeckte uns überhaupt nicht, aber es kam darauf an, sich für den ‚Fünfuhrtee' zu entscheiden. Todschick angezogen saßen wir am Tisch, trugen kurze weiße Handschuhe und genossen die Atmosphäre.

Ein weiteres unserer Ziele lag am Potsdamer Platz: das berühmte Haus Vaterland, das von 1928 bis 1943 existierte. Wenn wir Besuch bekamen, war der Vergnügungspalast die erste Adresse. Dort gab es je nach Geldbeutel unterschiedliche Lokale unter einem Dach zur Auswahl, auch unser Hausmädchen ging fast jeden Sonntag dort hin. Wenn mich jemand ins Haus Vaterland einlud, freute ich mich auf den Besuch der exklusiven Lokale. Zum Beispiel auf die Rheinterrasse, dort fuhren Modellschiffe vor dem fast sechs Meter tiefen Rheinpanorama entlang. Mit viel technischem Aufwand wurden sogar Gewitter und Regen simuliert, und hohe Glasscheiben boten den Besuchern Schutz vor dem Spritzwasser. [G]

Lore und mich verband mehr als unsere Schulzeit und die gemeinsamen Caféhausausflüge. Als wir 17 Jahre alt waren, planten wir, gemeinsam nach Paraguay in Südamerika auszuwandern, keine Ahnung, wie wir auf diese Idee kamen. Darüber hinaus hatten wir uns beide fest vorgenommen, Volksschullehrerinnen zu werden. Doch damals gab es keine pädagogische Hochschule in Berlin. Wir hätten dazu nach Hannover oder Elbing umziehen müssen, aber das erlaubten mir meine Eltern nicht. Sie schlugen vor: ‚Du kannst die höhere Laufbahn als Lehrerin einschlagen und an die Universität gehen.' Ich ließ mich von ihnen überzeugen, besuchte daraufhin die Universität und wurde Oberschullehrerin. Lore dagegen wollte weiterhin Volksschullehrerin werden. Doch plötzlich entschied sie: ‚Wenn das mit der Volksschullehrerin nicht geht, werde ich Gutssekretärin.' Und tatsächlich: Sie lernte Gutssekretärin, heiratete später ihren Chef und wurde Mutter von sechs Kindern.

[G]
Unter einem Dach befanden sich das Haus Vaterland und außerdem zwölf Themenrestaurants, ein Ballhaus und ein riesiges Caféhaus. Jährlich amüsierten sich hier bis zu einer Million Gäste.[6]

Doch zuerst musste ich mein Abitur machen. In meinen letzten beiden Schuljahren, 1933 und 1934 auf dem Oberlyzeum, gab es in meiner Klasse drei ‚Untergauführerinnen‘. Im Bund Deutscher Mädel (BDM) war das in der Hierarchie ein hoher Rang. Eine dieser Untergauführerinnen war eine sehr intelligente Schülerin, die homosexuell war: Verzweifelt nahmen sie und ihre Freundin sich das Leben, weil sie als lesbische Frauen nicht unter den Nazis weiterleben konnten, ohne verfolgt zu werden. Die beiden anderen Mädchen führten das große Wort, waren aber so dumm, dass die eine nicht zum Abitur zugelassen wurde. Eine hieß Jane M. Trotz ihrer sehr schwachen Leistungen durfte Jane die Abiturprüfung ablegen. Sie erhielt ihren Abschluss, doch in Wirklichkeit war sie durchgefallen. Zur Begründung hieß es: Jane M. habe ihre ganze Kraft in die Arbeit für den BDM gesteckt. Aus diesem Grund würde ihr der Führer das Abitur schenken. Diese ungerechte Ankündigung beeinflusste mich entscheidend. Mir wurde klar, dass ich nicht in eine Partei eintreten würde, in der derart dumme Menschen Macht über andere ausüben konnten. So entschied ich mich rigoros gegen eine Mitgliedschaft im BDM. 1934 schloss ich mein Abitur mit der Note ‚gut‘ ab. Von meinen 17 Mitschülerinnen bekamen am Ende nur drei von uns die Hochschulreife, die die Voraussetzung für ein Studium war. Ich war eine davon.

Nach meinem Arbeitsdienst in Oberschlesien nahm ich ab 1934 mein Studium an der Friedrich-Wilhelms-Universität, der heutigen Humboldt-Universität zu Berlin, auf. Ich studierte Sport und Englisch im Hauptfach und Erdkunde im Nebenfach. Es war eine schöne Zeit für mich: Ich lernte interessante Leute kennen und hatte viel Spaß am Universitätsleben. Im Grundstudium nahm die Sportlehrerausbildung einen breiten Raum ein. Wir mussten ganz unterschiedliche Sportarten belegen, wie einen Skilehrgang in Warth in Österreich, Kleinkaliberschießübungen oder einen Segelfliegerkurs in Neustrelitz. Doch als ich im vierten oder fünften Semester war, kam die offizielle Ankündigung: Ab sofort könne niemand mehr immatrikuliert bleiben, der keiner NS-Organisation angehört. Ich blieb aber weiterhin meiner Überzeugung treu und wollte nicht in den BDM eintreten.

Meine Studienfreundin Dolly G. und ich informierten uns daraufhin in der Schöneberger Hohenstaufenstraße. Im Büro der ‚NS-Frauenschaft' schilderten wir unsere Situation: ‚Können Sie uns weiterhelfen? Wir wollen nicht in den BDM eintreten, und auch in den Studentenbund nehmen sie uns nicht auf, denn wir entsprechen nicht dem Ideal der deutschen Studentin.' Schon unsere Aufmachung entsprach nicht dem nationalsozialistischen Ideal: Wir rauchten leidenschaftlich gerne, malten uns die Lippen an und hatten rot lackierte Fingernägel. Oftmals stimmten wir sogar die Farbe unserer Zigaretten auf unsere Kleider ab: grünes Kleid, grüne Zigarette. Farbige Zigaretten, das war damals etwas besonders Extravagantes. Diese Sorte gab es nur in einem einzigen Tabakwarengeschäft Unter den Linden zu kaufen, gegenüber vom Hotel Adlon am Pariser Platz. Eine ältere Dame im Büro der ‚NS-Frauenschaft' erklärte uns: ‚Die Frauenschaft nimmt keine Mitglieder mehr auf, aber wollen Sie nicht in das Frauenwerk eintreten?' Meine Freundin Dolly fragte: ‚Bekommt man dann einen Hakenkreuz-Stempel in den Ausweis?' Sie nickte und so waren wir aus dem Schneider. Mit dieser Mitgliedschaft konnten wir weiterstudieren. [H]

Als Mitglied im ‚NS-Frauenwerk' musste ich einmal im Monat zu gemeinsamen Strickabenden erscheinen, was mir nicht weiter schwerfiel. Während meines Studiums besuchte ich auch philosophische Seminare, besonders gerne die von Eduard Spranger, der als Philosoph und Pädagoge maßgeblich den Grundstein für die moderne Pädagogik des 20. Jahrhunderts legte. Wenn er seine Lehrveranstaltung ankündigte, strömten die Hörer aller Fakultäten nur so in die Friedrich-Wilhelms-Universität. Zu Sprangers Vorlesungen in der Dorotheenstraße musste man die Beine in die Hand nehmen, um einen Platz zu ergattern. Sobald Spranger den knallvollen Saal betrat, begann er leidenschaftlich zu dozieren, er redete immer frei. Alle Studenten verehrten und bewunderten ihn. Ein Bekannter von mir war Assistent von Spranger und verriet mir: ‚Ihr schwärmt immer so für Eduard Spranger, aber Du hättest ihn mal vor seinem Vortrag sehen sollen. Draußen, vor dem vollen Hörsaal, hat er vor lauter Angst und Lampenfieber erst mal einen Cognac nach dem anderen gekippt.'

[H]
Nachdem 1931 bereits die „NS-Frauenschaft" gegründet worden war, entstand ab 1933 das „Deutsche Frauenwerk". Es wurde nach 1945 als Unterorganisation der „NS-Frauenschaft" eingestuft.[7]

Professor Alfred Baeumler, der mich im Examen betreute, trank dagegen nie vor seinen Vorlesungen und war überzeugter Nationalsozialist. Baeumler erhielt 1933 den Ruf auf den neu errichteten Lehrstuhl für Philosophie und Politische Pädagogik an die Berliner Universität. Gleichzeitig wurde er zum Direktor des neu gegründeten Instituts für Politische Pädagogik ernannt. [I]

Eine umfangreiche Seminararbeit schrieb ich über Margarete Streicher, eine österreichische Pädagogin im Bereich Sport. Sie reformierte den Turnunterricht für Mädchen grundlegend: Statt festgelegter Übungen auf der Grundlage des klassischen Ballett-tanzes sollten sich die Schülerinnen fortan natürlich bewegen und beim Laufen, Klettern und Schwingen gefordert werden, Hindernisse zu überwinden. Meine Arbeit über diese Pionierin sollte die Grundlage für meine spätere Doktorarbeit werden, mit der ich bei Professor Carl Krümmel promovieren wollte. Doch Krümmel, der schon vor 1933 ein strammer Nazi war, kam 1942

[I]
Der Titel der Antrittsvorlesung von Alfred Baeumler lautete *Wider den undeutschen Geist*: „In ihr stellte er die bevorstehende Bücherverbrennung in eine Reihe mit dem ‚Tag von Potsdam' (21. März 1933) und dem ‚Tag der nationalen Arbeit' (1. Mai 1933). Nach dem Ende seiner Vorlesung zog Baeumler gemeinsam mit den Studenten vor das Universitätsgebäude, um sich an der unmittelbar danach stattfindenden Verbrennungs-aktion zu beteiligen."[8]

Elsa D. (erste Reihe: Mitte) als Studentin im Sportlehrerseminar, abgedruckt in der Illustrierten *Die Woche*, 1935

bei einem Flugzeugabsturz ums Leben, daher gab ich meine Promotion auf. 1936 fanden die Olympischen Spiele in Berlin statt, die ich, sooft ich konnte, als Zuschauerin auf der Tribüne des Olympiastadions verfolgte.

1937 war ein besonderes Jahr für mich. In mein Leben traten zwei Menschen, die mich entscheidend prägen sollten: Edith H. und Martin D. Als Erstes kam Edith H. in unsere Familie. Im Haushalt meiner Eltern gab es immer eine Angestellte, die bei uns wohnte und den Haushalt in Ordnung hielt, doch unsere Hausmädchen wechselten oft.

1937 suchte meine Mutter wieder mal eine neue Angestellte. Meine Eltern und ich besuchten regelmäßig die evangelische Kirche Zum Heilsbronnen in der Gegend um die Martin-Luther-Straße. Unsere Nachbarin Frau Mertens betreute in der Kirche einen Jungmädchenklub, der sich jeden Sonntag zu einer Handarbeitsrunde bei Kaffee und Kuchen traf. Meine Mutter fragte Frau Mertens: ‚Sucht vielleicht eines der Mädchen gerade eine Anstellung?‘ Unsere Nachbarin fragte in die Runde, und sofort meldete sich Herta, eines der Mädchen, das bereits als Hausangestellte arbeitete: ‚Ich hab eine gute Freundin, die sucht eine Stelle. Sie heißt Edith und sie kommt wie ich aus Lauchhammer.‘ Herta vermittelte uns den Kontakt zu Edith H. Nach einem Briefwechsel zwischen meiner Mutter und Edith H. kam es zu einer Entscheidung. Doch kurz darauf zweifelte meine Mutter an ihrer bereits getroffenen Entscheidung: ‚Ich habe noch nie ein Mädchen eingestellt, das ich vorher nicht gesehen habe. Worauf habe ich mich da nur eingelassen?‘ Doch für solche Überlegungen war es zu spät.

Am 1. März 1937 stand Edith H. mit ihrem Koffer am Anhalter Bahnhof und blickte sich verloren in der über dreißig Meter hohen Halle des monumentalen Bahnhofes um. Dort wimmelte es nur so vor Menschen, die in alle Richtungen strömten. Alle paar Minuten fuhr ein neuer Zug im Bahnhof ein. Sie atmete erst auf, als ihre Freundin Herta kam, um sie abzuholen. Von dem langen Warten völlig durchgefroren, folgte sie ihrer Freundin nach Schöneberg. Edith H. ging die große, laute Stadt sofort auf die Nerven, außerdem zweifelte sie an ihrer Entscheidung, bei wildfremden Leuten in Stellung zu gehen. Schon am Anhalter Bahnhof hatte sie beschlossen: ‚Hier bleibe ich höchstens vier

Wochen, dann fahre ich zurück nach Lauchhammer.' Doch aus den vier Wochen wurden 66 Jahre. Edith blieb und hat einen ganz besonderen Platz in unserer Familie. So etwas gibt es heute nicht mehr.

Wer war Edith? Sie wurde am 28. November 1914 in Lauchhammer, im Süden von Brandenburg, geboren und war nur ein halbes Jahr älter als ich. Sie kam aus einfachen Verhältnissen und begann nach der Volksschule als Hausangestellte zu arbeiten. Als sie mit 24 Jahren in den Haushalt meiner Eltern kam, hatte sie bereits in drei Stellen Erfahrungen gesammelt. Bei uns in der Martin-Luther-Straße lebte sie sich nur langsam ein: ‚Im Treppenhaus grüßt keiner. In Berlin ist mir einfach viel zu viel Betrieb.' Doch meine Eltern mochten sie, und meine Mutter gab sich große Mühe, sie davon zu überzeugen, bei uns zu bleiben.

Als ich von meiner Sportlehrerausbildung aus Warth in Österreich zurückkam, wohnte Edith bereits bei uns. Auch mir gefielen ihre direkte Art, ihre Zuverlässigkeit und, nicht zu vergessen, ihre Schlagfertigkeit und ihr großes Herz. Unsere Edith war eine großartige Frau, die sich in ihrem Leben rührend um meine Eltern, meine Kinder und auch um mich kümmerte.

Trotz unserer engen Vertrautheit siezten wir uns ein Leben lang. Ich sprach sie mit: ‚Edith' und ‚Sie' an und Edith sagte zu mir ‚Frau D.' Bei meinen Söhnen hieß sie einfach ‚Tante Edith'. Sie fuhr zwar regelmäßig zu ihrer Familie nach Lauchhammer, hatte aber einen festen Platz bei uns.

Martin D. und ich hatten uns bereits während meiner Sportlehrerausbildung flüchtig kennengelernt. Ich war eine ausgezeichnete Schwimmerin, doch keine gute Springerin. Ich konnte zwar vom Einmeterbrett, aber nicht vom Dreimeterbrett springen. Damals mussten die Sportstudenten aus ganz Deutschland ihr Sportlehrerexamen in Marburg ablegen. Vor Ort waren auch Assistenten von den Hochschulinstituten im Einsatz; einer von ihnen war Dr. Martin D. Er lobte mich für meine Leistungen, und einmal fragte ich ihn vorsichtig: ‚Sagen Sie mal, was passiert, wenn ich beim Examen nicht vom Dreimeterbrett springe?' Sofort wollte er wissen warum. Ich antwortete: ‚Weil ich noch nie in meinem Leben aus dieser Höhe gesprungen bin.' Dr. D. konnte das kaum glauben und forderte mich derart heraus, dass ich meine Angst überwand. Im Eifer des Gefechts vergaß ich, dass ich mir kurz vorher das Nasenbein beim Handball gebrochen hatte. Kaum war ich gesprungen, tauchte ich plötzlich blutüberströmt aus dem Wasser auf, da meine Wunde durch den Sprung wieder aufgeplatzt war. Martin D. eilte besorgt herbei, schlug die Hände über dem Kopf zusammen und rief: ‚Was hab ich da bloß angestellt?' Zurück in Berlin, trafen wir uns öfter, verabredeten uns im Café und irgendwann duzten wir uns.

Bald hatte ich mein Sportexamen in der Tasche und konnte unterrichten. Über das Schulamt in Mitte bekam ich mein erstes gut bezahltes Jobangebot in einer Berufsschule für Friseure in der Auguststraße in Mitte und unterrichtete Sport. Auf dem Lehrplan stand auch Rudern, damit hatte ich jedoch keine Erfahrungen. Ich wusste, dass Martin die Leitung vom Bootshaus der Universität am Stößensee in Pichelswerder hatte. Daher rief ich ihn an und fragte ihn, wie man Schülern am besten das Rudern beibringt. Er gab mir Tipps und schlug mir vor, doch gemeinsam auf dem Stößensee rudern zu gehen. Ein Boot könnten wir dort jederzeit ausleihen, denn da saß er ja an der Quelle.

An dem entscheidenden Sonntag ruderten wir lange zusammen, und die Zeit flog dahin. Daher sagte ich: ‚Jetzt mach mal, dass du 'nen Zahn zulegst. Sonst kommen wir in einen schlechten Ruf. Der Bootswart Herr Mölleting, der will auch mal nach Hause gehen.' Darauf sagte er: ‚Lass den doch reden, was er will. Ich will dich doch heiraten.' Da kippte ich vor Schreck beinahe aus dem Kahn. Damit hatte ich überhaupt nicht gerechnet! Noch kurz vor dem Antrag hätte ich nie im Leben gedacht, dass Martin D. ausgerechnet mich zu seiner Frau auserkoren hatte. Dann ging alles sehr schnell, und wir verlobten uns am 19. November 1938, an Martins 34. Geburtstag. Mein Mann wurde am 19. November 1904 in Spandau geboren. Überschattet wurde unsere Verlobung allerdings von den Terroraktionen der Nationalsozialisten. Erst wenige Tage zuvor hatten wir die sogenannte Reichskristallnacht der Nazis in Berlin, am 9. November 1938, erlebt. Ich sah mit eigenen Augen, wie die Mitglieder der SA und SS die Scheiben der jüdischen Geschäfte einschlugen und die Läden plünderten.

Kurz nach unserer Verlobung wurde Martin gefragt, ob seine Braut nicht als Vertretung in einer Schule arbeiten könnte, da händeringend nach Lehrkräften gesucht wurde. So stellte ich mich an der Cosima-Wagner-Schule in der Greifswalder Straße in Prenzlauer Berg vor. Das damalige Oberlyzeum ist heute die Kurt-Schwitters-Schule.

Nach nur einer Woche hatte ich genug. Die Turnhalle konnte nicht beheizt werden, und ich sollte statt Sport Handarbeitsunterricht geben. ‚Das habe ich nicht studiert‘, sagte ich verärgert zum Schulleiter. Doch der zwang mich förmlich dazu: ‚Na, Sie sind doch verlobt und werden ja wohl ’nen Strumpf stricken können.‘ Also ging ich in die Klasse; die Mädchen strickten Söckchen, und eine fragte mich: ‚Fräulein Storch, ich bin jetzt bei der Ferse. Wie geht das?‘ Darauf antwortete ich: ‚Weiß ich auch nicht. Zeig es mal den anderen.‘ Kurzum kündigte ich der Klasse an: ‚Wir gehen jetzt in die kalte Turnhalle, machen uns warm und treiben Sport.‘ Aber mit dieser Entscheidung machte ich mich beim Kollegium, das aus einer Ansammlung abweisender, unverheirateter ‚Glucken‘ bestand, sehr unbeliebt. Sobald Lehrerinnen heirateten, durften sie nicht mehr an einer Schule arbeiten. Mit solchen Methoden bekam die NS-Regierung die Arbeitslosen von der Straße: Sogenannte Doppelverdienerinnen sollte es unter den Nazis nicht geben. Außerdem fanden es meine Kolleginnen unmöglich, dass gut angezogene Lehrerinnen mit lackierten Fingernägeln und roten Lippen in den Unterricht kamen. So fiel ich unangenehm auf, denn derart extravagant sah doch keine Klassenlehrerin aus. Ich passte einfach nicht in deren Weltbild. Stets nach der neuesten Mode gekleidet, trug ich auch hohe Stöckelschuhe und war damit oft größer als die Männer. Mein Mann und ich waren ungefähr gleich groß, doch als ich eines Tages mit meinen hochhackigen Schuhen vor ihm stand, wurde es selbst ihm zu viel: ‚So geh ich nicht mit dir aus! Ich bin doch kein Dachrinnensäufer, den kannst du dir woanders suchen!‘ Da er sich nur selten beschwerte, gab ich nach.

Ich unterrichtete ein Vierteljahr lang an der Cosima-Wagner-Schule und freute mich auf meinen letzten Arbeitstag. Ich kam zu dem Schluss: Gut, dass Martin und ich heiraten, so kann ich fortan nicht mehr als Lehrerin eingesetzt werden. Wir heirateten am 29. April 1939. An unserem Hochzeitstag stand eine Kutsche mit zwei Schimmeln vor dem Haus und fuhr uns zu der Kirche Zum Heilsbronnen in der Heilsbronner Straße 20 im Bayerischen Viertel in Schöneberg.

Ich trug ein weißes Brautkleid mit Schleppe, das ein Schneider in seiner Charlottenburger Werkstatt angefertigt hatte. Nach
altem Brauch hatten die Näherinnen persönliche Utensilien wie
ihre Haarlocken in den Saum eingenäht, um ihrem Wunsch nach
einer späteren Heirat Ausdruck zu verleihen. Nach der Trauung
fand die Hochzeitsfeier im Charlottenburger Opernrestaurant
statt, die Einladung habe ich aufbewahrt. Meine Ehe gehört zur
schönsten Zeit meines Lebens.

Meine Eltern wohnten im zweiten Stock der Martin-Luther-
Straße 19, und wir zogen in eine Fünfeinhalbzimmerwohnung
in den vierten Stock. Unsere 167 Quadratmeter große Wohnung
kostete 105 Mark inklusive Warmwasser und Ofenheizung. Aus
unserem Schlafzimmer hatte ich den Blick auf die Spitze des
Kirchturms Zum Heilsbronnen, schon seit 1934 bin ich Mitglied

in der evangelischen Gemeinde und besuche seither fast jeden
Sonntag den Gottesdienst.

Kurz nach der Hochzeit waren mein Mann und ich unterwegs zu den Hochschulmeisterschaften in Wien. Unsere Rückfahrt verlief über Ratibor an der Oder in Oberschlesien, da hatte
Martin Verwandte, bei denen wir übernachteten. Dort beobachteten wir, dass an der deutschen Grenze überall Panzer auffuhren.
Auf der polnischen Seite gab es außer ein paar Gänsen nichts zu
sehen. Schon am nächsten Tag mussten wir wegen der ständig
zunehmenden Kriegsgefahr schleunigst abreisen. Am Straßenrand bejubelten die Deutschen die aufmarschierenden Soldaten
und warfen ihnen Blumen zu. Für mich war das befremdlich,
ich konnte diese Kriegseuphorie einfach nicht verstehen. Nach
unserer Abreise dauerte es nur wenige Tage, bis die Wehrmacht
die polnische Grenze überschritt und Deutschland den Zweiten
Weltkrieg auslöste. Trotz des Krieges führten wir in Schöneberg
ein fast normales Leben; ab und zu heulten die Alarmsirenen auf,
aber zu dieser Zeit war es im Rheinland viel schlimmer als bei
uns in Berlin. Einkaufen konnten wir nur noch mit Lebensmittelkarten, und alle Waren wurden rationiert.

Als Jürgen am 28. Juni 1940 zur Welt kam, war uns Edith
eine große Hilfe; sie geriet ins Schwärmen: ‚Wenn der Kleine
lächelt, das ist wunderbar!‘ Sonntags ging sie ab und zu mit dem
Kinderwagen spazieren. Mit einem Augenzwinkern erzählte sie
uns, dass die Leute sich gerne das Kind anschauten und feststell-
ten: ‚Diese Ähnlichkeit: ganz die Mutter.‘ Nach dem Ausflug
durfte der Kinderwagen nicht mehr parterre im Flur abgestellt
werden, sondern musste in den vierten Stock hochgeschleppt
werden, auch damals war man vor Dieben auf der Hut. Bei Fliegeralarm nahmen wir den sperrigen Kinderwagen mit runter in
den Luftschutzkeller, der auch dazu diente, unser ganzes Hab
und Gut zu transportieren. Als Jürgen anfing zu sprechen und
ihm ein Erwachsener die Schuhe anziehen wollte, forderte er:
‚Du nicht! Ee (Tante Edith) Schuhe anziehen!‘ Das heißt: Edith
war von Kindesbeinen an eine sehr enge Bezugsperson für meine
beiden Söhne.

Eines Tages ging ich mit meinem Kinderwagen spazieren
und sah plötzlich, wie in unserer Nachbarschaft Leute auf einen
Lastwagen geladen wurden. Dabei gingen die Uniformierten

rücksichtslos und brutal mit den Menschen um. Wenig später holte die SS auch meine Schneiderin und ihren Sohn aus unserem Nachbarhaus ab. Wenn ich daran denke, bekomme ich noch heute eine Gänsehaut. Sagen konnte man nichts, denn dann wäre man mit aufgeladen worden, und ich hatte große Angst, dass man mir mein Kind wegnehmen würde. Trotz des Terrors des NS-Regimes und des Krieges ging unser Alltag weiter. Bald erwartete ich mein zweites Kind und war froh, dass Martin ‚u. k.‘, das heißt ‚unabkömmlich‘, gestellt worden war und in Berlin bleiben durfte.

Am 30. Mai 1942 kam unser zweiter Sohn Achim auf die Welt. Beide Kinder kamen zu Hause zur Welt, denn im Krieg waren die Krankenhäuser schlecht ausgestattet. Wie Jürgen hatte bald auch Achim eine enge Bindung zu Tante Edith.

Im Sommer 1943 suchte ich mit den Kindern Zuflucht im Erzgebirge. Über Umwege fanden wir in einer leer stehenden Ferienwohnung Unterkunft. Auf dem ‚Bullenhof‘ wohnte die Familie Schwipper, die uns warmherzig aufnahm. So erfuhr ich hautnah, wie großartig Menschen sein können. Meiner Meinung nach kommt es nicht darauf an, ob ein Mensch viel Geld hat oder ob er sehr klug ist. Der Mensch muss gütig sein, das ist das Wichtigste. Und die Bauernfamilie Schwipper strahlte eine unglaubliche Güte aus, die ich als Inbegriff von Herzlichkeit empfand. Uns verband seitdem eine lange, enge Freundschaft, die bis heute besteht.

Im November 1943 wollten wir zu Martins Geburtstag nach Berlin reisen. Die Hinfahrt mit der Bahn verlief ohne Probleme. Doch sobald wir gemütlich zusammen am Abendbrottisch saßen, fielen die ersten Bomben auf Schöneberg. Auch in den nächsten Tagen erschütterten weitere schwere Bombenangriffe die Stadt, und wir waren mittendrin. Am 23. November wurde gegenüber von uns die komplette Häuserreihe weggebombt, rechts von uns war alles heruntergebrannt. In unserer unmittelbaren Umgebung standen nur noch drei Häuser. Wenn ich daran denke, wird mir heiß und kalt.

In unsere Wohnung fiel durchs offene Fenster, das bereits durch die Bombardierungen zerborsten war, eine Brandbombe. Zum Glück wohnten sehr tüchtige Leute bei uns. Einer davon war Herr S. aus der dritten Etage, der die Brandbombe hinauswarf. Die Luftschutzleute, ausgerüstet mit einer Feuerpatsche, Schippe und Sand, kontrollierten regelmäßig unser Haus und warfen so schnell wie möglich alles Brennende auf die Straße hinunter. Im Dauereinsatz waren auch mein Vater als Luftschutzwart und unsere Wirtschafterin Edith, nur so konnte das Haus gerettet werden. Durch unser Dach hindurch flog eine weitere Brandbombe, und noch bevor sie jemand hinauswarf, hinterließ sie ihre Spuren an unserem Gläserschrank. Als das geschah, stand mein Mann Martin neben mir und beschloss: ,Den Brandschaden am Schrank lassen wir niemals mehr reparieren!' Und ich habe ihn auch nie reparieren lassen. Die Brandspuren unten an meinem Gläserschrank sieht man bis heute.

Bei uns im Haus hatten wir einen öffentlichen Luftschutzkeller, und als die ersten Bomben gegenüber einschlugen, suchten die Leute aus der Umgebung Schutz bei uns. Im Luftschutzkeller starb ein Mann direkt neben uns – die Kinder schrien –, und wenig später wurde sogar ein Kind geboren. Die meisten wissen heute nicht mehr, dass damals viele Luftschutzkeller miteinander verbunden waren. Das heißt: Man konnte unterirdisch von einem Haus zum anderen gehen. So verbrachten wir Stunden um Stunden im Luftschutzkeller, und es hagelte Bomben noch und noch. Plötzlich kamen SS-Leute in unseren Keller und fragten: ,Sind hier noch Frauen mit Kindern?' Wenn ja, müssten sie die mit dem Auto ins Rathaus Schöneberg transportieren. Dort gäbe es große Luftschutzkeller, hier sei es nicht mehr sicher. Im Keller standen mit Wasser gefüllte Zinkwannen bereit. In dem Wasser weichten wir Bademäntel ein, wrangen sie aus und warfen sie über uns. Nur mit den nassen Bademänteln war es überhaupt möglich, den Keller zu verlassen. Draußen kamen überall Hagelschauer aus Feuer vom Himmel und es regnete glühend heiße Funken. Wir erreichten das Rathaus Schöneberg nur über große Umwege, zwischendurch stürzten um uns immer wieder Häuser ein. Auf dem Weg dorthin sah ich eine Straßenbahn, die im Hohenzollern-Gymnasium in der ersten Etage hing. So stark war der Luftdruck! Nach der schrecklichen Bombennacht im Rathaus Schöneberg versuchte ich mit allen Mitteln, mit den Kindern aus Berlin herauszukommen, und ich hatte Glück: Es gelang mir, einen Platz für uns in einem der völlig überfüllten Züge zu ergattern (im Zweiten Weltkrieg

Das Leben geht weiter:
Elsa D. im Urlaub mit ihren
Söhnen Jürgen und Achim und
der Haushälterin Edith (rechts),
Westerland/Sylt, Ende der
1940er-Jahre

wurden über 1,2 Millionen Berlinerinnen und Berliner evakuiert oder flohen aus der Stadt).

Anfangs hatte mein Mann als einfacher Volksschullehrer ge-
arbeitet, früher konnte man auch ohne Abitur unterrichten.
Nachdem Martin sein Abitur nachgeholt hatte, studierte er
Philosophie im Hauptfach sowie Erdkunde und Sport. Während des Krieges war mein Mann stellvertretender Leiter des
Hochschulinstituts für Leibesübung und konnte gut organisieren.
Ab 1933 hatte Professor Carl Krümmel die Leitung des Instituts übernommen, und noch im selben Jahr stieg er zum SA-
Hauptsturmführer auf. Martins Kollegen wurden nach und nach
eingezogen, doch er arbeitete noch lange am Institut, da er ja als
‚u. k.‘ eingestuft wurde. Zu Beginn des Krieges hatte man ihm
zwar einen Einberufungsbefehl an seine alte Spandauer Adresse
zugestellt, aber den Brief hatte meine Schwiegermutter nicht
weitergeleitet. Ich war froh, dass Martin lange Zeit vom Krieg
verschont geblieben war. Als Professor Krümmel 1942 tödlich
verunglückt war, wurde ein neuer Leiter an das Hochschulins-
titut für Leibesübung berufen. Der neue Amtschef setzte durch,

dass alle Mitarbeiter als Reserveoffiziere eingesetzt wurden, auch mein Mann. Er musste zur Wehrmacht und kam noch ein letztes Mal für acht Wochen zurück ans Institut, doch 1944 wurde er wieder eingezogen und als Unteroffizier an die Ostfront versetzt. Das war sein Untergang.

Nach wenigen Tagen – so erfuhr ich später – kam mein Mann bei einem Großangriff der Russen ums Leben. Die deutschen Truppen wurden in Jakobstadt, im Osten des heutigen Lettlands, eingekesselt, und es gab kaum Überlebende. Mein Mann war nur vier Tage an der Ostfront und galt danach als vermisst. Ich hoffte noch lange nach dem Krieg, dass er wiederkommt. Vergeblich.

Ein halbes Jahr nach Ende des Krieges kehrte ich mit meinen Söhnen zurück nach Hause. Wie sah Berlin Ende 1945 aus? Es war völlig zerstört, kaum ein Stein lag auf dem anderen. Neben unserem Haus stand Edith auf einem Berg von Schutt und sortierte Steine; noch hatte sie uns nicht gesehen. Sie trug einen braunen und einen schwarzen Schuh an den Füßen. In der Tasche hatte sie eine trockene Stulle. Kurz darauf folgte ein großes Freudengeheul! Mein Vater, das werde ich nie vergessen, hatte plötzlich schneeweißes Haar und war nur noch Haut und Knochen. Edith erzählte, wie es ihnen in der Zwischenzeit ergangen war, als die Russen 1945 Berlin besetzten. Zum Glück wohnte ein Weißrusse parterre, der übersetzte, als einige seiner Landsleute mit Eierhandgranaten in der Hand vor ihnen standen. Als mein Vater ihnen eine Armbanduhr gab, zogen die Soldaten ab. Dauernd bestimmten die Strom- und Sperrstunden den Alltag. Oft gab es nur nachts um ein Uhr Strom, und dann begann Edith Staub zu saugen. Morgens um fünf Uhr fuhr sie mit der S-Bahn nach Werder, um etwas Essbares zu ergattern. In den Kriegsjahren und danach waren die ‚Hamsterfahrten‘ wichtig für das Überleben. In dieser Zeit ging Edith nie ohne einen Marmeladeneimer aus dem Hause, für den Fall, dass plötzlich irgendwo Kartoffeln oder Kohlen verteilt wurden. Nachdem das große jüdische Schuhgeschäft Leiser am Kurfürstendamm (Tauentzienstraße 13) zerbombt war, lagen die Schuhe überall verstreut herum, ein paar davon nahm Edith mit. Auf ihrem Weg dorthin ging sie durch die ‚stillen Straßen‘. Rund um das Kaufhaus des Westens (KaDeWe am Wittenbergplatz) sah sie eine große Zahl erschossener Soldaten, an denen sie vorbeigehen musste.

Wieder in Berlin, musste ich mir überlegen, wie ich mich und meine Söhne durchbringe. Nach meinen schlechten Erfahrungen an der Cosima-Wagner-Schule wollte ich anfangs nicht als Lehrerin arbeiten. Später unterrichtete ich jedoch ausgesprochen gerne und liebe meinen Beruf bis heute. Heinz D., der Bruder meines Mannes, der sehr hilfsbereit und tüchtig war, machte unglaubliche Geschäfte auf dem Schwarzmarkt. Er unterstützte mich, wo er nur konnte, und steckte mir oft Geld zu. So bot Heinz mir an, ich könne doch für ihn arbeiten: ‚Was du in der Schule in einem Monat verdienst, kannst du bei mir an einem Tag verdienen!' Als ich einwilligte, stellte er mir einen Anhänger voller Presskohlen vor die Tür, die ich auf dem Schwarzmarkt verkaufte. Damit verdiente ich an einem Tag 1 000 Mark, und die Leute erkundigten sich bei mir: ‚Was haben Sie noch zu verkaufen?' Doch langfristig wollte ich von diesen Schiebergeschäften nicht leben. Eines Tages kam ein Kunde meines Schwagers auf mich zu: ‚Sie sind doch Lehrerin? Lehrkräfte werden dringend gesucht!' Auf seinen Rat hin meldete ich mich im Rathaus Schöneberg bei Schulrat Fechner und bekam sofort eine Stelle. Das war eine anstrengende Zeit: Ich unterrichtete in Spandau, versorgte meine beiden Kinder, half meinen kranken Schwiegereltern und lernte in meiner eiskalten Wohnung für weitere Prüfungen. Zwischen Schöneberg und Spandau gab es kaum eine richtige Fahrverbindung, was meinen Weg zur Schule sehr erschwerte. In dieser Zeit kam ich kaum mehr zum Schlafen.

Von 1953 bis 1978 unterrichtete ich am Carl-von-Siemens-Gymnasium in Spandau. Meine Söhne wuchsen heran. Jürgen konnte sich nicht zwischen Wirtschaft und Technik entscheiden. Nach seinem Abitur wählte er das Studium Wirtschaftsingenieurswesen an der Technischen Universität. 1961 machte auch Achim sein Abitur auf der Siemens-Schule und entschied sich zielgerichtet für das Studium der Zahnmedizin, nach meinem Gefühl ein teures Studium. Wie sollte ich das alleine finanzieren? Also ging ich zum Amt und fragte, ob wir ein Stipendium beantragen könnten. Doch auf dem Amt saß ein ‚Ollmütz', so nannte mein Vater einen verknöcherten Amtsschimmel. Der fragte mich: ‚Wat denn? Wat denn? Die Mutter is' Kriegerwitwe, da müssen doch wohl nich' beede Kinder studier'n.' Dieser demütigende, abfällige Satz versetzt mir bis heute einen Stich in der

Magengegend. Heute würde ich sofort zu dem Beamten sagen: ‚Nennen Sie mir bitte Ihren Vorgesetzten!‘ Doch damals hatte ich nicht die Kraft dazu und antwortete schroff: ‚Ich schaff's auch ohne Sie‘, knallte die Tür und lief hinaus, und ich hab's geschafft.

Was uns im Kalten Krieg sehr hart traf, war der Mauerbau im August 1961. Mein Lebensgefährte Herbert S. und ich verbrachten gerade unsere Ferien in Österreich, plötzlich erreichte uns die Nachricht: Ostdeutschland wird abgeriegelt, eine Mauer wird gebaut. Stark verunsichert überlegten wir, ob die Grenzer uns jetzt noch nach Berlin einreisen lassen würden. Doch das ging Gott sei Dank. Zur gleichen Zeit standen meine Söhne am Brandenburger Tor und beobachteten den Mauerbau aus nächster Nähe. Achim konnte nicht anders und musste weinen. 1989 begab er sich noch einmal an diese Stelle und weinte wieder, doch diesmal vor Freude, da die Berliner Mauer nun abgerissen wurde.

Nach dem Tod meiner Mutter versorgte Edith H. meinen Vater, bis er 1964 starb. Anschließend war es für mich selbstverständlich, dass ich sie zu mir nahm. Doch ich hatte zu dieser Zeit einfach nicht das Geld, um mir eine teure Wirtschafterin leisten zu können. Ich war ratlos: ‚Mein Gott, was machen wir jetzt? Meine Söhne sind noch beide im Studium.‘ Edith hingegen hatte bereits entschieden: ‚Ich will nicht woanders hingehen, dann werde ich eben umsonst bei Ihnen bleiben, einfach für freie Kost und Logis.‘ Ich konnte Ediths Vorschlag nicht ablehnen, das brachte ich nicht übers Herz. Kurzum, Edith zog vom zweiten in den vierten Stock und wurde meine Wirtschafterin.

Edith zählt bis heute zur Familie. Ihre enge Beziehung zu meinen Söhnen blieb unverändert bestehen, auch als die beiden längst erwachsen waren. Edith sorgte für alles und hielt mir den Rücken frei: Sie kaufte ein, wusch, putzte die Wohnung und kochte. Lange Zeit konnte ich nicht kochen, denn zu Hause übernahmen meine Mutter oder Edith das Kochen. Ich esse unwahrscheinlich gerne, bin aber ein mäkliger Esser, denn ich esse am liebsten Fleisch und kein Gemüse. Bei meinen Eltern hatte Edith in einem Arbeitsverhältnis gestanden, doch bei mir konnte sie kommen und gehen, wann sie wollte. Später wurde Edith offiziell pensioniert.

Unsere Edith heiratete nicht und bekam auch keine Kinder. Sicher lag das auch daran, dass es nach dem Zweiten Weltkrieg zu wenige Männer gab. Sie hatte etliche Verehrer, aber etwas Ernsthaftes wurde nie daraus. In den Ferien fuhren wir fast jedes Jahr zusammen nach Bansin auf die Insel Usedom an der Ostsee. Dort gefiel es Edith besonders gut. Was ihr dagegen überhaupt nicht gefiel, war unser Umzug 1987 aus der Martin-Luther-Straße nach Wilmersdorf. Sie streikte und protestierte: ‚Nein, Frau D., hier haben wir den Krieg überstanden, und hier sollten wir auch wohnen bleiben.‘ Ich versuchte sie mit Engelszungen zu überzeugen: ‚Edith, die vier Treppen kommen wir nicht mehr ohne einen Fahrstuhl hoch.‘ Mir wurde meine heutige Wohnung im ersten Stock kurzfristig angeboten, und auch mir fiel es nicht leicht, mich von meinem Bibliothekszimmer zu trennen. Edith zog widerwillig mit mir um, bekam dafür aber das schönste Zimmer. Trotz ihrer anfänglichen Vorbehalte hatte sie sich nach nur zwei Wochen an ihr neues Zuhause gewöhnt.

Eigentlich muss man vor dem Alter keine Angst haben. Mit einer Ausnahme: Es ist ein nicht endender Albtraum, wenn ein nahestehender Mensch stirbt und man die Enkeltochter und den Sohn überlebt. Das ist etwas ganz Furchtbares, und es kann einem keiner helfen. Ein schwerer Verlust für mich war es auch, als Edith 2003 an Krebs erkrankte und dann infolge einer Lungenentzündung starb. Sie fehlt mir und meiner Familie bis heute sehr. Edith wollte unbedingt auf dem Friedhof bei meinen Eltern beigesetzt werden.

Mein Lebensmotto? Ich lache gern! Außerdem bin ich gerne mit Menschen zusammen und würde mich als ausgesprochenen Gruppenmenschen bezeichnen. Meine ehemaligen Schüler von der Siemens-Schule besuchen mich regelmäßig. Mit Klaus R. und seiner Frau mache ich Ausflüge an die Ostsee. Der heute vierundsiebzigjährige Klaus gab mir Unterricht am Laptop. Auch meine ehemaligen Kollegen von der Siemens-Schule treffe ich mindestens zweimal im Jahr. Das macht mir Spaß, obwohl ich bei Weitem die Älteste bin. Viele von den pensionierten Lehrern kenne ich nicht mehr aus meiner aktiven Schulzeit, das ist ein bisschen ulkig.

Oft werde ich gefragt, wie ich es geschafft habe, ein so hohes Alter zu erreichen. Darauf antworte ich gerne mit einem Augenzwinkern: ‚Ich habe so ungesund gelebt. Ich esse lieber Fleisch statt Gemüse, und bis 1989 habe ich geraucht.‘ Als ich

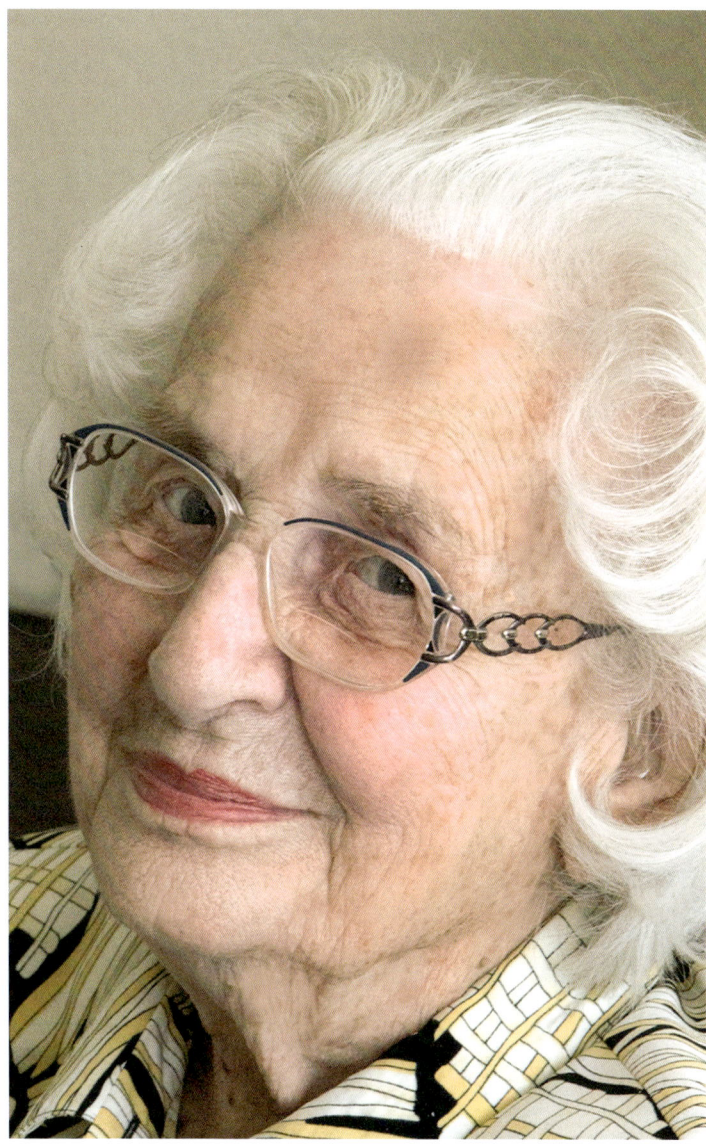

Elsa D. im Alter von hundert Jahren, Berlin-Wilmersdorf, 2015

vor Kurzem meine Freundin Elisabeth S. in einer Senioreneinrichtung in Dahlem besuchte, fiel mein Blick auf den Speisezet-
tel. Um Gottes willen! Da wird ja fast nur gesunde Kost serviert
wie Sojasprossen und Tofu. Nein, so was würde ich nicht mal
anrühren!"

„Ich führte drei Drogerien in Berlin"

Gerhard F., März 1913 in Charlottenburg geboren

Gerhard F. begrüßt uns in seinem Zwei-Zimmer-Apartment in Mariendorf: Wir nehmen am Wohnzimmertisch Platz, seine erblindete Frau Hanna sitzt bequem in einem Sessel. An der Rezeption hatte man uns informiert, Herr F. habe im Haus den Schachklub gegründet. Er führt aus: „Das ist folgendermaßen, als Schachkönig bin ich bekannt geworden. Sieben Jahre lang bestand unser Schachklub aus zehn Damen und mir, eine wunderschöne Zeit. Als aber mit der Zeit mehr Männer dazukamen, brach alles mehr oder weniger zusammen. Heute sind im Schachklub nur noch Herren."

„Meine Eltern sind beide im schlesischen Glogau geboren und lernten sich dort kennen. 1896 zogen sie nach Berlin. Zuerst wurde mein Bruder Hans 1912 geboren, und ich kam am 11. März

1913 in Charlottenburg zur Welt, wir wohnten in der Friedberg-straße 35. Bis auf die Zeit im Zweiten Weltkrieg habe ich immer in Berlin gelebt.

Mein Vater arbeitete als Baumeister und übernahm die Planung und Ausführung vieler Wohnhäuser in Berlin, er hatte sich auf Statik spezialisiert. Im Ersten Weltkrieg wurde er als Offizier zum Einsatz nach Thorn, ins heutige Polen, versetzt. Dort organisierte mein Vater den Nachschub, musste alles kontrollieren. Daher zog 1917 unsere ganze Familie nach Thorn, und wir lebten ein Drei-vierteljahr in 'ner Kaserne. Und ich kann mich genau entsinnen, was für Dummheiten ich als kleener Junge gemacht habe.

Als Offizier standen Vater mehrere Reitpferde zur Verfügung. Eines Tages sagte ich zu meinem älteren Bruder: ,Mir ist so lang-weilig. Weeßte was, wir geh'n in den Stall!' Auf die großen Pferde konnten wir nicht ruffkommen. Zum Glück standen dort vier-eckige Steine, die die Boxen voneinander trennten. Da stellten wir uns drauf, und einer hob und zog den anderen auf den Pferderü-cken. Die gut dressierten Pferde wurden nicht wild und ließen das über sich ergehen. Irgendwann schafften wir es beide aufzusteigen und ritten in den Wald. Die Tiere wussten ganz genau, wohin mein Vater immer frühmorgens ritt. So liefen sie in die gewohnte Richtung, und noch wichtiger, sie fanden auch wieder zurück. Doch an den Rückweg hatten wir natürlich nicht gedacht. Als wir auf den Pferden nach Hause kamen, gab es unheimlich Ärger. Besonders der Vorgesetzte meines Vaters machte ein großes The-ater, dass er gefälligst mehr Obacht auf seine Kinder geben solle.

Und genau dieser Oberst besaß einen Hund, und dieses olle Viech bellte dauernd wie verrückt. Da stiftete ich wieder meinen Bruder an: ,Hans, der Hund muss weg.' Kurz darauf sperrten wir den Köter in so 'nen viereckigen Müllkasten am Straßenrand. Wir schubsten das Tier rein, es sollte da drin ersticken, aber das Viech ist nicht erstickt. Der Hund bellte und rumorte derart, dass das vorbeigehende Leute hörten und ihn befreiten. So flog das Ganze auf, und zu Hause gab's ordentlich Dresche, aber mein lieber Mann!

Für beide setzte es Prügel mit dem Rohrstock und jede Menge Ohrfeigen. Bei der Dummheit war ich die treibende Kraft, aber mein Bruder bekam die gleiche Strafe. Hans war fünfeinhalb, ich vier Jahre alt.

1919 wurde ich eingeschult und besuchte anschließend in Charlottenburg das Schiller-Realgymnasium bis zur Oberprima. Sobald wir zur Schule gingen, erzog uns mein Vater strenger, wir sollten seiner Ansicht nach später so was wie Reichskanzler werden. Darum achtete er sehr auf unsere Zensuren. Unsere Arbeiten mussten wir ihm immer vorlegen, da war er sehr hinterher. Mein Bruder Hans brachte nur Einsen nach Hause, und am Ende bestand er sein Abitur sogar mit ‚lobenswert‘, das hatte es noch nie gegeben. Als Belohnung bekam Hans von der Firma Siemens ein halbes Jahr Karenzzeit geschenkt. Mit seinen ausgezeichneten Leistungen war er mir weit überlegen, ein kolossaler Unterschied zwischen uns. Daher beschäftigte sich mein Vater vor allem mit meinem Bruder Hans und zog ihn mir vor. Ich dagegen bekam von ihm zu hören: ‚Du bist dämlicher, als die Polizei erlaubt‘ oder ‚Aus dir wird nie etwas.‘ So ging das immerfort, es war grauenhaft.

Als Erstgeborener war Hans derjenige, der beim Tode meines Vaters die Familie weiterführen sollte. Gott sei Dank ist das heute nicht mehr so, idiotisch finde ich das. Was kann ich dafür, als Zweiter geboren zu sein. Zum Glück hielt meine Mutter zu mir, sie war alles für mich.

Nach meinem Abschluss der Mittleren Reife auf dem Schiller-Realgymnasium 1929 verließ ich die Schule und lernte Drogist. Ich musste schnell einen Beruf ergreifen, da mein Vater mit nur 52 Jahren an einem Gehirnschlag starb. Nach seinem Tod konnte uns meine Mutter nicht ernähren, da sie keinen Beruf erlernt hatte. Sie lebte von dem Vermögen meiner Großmutter, die als Berliner Hausbesitzerin wohlhabend war.

Mein Vater hatte ’nen guten Freund, der eine Drogerie im Baumschulenweg im Bezirk Treptow führte. Bei unseren Besuchen faszinierte mich der Geruch von Kräutern, Seifen und Chemikalien, einfach das ganze Drumherum. Anders als heute war der Drogist einem Apotheker fast gleichgestellt. Nur durften wir nicht rezeptpflichtige Arzneien verkaufen. Ich entschied mich, Drogist zu werden, und ging drei Jahre in die Lehre, die ich mit einer Eins bestand.

Meine erste Stellung bekam ich bei der Drogerie Nussag in der Kreuznacher Straße. Eigentlich wollte ich furchtbar gerne Heilpraktiker werden, und die Grundausstattung dazu hätte ich

Das Sortiment einer Drogerie mit Produkten zur Haut-, Haar- und Zahnpflege, späte 1940er-Jahre

an der Fachschule in Braunschweig erworben, dazu kam es aber nicht mehr, weil ich mich selbstständig machte.

Bis zur Rente führte ich insgesamt drei Drogerien in Berlin, ich galt als ein erfolgreicher Unternehmer. Meine erste eröffnete ich noch vor dem Ausbruch des Krieges in der Düsseldorfer Straße 6 (Telefonbucheintrag von 1938: G. F. Anschluss 91 25 81), unsere Drogerie hatte keinen Namen. Bereits in meiner ersten Stellung bei Nussag lernte ich meine zukünftige Frau kennen, die ich bald in meiner eigenen Drogerie als Praktikantin einstellte. Wir waren erst ein Jahr zusammen, da hieß es, es werde Krieg geben, so heirateten wir kurz entschlossen im März 1939. Meine Frau sollte als frisch gebackene Drogistin das Geschäft an meiner Stelle weiterführen, daher heirateten wir, ich möchte mal sagen, mehr aus wirtschaftlichen Gründen. Zwischen uns ging es gerade mal ein halbes Jahr lang gut, trotz alledem wurde sie schwanger. Als ich 1942 Fronturlaub erhielt, kam unser Junge zur Welt. Doch kurz darauf zog meine Frau mit dem Kind nach Neuenhagen (Brandenburg), und ich blieb in Berlin.

Nachdem ich 1946 zurückkehrte, erkannte mein Sohn mich nicht mehr, ich war ihm fremd. Seine Mutter und ich reichten wenig später in Schöneberg die Scheidung ein. Mein Sohn starb schon mit 67 Jahren an einer Schilddrüsen-Erkrankung, er hinterließ zwei Töchter und Enkelkinder, die in Hamburg leben."

Herr F. wechselt abrupt das Thema: „Ich denke, Sie wollten Aufnahmen von mir machen?", fragt er zweifelnd. „Wir bringen den Fotoapparat beim nächsten Mal mit", antworten wir, aber er lässt nicht locker: „Ich hab das in Ihrem Katalog gesehen, da ist immer derjenige abgebildet, den Sie befragt haben. Na, so was will ich auch haben!" Die Fotoaktion wird

Jubelnde Menge vor Adolf Hitlers Mercedes, Berlin, 30. Januar 1933

beim nächsten Besuch nachgeholt. Gerhard F. kommt auf unser Gespräch zurück und erinnert sich an die Zeit des National-sozialismus in Berlin.

„Na, ich möchte mal sagen, achtzig Prozent waren für Adolf Hitler. Und auch ich glaubte, dass er der Allein-Selig-Machende gewesen sei. Wir waren davon überzeugt, dass, nachdem Hitler das Elend besiegt hätte, er uns in herrliche Zeiten führen würde. Ich erlebte, wie die Leute nichts zu essen hatten, keine Wohnung und wie es in Deutschland alles kunterbunt drunter und drüber ging. Die Jahre 1930 bis 1932, da kam eine Katastrophe nach der anderen! Politisch herrschte ein vollkommenes Durcheinander, da gab es mindestens dreißig Parteien. Hitler hatte Gulaschka-nonen organisiert und ließ Essen an alle verteilen. Mit solchen Aktionen fing er an, die Leute kamen in Scharen und bekamen was zu essen. [A] Darüber hinaus versuchte Hitler den Menschen eine Wohnung zu besorgen, denn oft mussten sich zwei bis drei Familien eine Wohnung teilen, das erlebten wir alles hautnah mit. Genau deshalb dachten die Leute und auch ich, Hitler ist der Allein-Selig-Macher, nicht wahr. Überzeugt davon, grüßten wir fortan überall mit ‚Heil Hitler‘.

Heute stehe ich vor einem Rätsel, dass ich diesem Schreihals zugejubelt habe und glücklich war, wenn ich dabei in der vor-dersten Front stehen konnte. Das kann ich heute nicht mehr be-greifen.

Dass Adolf Hitler alles andere als ein Selig-Macher war, merkte ich erst, als ich mein Geschäft in der Düsseldorfer Straße eröffnete. 1938 erlebte ich, wie die jüdischen Geschäfte komplett kaputt geschlagen wurden, auch das Zigarettengeschäft gleich nebenan. Da wurde mir klar: ‚Wer so was fertigbringt, der bringt auch an-deres fertig.‘ Doch nach außen hin musste ich weiter die Nazis gutheißen, ich war ja schließlich Geschäftsmann. Meine jüdischen Freunde betrachtete ich immer als Deutsche. ‚Man kann doch nicht einen Menschen, nur weil er einen anderen Glauben hat, als ein Nichts betrachten‘, dachte ich bei mir. Und es widerte mich an, was mit den Juden geschah. Auf der Straße beobachtete ich, was Juden mit einem langen Bart passierte, wie heißen die noch? Rabbiner. Die SA-Leute brannten den Rabbinern den Bart an, furchtbar war das! Auch die Synagoge bei uns in der Nähe

[A]
Mit den „Eintopfsonnta-gen" veranstaltete die NS-Volkswohlfahrt in größeren Städten Gemeinschaftsessen auf öffentlichen Plätzen. „Die solidarische Volksgemein-schaft sollte im Sinne eines ‚Sozialismus der Tat‘ geför-dert werden. Auch Adolf Hitler nutzte die Volkstüm-lichkeit der Hausmannskost, um durch sein öffentliches Eintopfessen eine scheinbare Gleichsetzung von ‚Volk und Führer‘ zu demonstrieren."[1]

wurde angesteckt (gemeint ist die große Synagoge in der Fasanen-
straße 79/80, die in der Nacht vom 9. zum 10. November 1938
vollständig ausbrannte).

Mich prägte besonders die Militärzeit, als Soldat musste ich
mein erstes Geschäft aufgeben, eine Katastrophe für mich. Ich
wurde nach Lankwitz in die Sachsen-Armee abkommandiert und
kam von dort in die 6. Armee.

Von Lankwitz aus wurde ich mit der Truppe in die Nähe von
Paderborn abkommandiert, ich gehörte von nun an zu einer mo-
torisierten Einheit. Mit dieser Einheit fuhren wir nach Belgien
und Frankreich. Ich gehörte zu einer Ausbildungseinheit mit
zwölf Mann, ‚Messzug' nannte sich das. Unsere Aufgabe: Wir
bildeten die Kanoniere an der ‚Acht-Acht' aus, die, die Flugzeuge
abschießen sollten. Die ‚Acht-Acht' war ein Flieger-Abwehr-Ge-
schütz, eine 88-Millimeter-Flak (Flugabwehrkanone).

An einem Flugzeug hing ein großer Sack am Heck, und
darauf wurde geschossen. Das wurde fotografisch festgehalten
und auf Karten produziert, sodass man genau sehen konnte,
wo die abgefeuerten Schüsse landeten und welcher Kanonier
falsch geschossen hatte. Oft fuhr ich in einem der drei großen
Auswertewagen mit. Im Auto entwickelte ich die Filme, die
Technik und die Materialien hatten wir dabei. Den ganzen Krieg
über war ich vor allem Ausbilder in der 6. Armee. Doch ein paar
Male wurde ich auch im Partisanen-Kommando eingesetzt, das
war furchtbar. [B]

Vor dem Krieg rauchte ich nicht, doch beim Militär, wenn
Sie da nicht rauchten und tranken, gehörten Sie nicht dazu. Also
musste ich trinken und rauchen. Ich gewöhnte mir das Rauchen
an und war bis zu meinem 66. Lebensjahr ein starker Raucher.
Bis dahin hab ich feste geraucht, sicher 24 Zigaretten am Tag.

Als Soldat sah ich viel Elend in Holland, Belgien, Frankreich,
Russland, Rumänien, Ungarn und Deutschland. Zum Glück
wurde ich nicht direkt an der kämpfenden Front eingesetzt. 1943
wurde die 6. Armee in der Nähe von Stalingrad aufgelöst, ganz
furchtbar sind die Leute dort gestorben. Ich kam bis zu einem
kleinen Dorf, ungefähr sechs Kilometer von Stalingrad entfernt.
Und genau da hat der Russe den Ring zugemacht, doch Gott sei
Dank stand ich noch vor dem Ring, denn an die 200 000 Männer
starben dort.

[B]
Neben Polizei- und SS-
Einheiten wurden einhei-
mische Hilfswillige und
Wehrmachtstruppen für die
Partisanenbekämpfung zu
„Jagdkommandos" zusam-
mengestellt. Unzählige Zivi-
listen wurden Opfer dieser
„Säuberungsaktionen". So
starben im Partisanenkrieg
Hunderttausende sowjetische
Partisanen, Zivilisten und
deutsche Soldaten.[2]

Das Geschieße und alles, was sie im Krieg zu sehen bekommen, macht einen kaputt. Die grauenhaften Verwundungen und das Geschrei, wenn Glieder abgeschossen werden. Das ist unerträglich und unvorstellbar.

Die Jugend glaubt, dass der Krieg nur ein Räuber-und-Gendarm-Spiel ist. Auch heute schaue ich mir das ab und zu im Fernsehen an, und zwar, um zu sehen, ob sie die Wirklichkeit zeigen, aber die wird nicht gezeigt. Es wird beschönigt, tatsächlich war es ein endloses Grauen."

Nach zwei Stunden fragen wir Herrn F., ob er eine Pause machen möchte: „Nein, nicht nötig. Wenn wir fertig sind, deck ich den Tisch und bereite das Abendbrot für meine Frau und mich vor. Heute gibt's gebratene Schnitzel und dazu eine Stulle mit Butter. Wir können ruhig weitermachen", lässt er uns wissen.

„Nachdem ich auf unserem Rückzug nicht mehr weiterkonnte, wurde ich ins Lazarett transportiert. Von dort aus kam ich noch mal zu meiner alten Truppe zurück, mit der ich den Rückmarsch über Polen, Österreich und Deutschland antrat. Als wir 1945 in Bayern ankamen, wurde unser Truppenverband endgültig aufgelöst. Dort hatten die Amerikaner bereits geplant, uns den Russen als Gefangene zu übergeben. Da hieß es für jeden von uns, rette sich, wer kann. Allein die Vorstellung von der russischen Kriegsgefangenschaft war 'ne Katastrophe. Ich konnte flüchten und lief zu Fuß von Bayern bis nach Chemnitz.

Alles, was ich auf dem Leib trug, waren 'ne Arbeitsjacke, Hose und Schuhe vom Militär. Plötzlich wurde mir klar: ‚Mensch, wenn die dich in zivilen Sachen fassen, kannste vielleicht behaupten, dass du ein Ziviler bist.' Daraufhin schmiss ich meine Militärjacke weg und zog irgend 'ne komische Jacke an.

In Chemnitz angekommen, traf ich meine Mutter, die wie durch ein Wunder ausgerechnet dorthin evakuiert worden war. Eine Zeit lang wohnten wir zusammen in Chemnitz und hatten großes Glück, da ich einen Herrn kennenlernte, der in der Strumpffabrik Arwa gearbeitet hatte. Und dieser Herr hatte geklaut. Das Arwa-Werk stand leer, da alle getürmt waren, und von dort nahm er so viele Strümpfe mit, wie er transportieren konnte.

Gerhard F., nach 1945

Dem Mann erwies ich dann einen sehr guten Dienst, aber darüber will ich nicht weiter sprechen. Aus Dankbarkeit schenkte er mir einen Karton mit 24 Damenstrümpfen, und das war später mein Startkapital für das Schwarzmarktgeschäft in Berlin. Ein Strumpfpaar auf dem Schwarzmarkt, was brachte das ungefähr? Na, geldmäßig weiß ich das nicht mehr. Aber für Strümpfe kriegtest du alles, weil die russischen Frauen, die nach Berlin kamen, keine Perlonstrümpfe kannten. Die Russen kauften wie die Verrückten Strümpfe, und dadurch kam ich natürlich an Lebensmittel ran. [C]

Als ich 1946 nach Berlin zurückkehrte, bekam ich von meinen Kriegserlebnissen immer wieder schreckliche Albträume. Es dauerte mindestens ein Jahr lang, bis das allmählich aufhörte, heute denke ich kaum noch daran. Verwundet war ich nicht, 'n Splitter hatte mir den halben Finger weggerissen, das wurde verbunden und fertig. Doch brachte ich Krankheiten aus dem Krieg mit. Zuerst erkrankte ich am Wolhynischen Fieber (auch Schützengrabenfieber, eine bakterielle Infektionskrankheit), anschließend an schwerer Angina Pectoris und Typhus. Psychisch und körperlich war ich am Ende.

[C]
In Deutschland war es fast unmöglich, auf legalem Weg an Perlonstrümpfe zu kommen. Nur auf dem Schwarzmarkt wurden die begehrten Strümpfe neben Zigaretten zu einer Ersatzwährung, die für etwa 200 Reichsmark gehandelt wurden, was etwa dem Monatsgehalt einer Sekretärin entsprach. Arwa gehörte damals zu den größten Strumpfwarenherstellern in Deutschland. Die Marke wurde später zu einem Symbol des westdeutschen Wirtschaftswunders.[3]

In Berlin stand ich vorm Nichts, mein Geschäft war ausgebombt, und ich schlug mich zwei Jahre lang ohne eine feste Arbeit durch. Damit nicht genug, geriet ich in schlechte Hände, hatte Freunde, die sehr gerne einen tranken, und so wurde ich selber zu einem kleinen Säufer. Einmal lag ich zwei Tage lang in Agonie, mit 'ner schweren Alkoholvergiftung. Doch nach 1945 konnte man sich die Leute nicht aussuchen. Man musste zufrieden sein, wenn man überhaupt Freundschaften fand. So hatte ich Kontakt zu einem ehemaligen Obersturmbannführer der SA. Er gehörte zu unserer Clique, die vor allem froh und glücklich war, wenn alle 'n bissl angeheitert waren. Oft machten die mich betrunken. Wir tranken am liebsten süße Schnäpse, vor allem Eierlikör, den mochte ich leidenschaftlich gerne. Bis heute trinke ich mal einen Eierlikör, aber nur den, andere Sachen rühre ich nicht an.

Zum Glück lernte ich mit 33 Jahren eine neue Frau kennen, meine zukünftige Frau Hanna. Sie arbeitete als Medizinisch-Technische Assistentin im Krankenhaus. Da mein Herz stark angeschlagen war, wurde ich ins Rudolph-Virchow-Krankenhaus eingeliefert, und in diesem Zusammenhang begegneten wir uns das erste Mal. Wir sind gleich alt und wurden bald ein Paar. Zehn Jahre lang lebten wir als Lebensgefährten zusammen, erst 1956 heirateten wir.

Erst als es mir gelang, mich nach einer Weile mit einer neuen Drogerie wieder selbstständig zu machen, ging es langsam wieder aufwärts. Unterstützung hatte ich kaum, denn meine Mutter hatte nie gearbeitet und meine Frau Hanna arbeitete weiter als Medizinisch-Technische Assistentin. Daher hatte sie von geschäftlichen Sachen keine Ahnung, so musste ich in meinem neuen Laden alles alleine auf die Beine stellen, und ein bisschen Glück gehörte auch dazu. Ich bin immer ein sehr guter Kaufmann gewesen! Später unterstützte mich meine Frau auch im Geschäft.

In einer Drogerie, wie ich sie führte, gab es Drogen, Heilmittel, Kräuter, Chemikalien, Foto-Arbeiten, Putzmittel und Weine zu kaufen. Als Drogist mussten Sie alles können, sonst konnten Sie kein Drogist sein. Was Sie dagegen heute in einer Drogerie finden, ist genau genommen keine Drogerie mehr, als Drogist ist man nur noch Verkäufer.

Im Vergleich zu den Apothekern waren wir Drogisten geschäftlich gesehen sogar bessergestellt, denn der Apotheker verkaufte und handelte ausschließlich mit seinen Rezepten, Rezepturen und chemischen Dingen. Nebenbei bot er den Kunden ’n bissl ‚4711 Kölnisch Wasser‘ an, während wir Drogisten unterm Ladentisch ganz andere Sachen führten, wie Präservative, Potenzmittel und Medikamente ohne Rezept. Das wurde nebenbei verkauft und natürlich nur an zuverlässige Kunden. Bis zu vierzig Produkte stellte ich damals selber her, wie Apfel-Tee, Alexandrinen-Tee (für die Blutreinigung), Zimmerdüfte oder Parfüms. Wo wir vor allem gut drin waren, das war? Na, wie heißt das noch schnell? Ich hab’s doch selber hergestellt.“

> Seine Frau Hanna versucht ihn sanft zu beruhigen: „Zerbrich Dir nicht den Kopf“, doch ohne Erfolg: „Mauselchen, die Pillen, die ich selber gedreht habe.“ Wir wollen helfen: „Etwas zum Einschlafen?“ „Nein, ganz im Gegenteil“, erwidert er, „etwas für den Aufbau.“ Wir geben ein weiteres Stichwort: „Irgendwas mit Koffein?“, doch er schüttelt den Kopf.

„Nein, kein Koffein. Jetzt weiß ich es wieder: Lecithin! Lecithin-Perlen drehte ich selber. Dazu kaufte ich Lecithin bei der Firma Schwabe. Das kostete ungefähr 60 Pfennige, meine selbstgedrehten Lecithin-Perlen verkaufte ich dann für fünf Mark die Schachtel. Das kam genau zum richtigen Zeitpunkt. Die Leute kauften die Pillen gerne bei uns. Lecithin ist ein sehr gutes Mittel für die Stärkung der Nerven und entzündungshemmend, und es wirkt schnell und gut.

In unserer Kreuz-Drogerie in der Gustav-Freytag-Straße 5 in Charlottenburg beschäftigte ich ab den Fünfzigerjahren fünf Angestellte, natürlich ausschließlich Frauen. In der Drogerie geht es vor allem um Kosmetik wie Nagellacke, Lippenstift und Cremes und so was, und das können nur Frauen verkaufen. Wenn Ihnen ein Mann eine Creme oder einen Lippenstift anbieten würde, da lachen Sie sich doch tot. Im Geschäft hielt ich es so, wenn eine Mitarbeiterin gut arbeitete, bekam sie von mir sehr viele Privilegien. Zum Beispiel ihr Make-up, das gab es bei mir umsonst, und jede konnte sich nehmen, was sie wollte. Im Gegenzug mussten meine Angestellten zeigen, dass sie immer fürs Geschäft da waren, so erzog ich sie. Wir hatten ein sehr gutes Verhältnis untereinander, und es ging mit unserem Geschäft rapide aufwärts.

Unser Berufsleben, das machten meine Frau und ich uns selbst zu einer ‚Fast-Hölle‘, indem wir täglich oft 14 bis 16 Stunden arbeiteten. So hatten wir zwar großen Erfolg, aber kein anderes Leben mehr. Wir waren immerfort müde und kaputt. Wenn Sie jeden Tag bis zu 16 Stunden arbeiten, das hält der Mensch nicht lange aus. Dennoch zogen wir das jahrelang durch und legten unser Geld auf die hohe Kante. Und unser Lebensstandard wuchs immer weiter, ich fuhr leidenschaftlich gerne Auto. Meine Frau wollte partout keinen Mercedes, daher kauften wir uns zum Beispiel Autos wie den größten Mazda mit 167 PS, ein Sportwagen ersten Ranges. Mit 88 Jahren gab ich schließlich meinen Führerschein ab, da ich nicht mehr gut sehen konnte.

1956, im Jahr unserer Heirat, zogen wir in eine herrliche Wohnung in Schöneberg, eine Neubauwohnung in der ersten Etage. Sie lag direkt am Barbarossaplatz, nur zehn Minuten vom Kurfürstendamm entfernt, 15 Minuten zum KaDeWe. Eine traumhafte Lage, um uns herum lagen Banken, Lebensmittelgeschäfte, einfach alles. Erholung fanden wir viele Jahre in unserem Schrebergarten, den wir Ende 1980 aufgeben mussten.

Meine Frau ging als Erste mit sechzig Jahren in Pension. Mit sechzig Jahren fühlte ich mich so, als wäre ich dreißig oder 35. Freunde und Bekannte rieten mir: ‚Genieß das Leben, du hast jetzt 'nen gewissen Rückhalt, was willst du mehr? Und ihr habt keine Kinder.‘ Und so verlebten meine Frau und ich sehr schöne Jahre, wir reisten viel, besuchten gerne Sportveranstaltungen, wir genossen das Leben in vollen Zügen. Mit sechzig und 65 waren wir ältere Leute, heute ist ein Sechzigjähriger fast wie ein Dreißigjähriger, zumindest wenn ich das mit meinem Vater vergleiche. So muss ich sagen, die zwölf schönsten Jahre unseres Lebens verbrachten wir in unserem Ruhestand!"

„Im nächsten Jahr feiern wir Diamantene Hochzeit: Meine Frau und ich sind fast siebzig Jahre zusammen", erzählt er. Seine Frau korrigiert ihn prompt: „Achtzig Jahre!". Nach alten Fotos gefragt, schüttelt Herr F. energisch den Kopf: „Ich habe alles vernichtet, sogar meine Filme. Ist keiner mehr da, den das interessiert." Nur ein Jugendbildnis hängt in seinem Schlafzimmer.

Gerhard F. mit seiner Frau Hanna im Schrebergarten, Berlin-Schöneberg, 1970er-Jahre

„Mit zunehmendem Alter wurden viele Dinge schwierig, mit 89 fing das Theater an. Seitdem bin ich halbblind, kann nicht mehr richtig laufen und nicht mehr richtig am Leben teilnehmen. Ich bin ein Mensch, der vorausdenkt und beschloss frühzeitig, das Leben in unserer alten Wohnung geht nicht mehr so weiter. Wir müssen in ein Heim oder so was umziehen, und so fuhr ich in der Stadt herum und suchte mir schließlich diese Senioreneinrichtung in Mariendorf aus. Seit zwölf Jahren bewohnen wir ein Schlaf- und Wohnzimmer und eine kleine Küche mit unseren Möbeln. Dennoch ist uns die Umstellung sehr schwergefallen.

Wenn Sie mich fragen, ob das Altwerden eine Bürde ist, dann sage ich: Jawoll, eine Katastrophe! Fast jeder Mensch hat im Alter irgendwie größere Ausfälle und Beschwerden. Das Alter ist eine Katastrophe. Gesundheitlich geht's mir belämmert, mein ganzer Knochenaufbau ist kaputt, ich hab ein schweres Hüftleiden, das zieht sich runter bis in den kleinen Zeh. Mein rechtes Bein ist sehr stark belastet, zum Glück ist das linke Bein noch einigermaßen kräftig, sodass ich meinen Körper mehr auf das linke Bein verlagere. Deswegen kann ich nicht mehr ohne einen Rollator laufen, sonst falle ich um. Nur wenn Sie gesund bleiben, ist das Alter erträglich. Da kommt noch 'ne Einsamkeit auf Sie zu, auch das ist furchtbar. Ob Sie weniger hören, sehen oder laufen können, das wird schnell zur Hölle. So sind Sie ständig abhängig von anderen Leuten und können nichts mehr alleine machen.

Was mir dagegen heute gut gefällt ist die Technik, die finde ich fantastisch! Das Leben ist heute weit interessanter als unser Leben damals. Wenn ich könnte, würde ich ganz anders leben. Den Fortschritt empfinde ich als grandios. Mit dem Computer arbeiten, das wollte ich gerne lernen, habe es aber doch wieder aufgegeben."

Als wir ihm auf unserem Tablet zeigen, wie er die Schrift entsprechend vergrößern kann, um sie lesen zu können, fragt er staunend: „Wie heißt das Ding? Schreiben Sie mir doch bitte mal den Namen auf."

„Wie ich es geschafft habe, so alt zu werden? Wie soll ich das beantworten? Ich habe sehr solide gelebt. Ich habe keine Exzesse wie große Gelage bis nachts um zwölf veranstaltet oder, bitte entschuldigen Sie den Ausdruck, gesoffen wie sonst was. Nein, das nicht. Ich habe alles in einer gewissen Normalität laufen lassen. Vielleicht hat das zu meinem Alter beigetragen. Ich bin kein Gourmet, der nur von guten Sachen lebt, für mich ist eine Nudelsuppe genauso wertvoll wie Kaviar. Ich fühle mich jünger als hundert, eher so um die neunzig.

Gut, ich lebe nach dem Motto, genieße alles in Maßen: in der Liebe, beim Essen, in deinem Vorwärtskommen. Alles in Maßen, dann lebst du am besten. Man sollte Folgendes beherzigen wie: Sie trinken ein Glas Bier, Sie trinken auch mal zwei Glas Bier, jut. Wenn Sie zehn Glas Bier trinken, dann ist das schon ein Exzess, eine Verrücktheit. Wenn Sie heute 'ne Liebesnacht erleben, dann ist das sehr schön. Aber wenn Sie in 'ner Woche fuffzehnmal, tja, dann gehen Sie kaputt, oder es wird zur Gleichgültigkeit.

Wenn Sie älter sind, denken Sie natürlich ans Sterben, na klar. Zum Tod muss ich Folgendes sagen: Ich bin sehr gläubig. Ich denke, dass es ein höheres Wesen gibt und dass wir, solange wir leben, geleitet werden. Es gibt ein Wesen, dass uns in jedem Augenblick beherrscht, das ist meine Überzeugung. Im Moment meiner Geburt habe ich einen Beistand. Das heißt, mein Leben ist in einer bestimmten Weise irgendwie vorgezeichnet. Und dieses Wesen begleitet mich ein Leben lang wie ein Schutzengel. Das Leben ist ein Kommen und ein Gehen, so wie in der Natur. Man kann gläubig sein und trotzdem sagen, mit dem Tod hört ein Weiterleben auf. Ich betrachte die Natur und sehe, dass jedes Lebewesen entweder aufgefressen wird oder stirbt. Beim Sterben ist man immer einsam, ‚Jeder stirbt für sich allein‘, frei nach dem Schriftsteller Hans Fallada. Doch an so etwas wie eine Seelenwanderung kann ich nicht glauben. In dem Augenblick, wo ich sterbe, ist es aus. Ich werde wieder zur Asche. Was von mir übrig bleibt, ist Erde. Was ist die Seele? Seele ist ein Glaube, es ist alles Glaube und Empfindung. An ein Leben nach dem Tod kann ich nicht glauben."

Beim ersten Besuch fragten wir ihn nach seinen Wünschen und Herr F. antwortete: „Nichts, denn ich kann ja nichts mehr machen." Aber beim nächsten Besuch taute er auf, als wir ihm einen Ausflug in der Vorweihnachtszeit vorschlugen. „Ich hätte doch einen Weihnachtswunsch", gestand er, „ich möchte so furchtbar gerne die Lichtermeere am Kurfürstendamm sehen." Diese Autofahrt hat er sehr genossen.

Gerhard F. im Wohnzimmer mit seiner Frau Hanna und Besuch, Berlin-Mariendorf, 2015

„Ich bin 'ne waschechte Schönebergerin"

Klara S., April 1912 in Schöneberg geboren

Wir lernen Klara S. im Mai 2013 kennen, ein paar Wochen zuvor hat sie ihr neues Einzelzimmer mit eigenem Mobiliar in einer Senioreneinrichtung bezogen und muss sich noch daran gewöhnen. Nach 55 Jahren musste sie aus Altersgründen ihre Schöneberger Dreizimmerwohnung verlassen. Aufmerksam verfolgt sie Nachrichten aus Politik und Gesellschaft, täglich liest sie die *Berliner Morgenpost* und hört Radio. Mit 105 Jahren geht sie 2017 zur Bundestagswahl, ein bestimmendes Thema bei einem unserer Besuche. Klara S. hat mit ihrem besten Geschirr für uns gedeckt. Es gibt Mohnkuchen, Butterkekse und Tee. „Nu langen Se mal ordentlich zu", fordert sie uns auf. Sie besteht darauf, den Tisch am Ende selbst abzuräumen und abzuwaschen. Sobald wir auf das Thema Schöneberg kommen, ist sie in ihrem Element.

Auszüge aus dem Interview mit Klara S.:

„Ich bin 1912 in der Hauptstraße 38/39 geboren, überall dort standen große Bauernhöfe. Meine Mutter erzählte mir, dass Schöneberg früher von Sand umgeben war und dass die Leute hier kein Rheuma bekamen. Es war wie an der Ostsee, die Kinder haben überall im Sand jebuddelt.

Die ganze Hauptstraße von der Eisenacher bis rauf zur Dorfkirche wohnten damals die Bauern- und Gutsbesitzerfamilien Saare, Grunow und Willmann auf großen Höfen. Doch dann wurde vom Potsdamer Platz bis nach Potsdam 'ne neue breite Straße jebaut, und die Bauern verkauften ihr Land für viel Geld. Doch konnten die ‚Millionenbauern‘ mit dem vielen Geld nicht umgehen. Der eine kaufte sich 'n Gestüt in Königsberg, der andere ein Bergwerk in Schlesien. Am längsten konnte Herr Grunow seinen Bauernhof in der Hauptstraße halten, bei ihm kaufte meine Mutter regelmäßig Eier und Milch. Am Ende ver-

Atelierfoto von Klara S. als Kleinkind,
Schöneberg bei Berlin, um 1914

loren die ‚Millionenbauern' ihr ganzes Vermögen wieder, spätestens durch die Inflation 1923. [A]

Aufgewachsen bin ich in einem kleinen Häuschen, in dem früher Kutscher und Gärtner wohnten. In der Mitte stand ein Rondell, ringsherum wuchsen viele Hecken und ein großer Obstgarten. Später wurde das Häuschen verkauft und abgerissen, an der Stelle steht heute die Badeanstalt (1928 bis 1931 erbaut, heute das Stadtbad Schöneberg „Hans Rosenthal").

Die Bediensteten arbeiteten früher für den ‚Millionenbauern' Carl Willmann, der mit seiner Familie in der Hauptstraße 40 wohnte (heute Sitz des Schöneberg Museums). Der Herr Willmann trug im Winter einen Gehpelz und 'nen Zylinderhut. Parterre wohnte der Rittmeister Eltz, der hielt sich 'ne Geliebte, die Frau Poppenberg, mit der er drei Kinder zeugte.

Mein Großvater väterlicherseits hieß Schulz, er konnte sich als Droschkenkutscher selbstständig machen, besaß zwei eigene Kutschen, mehrere Pferde und beschäftigte einen Gehilfen. In der Kolonnenstraße hatte er genug Platz für seine Pferde und die Ställe. Er hatte viel zu tun, starb aber leider sehr früh. Mütterlicherseits war der Name meines Großvaters Julius Schneider. Als gelernter Maurer baute er überall in unserer Gegend Fenster und Türen ein. ‚Anschläger' nannte sich das, den Bauberuf kennt heute keiner mehr. Lesen und Schreiben lernte er erst beim Militärdienst. Leider kenne ich meine Schöneberger Großväter nur durch die Erzählungen meiner Eltern.

1882 kam meine Mutter Emma in Schöneberg zur Welt, die war so 'ne janz Kühle. Lange konnte sie sich für keinen Mann entschließen. Dabei verehrte Wilhelm Schulz sie schon 'ne ganze Weile, doch sie weigerte sich, ihn zu treffen, sodass die Schwestern meiner Mutter, Mieze und Klara, spöttelten: ‚Mensch, wenn du so weiter machst, bleibst du sitzen!' Sie war ja mittlerweile dreißig, und eine Frau mit dreißig war damals 'ne alte Jungfer.

Nachdem Wilhelm Schulz sie ein paarmal in den Sportpalast eingeladen hatte, wurde sie etwas zutraulicher. Dann kam es irgendwie dazu, dass ich unterwegs war. Als meine Mutter das merkte, wollte sie sich das Leben nehmen. Ein uneheliches Kind, das war eine Katastrophe. In ihrer Verzweiflung erzählte sie meinem Vater, was los war, der fasste sie sofort um die

[A]
Ende des 19 Jahrhunderts schnellte die Einwohnerzahl in Schöneberg in die Höhe: 1890 lebten hier bereits 95 000 Menschen. Die Schöneberger Bauern nutzten die Gunst der Stunde und verkauften ihre Felder als teures Bauland. Die Familien Richnow, Willmann, Mette und Bergemann stiegen nun zu den „Schöneberger Millionenbauern" auf.[1]

Foto von Klara S. mit ihrer Mutter Emma, das dem Vater an die Front geschickt wurde, aufgenommen in Schöneberg bei Berlin, 1916

Hüften, schwenkte sie herum und rief: ‚Emma, das ist ja großartig! Jetzt wird sofort geheiratet!‘ 1912 heirateten meine Eltern im alten Rathaus, in der Hauptstraße am Kaiser-Wilhelm-Platz. Natürlich nur standesamtlich, kirchlich heiraten ging nur, wenn man noch Jungfer war. Mein Vater Wilhelm wurde ein sehr guter Ehemann und fabelhafter Vater.

Bei meiner Geburt war meine Mutter schon 31 Jahre alt. Vater durfte bei meiner Entbindung dabei sein, sehr ungewöhnlich damals, allein die Scham und das alles. Ich kam am Ostersonntag, am 7. April 1912, zur Welt und blieb ein Einzelkind. Nach der Geburt sagte Vater: ‚Emma, das brauchst du nicht noch mal durchmachen.‘ Ich liebte meinen Vater über alles, und er mich auch: ‚Klärchen ist mein bester Junge!‘, sagte er immer zu mir. Ich wuchs in der Feurigstraße, drei Treppen hoch, auf, ich bin also ’ne waschechte Schönebergerin.

Damals galt die Fülle als das Sinnbild eines gepflegten, gutaussehenden Babys. Heute ist das anders, da will man nicht, dass die Babys so dick sind. Ich war so ’n Pummel, mich immer drei Treppen hochtragen, das konnte meine Mutter auf die Dauer nicht bewältigen, denn sie war 'ne kleine, zarte Frau. Was ihr außerdem immer zu schaffen machte, waren ihre Füße. Noch vor meiner Geburt unterzog sie sich einer beidseitigen Ballenoperation, die jedoch missglückte. Das hatte zur Folge, dass meine Mutter keinen Schuh mehr richtig ankriegte, daher trug sie in der Wohnung Hausschuhe, in die sie Löcher geschnitten hatte, um überhaupt laufen zu können. So ging sie nur sehr selten aus dem Haus.

1914 zogen wir daher in 'ne schöne Parterrewohnung, in die Nähe der Geisbergstraße. In dieser Zeit herrschte eine große Wohnungsknappheit in Berlin, und um die neue Wohnung überhaupt zu bekommen, nahm Vater eine Portierstelle an und putzte die Treppen. Noch im selben Jahr erhielt mein Vater seinen Einberufungsbefehl. Er musste im Ersten Weltkrieg als Schipper die Schützengräben ausheben, da er für den Einsatz an der Front zu alt war. Meine Mutter musste während des Krieges pausenlos Strümpfe stricken, um etwas Geld zu verdienen. Im Ersten Weltkrieg stand es um das Auskommen der Kriegerfrauen schlecht, da vonseiten Kaiser Wilhelms kaum eine Unterstützung kam. Wenn Mutter arbeitete, versorgte mich als zweijähriges Kleinkind Tante Klara, 'ne Schwester meiner Mutter. Sie wohnte mit ihrem Mann in der Kaiserstraße, um die Ecke vom Bahnhof Mariendorf. Im zivilen Leben arbeitete Onkel Fred als Eisenbahner, doch als Soldat im Ersten Weltkrieg erkrankte er an Typhus und starb an Entkräftung in seiner Wohnung. Meine Mutter machte sich auf den Weg zu ihrer Schwester. Als sie dort ankam, war sie vor Hunger und Anstrengung so geschwächt, dass sie sich neben den gerade verstorbenen Schwager legte, denn ihr war alles gleichgültig.

Nach dem Tod ihres Mannes konnte Tante Klara weiterhin mit der Bahn in der Ersten Klasse fahren. Da sie keine eigenen Kinder hatte, nahm sie mich oft mit, doch nicht ohne Hintergedanken. Mit mir im Schlepptau konnte sie besser Kontakte zur besseren Gesellschaft knüpfen. Ich erinnere mich, dass wir im Coupé der Stadtbahn auf der Fahrt nach Mitte mit hochdekorierten Offizieren saßen. Einer von ihnen fragte mich: ‚Ist dein Papa auch im Krieg, mein Töchterchen?' Ich nickte stolz: ‚Mein Papa ist Schipper.' Tante Klara kriegte mich am Wickel und brachte mich zum Schweigen, denn von einem Schipper in der Familie sollte natürlich keiner etwas wissen.

Besonders gut kann ich mich an Weihnachten 1916 erinnern, ich war vier Jahre alt und Vater hatte Heimaturlaub. Er hatte 'ne wunderbare Tenorstimme und ging oft in seinen Gesangverein in irgend 'ner Kneipe in der Kolonnenstraße. Dort hatte ich als Kind den ersten Losgewinn meines Lebens, eine Gans. Als ich stolz mit der Gans unterm Arm durch die Sitzreihen ging, machten alle Leute große Stielaugen. Mitten im Ersten Weltkrieg, da war 'ne Gans Gold! Das war für uns wie ein Millionengewinn.

Gegen Ende des Krieges erhielt meine Mutter die Benachrichtigung, dass mein Vater aus russischer Gefangenschaft zurückkommt, doch es stand nicht darin, wann er denn kommen würde.

Unser vorher verabredeter Treffpunkt war die Haltestelle vor dem großen Postgebäude in der Hauptstraße. Dort fuhr die Straßenbahn, heute hält da nur der Bus. Jeden Tag liefen wir zu der Haltestelle, um Vater abzuholen, aber immer vergeblich. An dem Tag, als er endlich zurückkam, beschloss meine Mutter: ‚Klärchen, wir müssen nach Hause gehen, Papa ist wieder nicht gekommen.' Mein Vater hatte einen ganz bestimmten Pfiff, und als wir 'n Stückchen am Kino vorbeigegangen waren, ertönte plötzlich sein Pfiff. Meine Mutter stand wie elektrisiert vor mir. Von Weitem winkte uns mein Vater zu, zuerst erkannte meine Mutter ihn kaum, so dünn war er geworden. Er erzählte uns von der klirrenden Kälte in Russland, in der auch einer seiner Finger erfroren war. Die Russen auf dem Lande gaben ihm zu essen und ließen ihn mit auf dem Herd schlafen.

Später gehörte zu Hitlers Kriegspropaganda: Die Russen bringen alle um. Mein Vater wusste es nach diesen Erfahrungen besser: ‚Lasst euch so was nicht erzählen, der Russe ist ein gutmütiger Mensch.'

Als ich nach Kriegsende in die Schule kam, war das so: Vorne saßen die Störenfriede, damit die Lehrerin sie im Griff hatte! Hätte sich auch keiner was gewagt, aus Angst vor Schlägen. Meine Mutter erzählte mir, sie nähte ihrem Bruder so'n kleines Lederkissen unter den Hosenboden, denn früher gab's Dresche mit dem ‚gelben Onkel', dem Rohrstock. Unser Religionslehrer, Herr Papst, war 'n alter Herr, der über Tische und Bänke hinter uns herkletterte und prügelte. Ich ging in dieselbe Schule wie die Knef, die 13 Jahre jünger war als ich. In ihrem Buch *Der ge-*

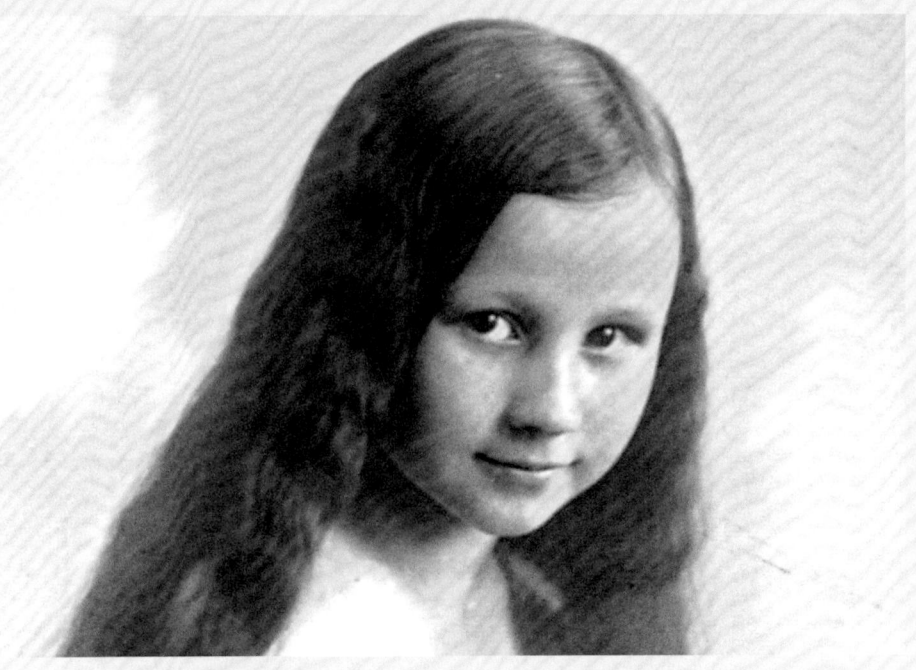

Klara S. als Schulkind, Berlin-Schöneberg, um 1921

schenkte Gaul (Autobiografie der Schauspielerin Hildegard Knef, 1970), da kommt das vor. Sie prangert unsere Französischlehrerin an, Fräulein Weise hieß die. Sie hatte rote Haare, das janze Jesicht voller Sommersprossen, und sie war ein leibhaftiger Teufel! Die schlug mit der Hand ins Jesicht, einmal bis ich Nasenbluten kriegte. Wir gingen runter ins Direktionsbüro, denn dort stand der Verbandskasten. Ich freute mich, dass die Weise in Druck kam. Sonst war ich ein artiges Kind, hab mir nicht erlaubt, frech zu sein oder so wat.

Zur Erntezeit fuhr mein Vater oft mit mir nach der Schlossbrücke in Mitte, im Gepäck 'n Rucksack und zwei große Taschen. An der Brücke lagen die Äppelkähne, bei denen kauften wir den Vorrat fürs ganze Jahr. Wir lagerten ihn im Keller ein, und so hatten wir den Winter über Hülsenfrüchte, Winterbirnen und schöne große Äpfel. Der Küchenzettel meiner Mutter sah so aus: Freitags aßen wir Fisch, sonnabends Kartoffelsuppe und sonntags stand 'n Braten im Ofen. In schlechten Zeiten gab's jedoch nur Brotsuppe. Die Woche über kochte sie dreimal Eintopf mit Fleischeinlage und einmal Spinat mit Ei. Die Eier kaufte ich als Bruch bei den ,Eierjuden' in der Mühlenstraße (bis 1937 Mühlenstraße, danach bis 1947 Tempelhofer Straße, heute Dominicusstraße). Ich ging mit der Milchkanne zum Laden und da kamen die ,Knickeier' rein: ganz billig und frisch. Knickeier sind Eier, die schon 'n Riss oder Dellen hatten. Der Laden der ,Eierjuden' lag nicht weit von unserer Wohnung entfernt am S-Bahnhof Schöneberg. Dort gab es nur Eier zu kaufen, direkt gegenüber von unserem Milchladen. [B]

Vor meinem zehnten Geburtstag zogen wir um die Ecke von der ,Roten Insel' in die Ebersstraße, gegenüber vom Gasometer. Auf dem Platz gab's montags und donnerstags einen Wochenmarkt. Später, als Hitler an die Macht kam, fand dort der Aufmarsch der ,Pimpfe' (Angehörige der NS-Jugendorganisation Deutsches Jungvolk, für Jungen bis 14 Jahre) statt. Ganz in der Nähe unserer Wohnung gab es eine Bücherei, gleich hinter der Feuerwehr. Mein Vater lernte die Welt aus den Büchern kennen, er ging regelmäßig in die Volksbücherei und bezog sein ganzes Wissen daher. Anders als heute durfte man sich nicht 'nen ganzen Stoß Bücher ausleihen. Daher lieh sich mein Vater immer ein Sachbuch aus, für jede von uns brachte er einen Roman oder ein Kinderbuch mit. So las ich schon als Kind sehr gerne. Vater und ich unternahmen oft Ausflüge mit dem Rad in die Umgebung. Außerdem konnten wir gut zusammenarbeiten, beim Renovieren strich ich die Tapetenlagen ein, und er tapezierte sie an die Wände. Wenn der Kleister ausging, nahmen wir Roggenmehl.

Ich hatte es geschafft, 300 Reichsmark zusammenzusparen, denn der Vater meiner Freundin führte einen Grünkramladen. Der fuhr schon morgens früh um drei Uhr mit seinem Handwagen in die Hallen nach Moabit. Wir Kinder mussten die Radieschen und Kräuter bündeln, damit konnten wir uns ein bisschen was verdienen, 'nen Sechser für zwanzig Bündel. Einmal liefen meine Mutter und ich im Bayerischen Viertel herum, in dem viele jüdische Familien lebten. Ich wollte so gerne Johannisbrot essen, den Bruch davon hätt' ich mir für 'nen Sechser kaufen können. Doch meine Mutter redete auf mich ein: ,Ach, Klärchen, das haste fünf Minuten auf der Zunge. Wenn du das sparst, dann kommt 'ne Menge Geld zusammen.'

Ich gehorchte, doch eines Tages kam aus heiterem Himmel die Nachricht, das ganze Geld sei nichts mehr wert. Ich soll gar

[B]
Die Stadt Berlin war damals nach London der wichtigste Eiermarkt in Europa. Mit Sonderzügen führten ostjüdische Importeure und Händler zehntausende Tonnen Frischeier vor allem aus ihrer vormaligen Heimat ein. Trotzdem waren die ,Eierjuden' als Mittler zwischen Stadt und Land mit ihren transnationalen Geschäften sehr erfolgreich. Ab 1933 vernichteten die Nationalsozialisten die Geschäftsgrundlage des jüdischen Eierhandels.[2]

nicht zu beruhigen gewesen sein. ‚Mein ganzes Spargeld', schrie ich verzweifelt und jammerte: ‚Ich spar nie wieder!'

Mein Vater schmiedete zur Zeit der galoppierenden Inflation 1923 große Pläne, er wollte mit uns nach Südamerika auswandern. Um das Geld für die vierwöchige Schiffsreise mit der Cap Arcona (Die Cap Arcona war ein Luxusdampfer der Handelsmarine und trat am 19. November 1927 ihre Jungfernfahrt nach Argentinien an) zusammenzubekommen, verkaufte er einige unserer Habseligkeiten, darunter auch mein Klavier. Meine Mutter und ich blieben zu Hause, wir hatten nicht mal das Geld für eine Fahrt nach Hamburg, um ihm beim Auslaufen zuzuwinken.

Doch am Ende wurde nichts aus Vaters Plänen. Er ging mit drei seiner Kollegen auf große Fahrt von Hamburg nach Buenos Aires. Im Laufe seines Aufenthalts entschied er sich gegen eine Übersiedlung mit Frau und Kind, dagegen sprachen viele Gründe, vor allem das heiße Klima, die fremde Sprache und die Unterkunft in einer Wellblechhütte.

Bald verbreiteten sich Nachrichten, wie die von der Inflation, nicht mehr nur über die Zeitungen, sondern es liefen die ersten Radioübertragungen in Berlin. Die wurden über eine Art kleinen Kristall übertragen. Alfred Braun stand vor dem Vox-Haus am Potsdamer Platz, dort wurde die erste Radiostation in Berlin eingerichtet. Unten gab's 'n Café, oben die neuen Senderäume. Die Stimme von dem Braun ist unverkennbar, ich würde die heute noch unter Hunderten wiedererkennen. Aus einem Lautsprecher ertönte: ‚Achtung, Achtung, hier ist die Welle 400, Sendestelle Voxhaus.' Nachher entwickelte sich der Rundfunk rasant, 1929 wurde dann das große ‚Haus des Rundfunks' gebaut. [C]

Die neuen Möglichkeiten des Radios faszinierten alle, aber besonders Onkel Köhler, den Mann von Tante Klara. Mein Onkel war clever und bastelte sehr viel mit der Übertragungstechnik herum. Er investierte viel Geld und baute diverse Radioapparate zusammen. Doch nur wer basteln konnte, empfing die Sender aus dem Ausland. Mit der neuen Technik musste man sehr vorsichtig sein, man bekam schnell einen Schlag, denn nichts davon war geerdet. So wurde öffentlich gewarnt: ‚Erden Sie ihre Antenne!'

Meine Eltern hatten nur die Volksschule besucht, und da ich stets ein gutes Zeugnis nach Hause brachte, wollte vor allem

[C]
Mit „Achtung, hier spricht Berlin!" wurde aus dem Vox-Haus in der Potsdamer Straße am 29. Oktober 1923 erstmals in Deutschland eine Radiosendung ausgestrahlt. Die Stimme des Sprechers Alfred Braun (1888–1978) wurde sein Markenzeichen und seine Reportagen in ganz Deutschland berühmt. Ab 1931 arbeitete Braun im Haus des Rundfunks an der Masurenallee bei der Funkstunde A. G. 1933 wurde er im KZ Oranienburg in sogenannte Schutzhaft genommen, doch gelang es ihm 1934, in die Schweiz zu entkommen. Nach dem Krieg kehrte er nach Berlin zurück und wurde 1954 Intendant des Senders Freies Berlin.[3]

mein Vater Wilhelm mir eine bessere Schulbildung ermöglichen. Vater ist 1886 in Schöneberg geboren, vier Jahr jünger als meine Mutter. Seine Schlosserlehre musste er selber bezahlen, und als Geselle bildete er sich weiter. Später wurde er Spezialist für Luftheizungen, ging viel auf Montage nach Ostpreußen und baute Luftheizungen in Kirchen ein. Damit verdiente er gutes Geld, blieb jedoch zeit seines Lebens ein sparsamer Mann.

Nach der Volksschule wollte mein Vater gerne, dass ich das Lyzeum besuche. Also zog er seinen besten Anzug an und ging in das Rückert-Gymnasium, um sich beraten zu lassen. Damals musste man Schulgeld und auch Hefte und Bücher selber bezahlen. Wie viele andere verlor mein fleißiger Vater während der Inflation seine Arbeit, sieben Millionen Menschen standen auf der Straße. Der Direktor der Rückert-Schule fragte ihn: ‚Soll ihre Tochter mal studieren?‘ Vater antwortete kleinlaut: ‚Das übersteigt meine Verhältnisse, ich bin arbeitslos.‘ ‚Na, dann schicken sie Klara mal auf die Mittelschule‘, riet er ihm. So wechselte ich auf die Mittelschule in der Hohenstaufenstraße und wurde Schülerin auf dem Werner-Siemens-Realgymnasium. Außer Mathe lagen mir alle Fächer, in Deutsch war ich großartig und half meinen beiden Freundinnen beim Schreiben der Aufsätze.

Eines Morgens saß ich wie immer auf der Schulbank, plötzlich bekam ich zum ersten Mal meine Periode. Ich stand auf, alles war blutig, und voller Angst dachte ich: ‚Jetzt musst du sterben.‘ Und das alles nur, weil meine Mutter es versäumt hatte, mich aufzuklären. Das Einzige, was sie mir mit auf den Weg gab: ‚Klärchen, wenn Du Männer kennenlernst, die wollen alle nur das eine. Lass dich bloß nicht verführen.‘ Uns Schülern führte ein Lehrer klassenweise Aufklärungsfilme vor, so wurde wenigstens ein bisschen Aufklärung betrieben. Doch oft wollten die Eltern nicht, dass ihre Töchter aufgeklärt werden. Ich erinnere mich, dass uns auch Filme über Geschlechtskrankheiten gezeigt wurden. Heutzutage lassen sich viele Männer ’ne Glatze scheren, doch damals galt eine Glatze als Zeichen dafür, dass einer geschlechtskrank ist. Deshalb bekam ich von da an bei jedem Mann mit ’ner Glatze sofort Angst. Aus Panik, ein Kind zu kriegen, probierte ich erst mal nichts Sexuelles aus. Damals konnten sich nur reiche Leute bei einer ungewollten Schwangerschaft eine Abtreibung leisten. Dazu gingen sie auf ’ne Seefahrt, und auf jedem großen Schiff gab's 'nen Doktor, der eine Abtreibung vornahm. Das waren völlig andere Zeiten!

Eines probierte ich als junge Frau doch aus: Die erste Zigarette rauchte ich mit meinen Freundinnen im Hausflur. Daran verschluckte ich mich dermaßen, dass ich fast erstickte. ‚Na, wie kann man denn daran Spaß haben?', dachte ich bei mir. Deshalb hab ich nie wieder geraucht, von der Zigarette erfuhren meine Eltern natürlich nichts.

Trotz meines guten Abschlusszeugnisses der Mittleren Reife bekam ich keine Lehrstelle, nicht mal in der Buchhaltung. Eigentlich wollte ich ja Gärtnerin werden, da ich schon in unserem Schulgarten Tomaten, Gurken und grüne Bohnen gezüchtet hatte, doch daran war nicht mal zu denken. 1929 brach der Arbeitsmarkt im Zuge der Weltwirtschaftskrise völlig zusammen. Aus der Not heraus beschloss meine Mutter, dass ich nach der Schule als Hausangestellte bei wohlhabenden Leuten viel lernen könnte. Über eine Vermittlungsstelle ging ich bei einem jüdischen Ehepaar in Schöneberg in Stellung, der Mann war Holzgroßhändler. In dem großen Haus mit Köchin, Gärtner und Chauffeur wurde ich das zweite Hausmädchen. Anschließend wechselte ich in den Haushalt der jüdischen Familie Altschul, besonders ihren kleinen Sohn Oskar betreute ich sehr gerne. Bei ihnen verdiente ich gut, wenn die Eltern abends ausgingen, überließen sie ihn mir. Ich las ihm Märchen vor, und nachmittags ging ich mit ihm in den Garten. Der Junge hing richtig an mir – eine wunderschöne Beschäftigung für mich. Sein Vater, Herr Altschul, besaß eine große Hutfabrik in der Zimmerstraße 14/15 in Kreuzberg und eine Damenhutfabrik in der Leipziger Straße 71/72. Das Ehepaar hatte Verwandte in London. Zuerst schickten sie schweren Herzens den Sohn zu ihnen, und später emigrierten auch sie nach England. [D]

Kurz nachdem Herr Hitler an die Macht kam, war alles aus. Ich verlor meine Stellung bei der Familie und fand als Wirtschafterin eine neue Stelle im Rathaus Schöneberg. Mit dem Rathaus Schöneberg bin ich irgendwie verbandelt, ich lernte sogar meinen Mann bei Schwenk kennen. Julius Schwenk, Gastronom im Ratskeller, engagierte mich als Wirtschafterin. Der Schwenk betrieb damals unten im Ratskeller auf der rechten Seite das ‚Haus der Hochzeiten'. Dort konnte man wunder-

[D]
Beide Fabriken wurden von den Nationalsozialisten enteignet: die Putzfedernfabrik der Gebrüder Altschul & Sinzheimer 1936 und deren Damenhutfabrik 1938.[4]

Klara S. mit 106 Jahren, Berlin-Schöneberg, 2018

schöne Zimmer mieten, die hatten Namen wie ‚Grüner Saal‘.
Bei dem Schwenk verdiente ich Anfang der Dreißigerjahre nur
60 Reichsmark im Monat, das Gehalt einer Hausangestellten.
Viel zu wenig! Zu meinen Aufgaben gehörte es, dem Schwenk
das Frühstück zu bereiten und in der Küche zu helfen. Dort arbeitete auch mein zukünftiger Mann als Koch. Nur weil meine
Vorgängerin etwas mit dem Chef hatte, dachten die Kollegen in der Küche, dass auch ich als neue Wirtschafterin mit
dem Schwenk herumpoussiere. Ich verweigerte alles, was der
Schwenk bei mir versuchte. Mein späterer Mann unterhielt sich
viel mit mir und schrieb mir wunderschöne Briefe. Nachdem
Werner wegen der schlechten Bezahlung bei dem Schwenk kündigte, trafen wir uns ein paar Mal im Café, und da ist der Funke
übergesprungen. Vor ihm hatte ich mehrere Bewerber, gleich
drei Aspiranten. Die hatten allesamt gute Posten bei der AEG
oder in einer Parfümfabrik, sie hatten mehr Moos als mein zukünftiger Mann, aber das war mir egal.

Wenn ich mich verabredete, kam meine Mutter jedes Mal hinterher, denn sie wusste, in welchem Café ich verkehrte, oft ging's ins Korso-Café. Sie saß dann in irgendeiner Ecke und beobachtete uns, dafür hätte ich die ermorden können. Einer meiner Aspiranten war von Beruf Ingenieur, doch ein kleiner Mann kam für mich sowieso nicht in Frage. Darauf bemerkte meine Mutter: ‚Für dich muss man wohl erst einen Mann backen, du bleibst noch sitzen.' Mein Mann Werner besaß nichts außer einem dunkelblauen Anzug, den er jedes Mal bügeln musste, bevor wir uns trafen. Deshalb kam er oft zu spät. Sein Vater besaß mal eine gut gehende ‚Schlächterei', doch als dessen Frau an Tuberkulose verstarb und drei Kinder hinterließ, ging es mit dem Geschäft rapide bergab. Meine Mutter gab mir den Rat: ‚Du musst bei einem Mann immer auf die Schuhe, auf die Hände und auf die Haare achten.' Und mein Freund Werner hatte wunderbares dickes, blondes, gewelltes Haar. Entschlossen sagte er eines Tages zu mir: ‚Ich möchte endlich, dass wir heiraten. Mir ist egal, was draußen für ein Wetter ist. Ich möchte, dass du meine Frau wirst.' Und im Februar 1936 heirateten wir standesamtlich im alten Schöneberger Rathaus am Kaiser-Wilhelm-Platz, in dem sich schon meine Eltern das Jawort gegeben hatten. Werner arbeitete als Koch im Hotel Kaiserhof und verdiente 180 Reichsmark. Da wir keine Wohnung bekamen, zogen wir zu meinen Eltern, die ihr Schlafzimmer für uns räumten.

1938 ging ich zur Wahl, da verbreitete sich das Gerücht, das die Nazis nach der Stimmabgabe an der Urne genau feststellen können, wer was gewählt hat. Offen konnte man mit niemandem darüber sprechen, mir machte das große Angst, und genau damit haben die Nazis ja gearbeitet. So wählte ich die Nazis, später hab ich mir große Vorwürfe deswegen gemacht. Ganz anders war die Wahl am 6. November 1932 verlaufen, bei der ich zum ersten Mal stolz meine Stimme abgab und in der Tradition meines Vaters die SPD wählte.

Für meine Aussteuer hatte meine Mutter frühzeitig für mich als einzige Tochter gespart. Vor 1933 sind die ersten Juden nach Palästina und ins Ausland ausgewandert, weil sie voraussahen, was hier los sein würde. Um reisen zu können, benötigten die jüdischen Familien Geld. So kaufte meine Mutter für 30 000

Goldmark den kompletten Haushalt einer Familie ab, darunter ganz wunderbare Wohnzimmermöbel und Geschirr. Wir bekamen einen wunderschönen Schrank mit Intarsienarbeiten, verziert mit Elfenbein und farbigen Steinen. Zum Glück sind die jüdischen Familien noch rechtzeitig aus Deutschland rausgekommen. Als der Krieg losging, fotografierte mein Mann die Möbel, ein paar der Fotos bewahre ich bis heute auf. Das gesamte Mobiliar schenkten uns meine Eltern, als sie sich neu einrichteten."

„Und auch dieses Geschirr hier stammt aus meiner Aussteuer." Klara S. zeigt auf den Tisch. So erfahren wir, dass das Keramikgeschirr mit Obstmotiven, aus dem wir gerade Tee trinken, seit über achtzig Jahren im Besitz ihrer Familie ist und zuvor einer jüdischen Familie gehört hatte.

„Gegenüber der Propaganda des Nationalsozialismus reagierten die Leute lange Zeit euphorisch, das verstanden die Nazis gut und setzten das ein. Bis 1936 mimte Hitler noch den Wolf im Schafsfell und hatte Kreide gefressen wie der Wolf bei den sieben Geißlein, aber dann ging's mit den Verfolgungen los. Und Goebbels, der hatte irgendwie eine besondere Fähigkeit, die Menschen zu begeistern. Überall in Berlin hingen diese Stürmerkästen, große Glaskästen mit der Zeitung *Der Stürmer* mit fürchterlichen Judenbildern. Die Bilder wurden sicher von den Nazis retuschiert und verbreiteten nur Schlechtes über die Juden. [E]

Das Mietshaus in der Ebersstraße, in dem meine Eltern lange Zeit wohnten, grenzte an die Schloßbrauerei in der Dominicusstraße, Ecke Hauptstraße. Um die Brauerei herum verlief ein langer Zaun, daher hielt sich dort kaum jemand auf. Am Zaun ließ ich unauffällig Lebensmittelkarten oder etwas Essbares für Juden fallen. In der Nazizeit durfte man nicht mit ihnen verkehren, sonst wäre man wie sie abgeholt worden. In meinem Leben machte ich nie schlechte Erfahrungen mit Juden. Gut, in Stellung bei ihnen musste man was leisten, aber die waren gute Chefs. In Berlin gab es die großen Firmen wie Grünfeld (Landshuter Leinen- und Gebildweberei F.V. Grünfeld, Leipziger Straße 20–23, Berlin-Mitte) oder das Kaufhaus Wertheim und wie se alle hießen, bei

[E]
Die Wochenzeitung *Der Stürmer* (1923–1945) war omnipräsent, insbesondere durch die überall aufgestellten Schaukästen. Sie machte den Eigentümer Julius Streicher zum mehrfachen Millionär. Die Auflage stieg auf zeitweise eine halbe Million. Der aggressive Antisemitismus des *Stürmer* „schürte Ängste, appellierte an niedrigste Instinkte, provozierte Neid und Hass, forderte zur Denunziation auf und stellte Menschen an den Pranger".[5]

denen meine Mutter gerne einkaufen ging. Bei uns in Schöneberg behandelten die jüdischen Ärzte vor 1933 Leute, die knapp bei Kasse waren, umsonst.

Am 9. November 1938 hatte mein Vater in 'nem Theater in der Friedrichstraße zu tun. Auf dem Heimweg sah er, dass die Nazis den Juden alles kaputt schmissen, die Goldwaren und all das lagen einfach auf der Straße. Mein Vater hätte da nicht einen Ring oder was an sich genommen. Der kam nach Hause und erklärte uns fassungslos: ‚Jetzt ham die die Juden angegriffen, alles liegt auf 'm Damm. Und die Menschen auf der Straße, die zerreißen sich jetzt nach den Sachen.‘ Wir hatten nur 'nen Volksempfänger zu Hause, um sich besser zu informieren, ging mein Vater Wilhelm eine Treppe tiefer zum Nachbarn Krüger. Der Krüger hatte große Apparate bei sich zu stehen, denn der überwachte die Wohnungsauflösungen und sorgte dabei gut für sich selber. Beide Männer hockten unter dicken Wolldecken und hörten aus London dieses ‚Ta, Ta, Ta, Taaa!‘, das BBC-Zeichen. Den Sender zu hören war hochgefährlich. Für den Apparat hatte der Krüger ein sicheres Versteck, darüber wurde mit niemandem gesprochen. Wenn ihn ein Nachbar verpetzt hätte, wären beide mitsamt dem Apparat abgeholt worden.

Solange es irgend ging, kaufte sich mein Vater 'ne Schweizer Zeitung am Bahnhof Zoo, anfangs war die ausländische Presse noch erlaubt. Nachher wurden auch die Zeitungen aus dem Ausland verboten. Am Südgelände in den Schrebergärten traf sich mein Vater oft mit Freunden zum Kartenspielen, und genau dort hielten sich auf den Lagerplätzen oft Gegner von Hitler auf. Einmal geriet mein Vater auf dem Weg zu seinen Freunden in eine Razzia, und er hatte eine Schweizer Zeitung bei sich. Als er die Kontrolle von Weitem kommen sah, versuchte er schnell die Zeitung loszuwerden und fand zum Glück ein Versteck. Zu Hause schimpfte er: ‚Diese Halunken, da muss man wie ein Hase rennen, sich fürchten und sogar 'ne Zeitung verstecken.‘ Später bekam mein Vater Besuch von einem Mann, den Hitlers Schergen in eine Mülltonne gesteckt und den Deckel zugemacht hatten. Und das nur, weil er irgendwas gesagt hatte. Davon erzählte uns Vater aber kein Wort, denn er hatte große Angst, dass meine Mutter oder ich verhört und gefoltert werden könnten.

Längst hatte Vater wieder bei seiner alten Firma für Luftheizungen in Schöneberg Arbeit gefunden, später baute die Firma die Öfen für die Verbrennung der in den Lagern ermordeten Juden. Aber das durfte erst recht kein Mensch wissen, das war lebensgefährlich! Mein Vater erfuhr das hinter vorgehaltener Hand von seinem damaligen Lehrchef. Die Luftheizungsfirma hieß ‚Kori‘ in der Dennewitzstraße. [F]

Selbst wenn Vater freihatte, verfolgte uns die Politik auf Schritt und Tritt. Wir gingen oft und gerne zusammen in den Sportpalast, Potsdamer-, Ecke Pallasstraße, und sahen uns Fußball- und Eishockeyspiele an, natürlich konnten wir uns nur die billigen Plätze leisten.

Ich erinnere mich, dass wir bei einer Veranstaltung direkt gegenüber von Joseph Goebbels und seiner Frau Magda saßen. Die hatten ihre sechs Kinder dabei, bildhübsche blonde Kinder, die 1945 alle von ihren eigenen Eltern (oder auf deren Geheiß) vergiftet wurden. Edda Göring dagegen, die einzige Tochter Görings, der wurde später kein Haar gekrümmt. Die ganze Begeisterung für den Goebbels blieb mir ein Rätsel, aber der konnte gut reden. Zuerst arbeitete er als Hauslehrer von dem einzigen Sohn des großen Industriellen Quandt. In dessen Haus lernten er und seine spätere Frau sich kennen. Magda Quandt gab alles auf und heiratete diesen Goebbels mit dem Klumpfuß. Goebbels hielt seine Reden nicht nur im, sondern sogar vor dem Sportpalast: Am Eingang standen alles bestellte Leute und klatschten wie wild. Nicht vergessen habe ich Hitlers Halbbruder, der eine Kneipe am Wittenbergplatz führte. Rechts steht das KaDeWe, links hatte der seine Kneipe ‚Alois‘ direkt vor dem U-Bahneingang. Auch der Bruder von Hitler blieb nach dem Krieg unbehelligt. [G]

Noch mal zurück zu meinem Mann. Werner hatte mit 16 Jahren als Koch im Luxushotel Kaiserhof gelernt, weil sein Vater dort das Schlachtvieh hinlieferte und oft mit dem Küchenmeister zusammen Skat spielte. Sonst hätte mein Mann, genau wie ich, keine Lehrstelle bekommen. Der Kaiserhof war ein riesiger quadratischer Komplex am Wilhelmplatz, an die fünf Stockwerke hoch und direkt gegenüber der Reichskanzlei. Sogar die U-Bahn-Station hieß ‚Kaiserhof‘ (der Kaiserhof diente Adolf Hitler und seiner Entourage 1933 als Hauptquartier, 1943 wurde das Hotel durch Bombeneinschläge komplett zerstört).

[F]
Die H. Kori GmbH lieferte Verbrennungsöfen in zahlreiche Konzentrationslager, zum Beispiel nach Sachsenhausen, Bergen-Belsen, Stutthof und Majdanek, sowie mobile Öfen für das Euthanasieprogramm, die systematische Ermordung von Behinderten. Der Firmensitz von Kori befand sich von 1890 bis 1976 am Rande des Potsdamer Güterbahnhofs. Das Gebäude war ein gründerzeitliches, fünfgeschossiges Haus mit zwei Seitenflügeln, der Hof war mit einem Schuppen Richtung Bahngelände geschlossen. Die Rechnungen, die die Firma an die SS schrieb, tragen die Adresse Dennewitzstraße 35. Unklar ist bis heute, ob hier die Produktion oder nur die Planung und Verwaltung ansässig war.[6]

[G]
1937 übernahm Alois Hitler von einem jüdischen Wirt dessen Lokal am Wittenbergplatz. Das Lokal Alois entwickelte sich zum Treffpunkt ranghoher Nazis. Nach 1945 änderte der Halbbruder Hitlers seinen Namen und floh nach Hamburg.[7]

Mein Mann war 1,93 Meter groß, schlank und blond, und weil er so schön deutsch aussah, das Ideal von einem Hitlertyp. Als Werner im Kaiserhof als Gemüsekoch arbeitete, sah ihn Hitler bei seinen regelmäßigen Besuchen, und er fiel ihm besonders ins Auge. So schlugen Hitlers Vertraute dem Chef vom Kaiserhof vor, sein junger, großer Gemüsekoch solle doch nach München kommen und im ‚Braunen Haus‘ arbeiten (1931 bis 1937 Zentrale der NSDAP, bis 1944 wichtiger Ort der NS-Propaganda, seit 2011 NS-Dokumentationszentrum). Das Angebot seines Chefs schlug Werner aus: ‚Ich hab hier meine ganze Familie, das geht nicht.‘ Sicher spielte auch die Einstellung meines Vaters Wilhelm eine Rolle, der Hitler hasste und ihn hinter vorgehaltener Hand einen Verbrecher nannte.

Mein Vater gab zu Bedenken: ‚Werner, wenn du das Angebot tatsächlich annimmst, geht Klärchen ja mit dir nach München. Das mach‘ ich nicht mit.‘ Also lehnte Werner das Angebot ab. Kurz darauf kündigte ihm der Chef vom Kaiserhof fristlos, das sei ’ne bodenlose Frechheit, dass er das Angebot von Adolf Hitler einfach abschlägt. Trotz der großen Arbeitslosigkeit fand Werner zum Glück vorübergehend eine Arbeit in irgendeiner kleinen Bar. Kurz darauf musste er zum Arbeitsdienst und wurde einige Monate im Osten für die Trockenlegung des Oderbruchs eingesetzt.

Als mein Mann nach Berlin zurückkehrte, nahm ihn der Küchenchef vom Hotel Adlon am Pariser Platz sofort in Stellung. Werner musste Herrn Adlon immer das Frühstück zubereiten, und sie freundeten sich ein bisschen an. Eines Tages kreuzte ein Herr Bock auf und erkundigte sich bei Louis Adlon: ‚Hast du ’nen guten Koch, der gerade mit der Lehre fertig ist?‘ Bock, Chef des Casinos in der Krampnitzer Kaserne, suchte jemanden für sein Casino. In Krampnitz taten ausschließlich hohe Offiziere ihren Dienst. In dem großen Backsteinbau befand sich eine Reit- und Fahrschule mit Panzern und Pferden (ehemalige Heeres-Reitschule Krampnitz, Ortsteil von Potsdam). Schnell stieg mein Mann zum Chefkoch des Casinos auf, er begann früh um sechs Uhr mit seiner Arbeit und pendelte zwischen Potsdam und Berlin hin und her. [H]

1939 war ich hochschwanger, an einem Sonntag klingelte es plötzlich bei uns. Vor der Wohnungstür stand der Blockwart,

[H]
In dem ehemaligen Offizierscasino in Krampnitz mit dem großen Saal und der Ehrenpreishalle, wo die Kavallerie olympische Medaillen und andere Trophäen präsentierte, finden heute Führungen statt. Das Casino diente als Kulisse für Filme, die im Zweiten Weltkrieg spielen, wie *Operation Walküre* oder *Inglorious Basterds*.[8]

ein ekelhafter Kerl. ‚Was wollen Sie?‘, fragte ich ihn. ‚Ich bringe Lebensmittelkarten‘, antwortete er. Da wusste ich: Das bedeutete Krieg! Bis dahin wusste keiner, was los war, kurz darauf kam die Sache mit Polen am 1. September 1939. An diesem Tag ging ich mit der Milchkanne zu unserem Milchladen, überall standen die Fenster weit auf und dauernd dröhnten Sondermeldungen aus den Lautsprechern, Hitlers Stimme brüllte: ‚Seit 5.45 Uhr wird zurückgeschossen!‘ Doch die Wirklichkeit sah anders aus, denn die Deutschen hatten angefangen zu schießen, nicht die Polen.

Am 10. Oktober 1939 kam mein erster Sohn zur Welt. Rainer war ein besonderes Kind, ich habe ihn zu Hause jekriegt. Meine Hebamme fragte mich: ‚Sie sind wohl ’ne große Sportlerin?‘ Verblüfft antwortete ich: ‚Wie komm’ Se denn da drauf?‘ ‚Na‘, sagte sie, ‚Sie sind ja so muskulös.‘ Dabei bin ich völlig unsportlich, das ist nur durch die viele Arbeit im Haus und Garten gekommen. Mein Garten am Hohenzollerndamm, das war mein Jungbrunnen, mit 97 Jahren musste ich ihn aufgeben.

1940 wurde mein Mann eingezogen, Werner blieb Gefreiter, damit sie ihn jederzeit für das Casino reklamieren konnten. Als in Berlin ab November 1943 der Bombenkrieg tobte, hieß es: ‚Alle Frauen und Kinder müssen raus aus Berlin.‘ Mein zweiter Sohn Achim kam noch in Berlin zur Welt. Kurz darauf wurden auch wir ausgebombt und hatten keine Wohnung mehr. In unserer Not fragte mein Mann während seines Heimaturlaubs Herrn Bock um Rat. Wir hatten Glück, der Casinochef Bock quartierte mich und meine beiden Söhne Rainer und Achim in einer Siedlung in Krampnitz ein, ich war heilfroh, wieder ein Dach überm Kopf zu haben.

Drei Jahre vorher, im September 1940, verkündete Hitler lautstark im Sportpalast, was passieren würde, wenn die britische Luftwaffe unsere Städte angreift: ‚Wir werden ihre Städte ausradieren!‘ Doch als die deutschen Flugzeuge reihenweise von den weit überlegenen Engländern abgeschossen wurden, traute sich der Berliner Volksmund wieder zu kommentieren: ‚Na, da hat Hitler wohl seinen Ratzefummel verloren!‘

Ich erinnere mich, dass eines Tages in Krampnitz überall viel mehr Offizierswachen als sonst postiert wurden. In der Siedlung gaben mir die Frauen der Feldwebel und Unteroffiziere deutlich zu spüren, dass mein Mann nur ein Gefreiter war. Sie ignorierten mich nicht nur, sondern ließen mit Absicht mein Essen auf dem Herdfeuer anbrennen. Zum Glück erlaubte uns der Kellermeister des Casinos, übergangsweise in dem Künstlerzimmer gleich neben der Musikkapelle im Festsaal zu wohnen. An dem besagten Tag konnte keiner ahnen, dass sich im Festsaal Zivilisten aufhielten.

Nachdem ich laute Stimmen hörte, ging ich hoch auf die Empore und verfolgte ein Gespräch zur Planung des Attentats mit dem Stauffenberg (Attentatsversuch von Claus Schenk Graf von Stauffenberg auf Hitler am 20. Juli 1944 im Führerhauptquartier Wolfsschanze). Hochrangige Militärs waren an dem geheimen Treffen beteiligt. Meiner Meinung nach wäre das Attentat auf Hitler auch geglückt, wenn der Stauffenberg nicht den Raum verlassen hätte, bevor seine Aktentasche mit dem Sprengstoff hoch ging. Eine Person hätte sich opfern müssen.

Klara S.' ältester Sohn Rainer beim Hühnerfüttern auf dem letzten Bauernhof an der Hauptstraße, Berlin-Schöneberg, 1941

Am Ende des Krieges traf uns das Schicksal sehr hart, mein ältester Sohn Rainer starb mit nur sechs Jahren an den Folgen einer feuchten Rippenfellentzündung. Er starb in einem Haus mit bunten Glasfenstern, das am Ende des Urbankrankenhauses direkt an der Straße in Kreuzberg stand. 1945 ging nichts mehr: kein Strom, keine Brücken, einfach keinerlei Verkehrsverbindung mehr zwischen Krampnitz und Berlin. Viele Monate vorher gingen wir oft an der Kapelle vorbei, und Rainer fragte mich: ‚Mutti, was ist denn da drin?' Ich erklärte ihm: ‚Da kommen sehr kranke Leute rein.' Später lag mein Sohn selber in diesem Haus, das werde ich nie vergessen. Das ist bis heute sehr schmerzlich für mich. Ich konnte nicht mal zu ihm fahren, weil wir in Krampnitz lebten. Trotz alledem fuhr mein Mann mit seinem Rad los und nahm unseren kleinen Achim mit. Mit dem Kind schnappten die Russen ihn nicht, denn die Russen galten als sehr kinderlieb und kamen oft mit ihrem Zuckerbeutel.

Aus dem Zweiten Weltkrieg bin ich unbeschadet herausgekommen, mir geschah nicht mal was, als die Russen nach 1945 anrückten. Um uns mit Essen zu versorgen, ging ich oft zu einem Bauern, der einen großen Gemüsegarten und Hühner in der Nähe von Krampnitz besaß. Der Poussierstengel hatte ein Auge auf mich geworfen, ich konnte ihn immer wieder vertrösten und freute mich jedes Mal über die Eier. Doch als endgültig klar wurde, dass er nicht bei mir landen konnte, platzte ihm der Kragen: ‚Holen Sie sich mal woanders Ihre Eier!'

Bald rückten immer mehr Uniformierte, auch Engländer, in Krampnitz ein, sodass wir beschlossen, wir gehen zurück nach Berlin. Erstmal zu den Eltern und dann vorübergehend zu Tante Paula nach Lichtenrade in die Weilburgstraße. Zuerst bekamen wir in Berlin nur eine Einzimmerwohnung, über Umwege dann 'ne Zweizimmerwohnung in der Dillenburger Straße. Wir hatten ein Zimmer nach Osten und eins nach Westen mit Balkon, die Wohnung kostete ungefähr 57 Mark für sechzig Quadratmeter, das weiß ich noch. Dort kam mein jüngster Sohn Frank zur Welt, und meine Mutter Emma half mir, so gut sie konnte. Sie fand ein Quartier in der Nachbarwohnung, da der Sohn gegenüber nachts arbeiten ging. Dessen Mutter vermietete uns seine Schlafstelle, sodass meine Mutter wenigstens im eigenen Bett schlafen konnte. Mit dem Neugeborenen wurde die Wohnung schnell zu eng für uns. Mir gelang es, einen Ringtausch mit einer anderen Mieterin zu organisieren, doch das zog sich lange hin. Am wichtigsten war, dass mein Mann bei uns sein konnte. Nach dem Ende des Zweiten Weltkrieges kam die sogenannte Onkelehe auf, viele Frauen wussten nicht, wo ihr Mann in Kriegsgefangenschaft war und ob er überhaupt noch lebte. Wenn sie mit einem neuen Mann zusammenlebten, nannte sich das Onkelehe. Die lebten zusammen, blieben aber unverheiratet, das war gang und gäbe.

Bald nahmen die Engländer meinen Mann mit Kusshand als Koch in Stellung. Anfangs kam er von der Arbeit nach Hause und erzählte: ,Das ist mir peinlich, die Engländer essen so wenig, und ich hab einen Riesenhunger.' Meine Mutter beruhigte ihn: ,Werner, es kommt der Tag, wo du satt bist. Du bist jetzt ausgehungert, und das werden die verstehen. Iss dich satt.' Als die Engländer abzogen, suchte Werner eine neue Stelle, bewarb sich bei der Polizei und noch irgendwo. Aber all das ließ er zum Glück für die Firma Schering schießen. Schering wurde schnell wieder aufgebaut, und wir erhielten die Nachricht: Werner S. kann bei uns als Koch anfangen, allerdings für einen Lohn von nur 390 Mark. Einmal im Jahr zu Weihnachten kriegte er 'ne Zulage in einem Kuvert, zwanzig Jahre arbeitete er bei Schering. Der Chef von Schering, Doktor Klerck, war in Ordnung, der stand auf den Schuttbergen, entrümpelte und packte mit an. Es wurden alle Maschinen und Geräte von den Russen aufgeladen, die Firma musste neu anfangen.

Wenn zu Schering mal von außerhalb Fachleute zu 'ner Tagung anreisten, zeigte mein Mann sein ganzes Können. Die hohen Gäste lobten dann die gute Küche: ,Sagen Sie mal Doktor Klerck, bei ihnen isst man ja besser als im Kempi (Hotel Kempinski).' Dann ging Herr Klerck in die Küche und stellte denen meinen Mann vor. Bevor mein Mann bei Schering anfing, hatten die dort nur 'ne einfache Bulettenküche, mehr nicht.

,Mit fünfzig beginnt die Zeit der Reparaturen', so brachte mein Mann das mit dem Älterwerden auf den Punkt. Werner hatte eine künstlerische Begabung, eins von seinen Aquarellen hängt über meinem Bett. Und er hatte Humor, noch mit achtzig Jahren brachte er mich oft zum Lachen.

Warum ich so ein hohes Alter erreicht habe? Da gibt's kein Geheimnis, ich habe mir auf Ehrenwort nie gewünscht, hun-

Klara S. mit ihrem Mann Werner,
Berlin, 1963

dert zu werden. Wir wohnten in der Binger Straße oben, vier
Treppen, und hatten 'ne Ofenheizung. Ich glaube, das ist das
Geheimnis: die Treppen. Da ich nu 64 Treppenstufen immer
rauf und runter musste: 128 Stufen. Wir haben 55 Jahre in dieser
Wohnung jewohnt (Binger Straße 78 in Schöneberg, heute Wil-
mersdorf).

Anders als mein Mann und ich konnten unsere Söhne studieren,
Achim studierte Geografie und Frank Verfahrenstechnik. Beide
erhielten gute Posten und leben heute in München und Berlin.
Meine beiden Enkelkinder stammen von meinem jüngeren Sohn
Achim. Wenn ich zurückblicke, gab's bei mir viel Arbeit, wenig
Geld und ganz wichtig: immer 'nen Garten. Über unseren Garten
lernte ich viele Freunde kennen. Sie sind mindestens zwanzig Jahre
jünger als ich und besuchen mich oft, nicht nur zum Geburtstag.
Zu meinem 105. Geburtstag lud ich 14 Gäste ein, und diesmal
holte mein Sohn Achim den Kuchen vom Bäcker ab. Hier in der
Senioreneinrichtung habe ich neue Freunde kennengelernt wie
Gertrud B. Die selbstbewusste Frau schätzte ich sehr, ich habe
mich gerne mit ihr unterhalten. Anfangs ging es ihr nicht so gut,

ich habe mich um Frau B. gekümmert und ihr sogar Canaster beijebracht.

Normalerweise setzte ich mich in keinen Rollstuhl, doch vor Kurzem gab's eine Ausnahme. Als ich ins Wenckebach-Krankenhaus musste, schob mich 'ne Krankenschwester im Rollstuhl, weil die keine Zeit hatte und das schnell gehen musste. Auf dem Weg durch die ellenlangen Gänge des Krankenhauses rief die Schwester laut: ‚Achtung, jetzt kommt die Hundertjährige!' Da guckten sofort alle, das wurde mir zu viel, und ich sagte zu ihr: ‚Jetzt hör'n Se damit auf, ich bin doch kein Zirkuspferd!' Als sie immer noch keine Ruhe gab, hab ich ihr das regelrecht verboten. Aber das mit dem Krankenhausaufenthalt ist bei mir 'ne Ausnahme, ansonsten bin ich gesund und nehme keine Tabletten. Erst mit 97 hab ich 'ne Laktose-Empfindlichkeit bekommen, da bin ich noch glücklich dran.

Ich denke immer, wie gut es ist, dass keiner weiß, was nach dem Tode kommt, nicht die Kirche und nicht die Wissenschaftler. Das ist die größte Sache, die es überhaupt gibt und die man nicht mit Geld erwerben kann. Das halte ich für die einzige Gerechtigkeit, die es auf dieser Erde gibt. Angst vor dem Tod habe ich nicht, der Tod gehört zum Leben wie die Geburt.

Wie ich es mit dem Glauben halte? Meine Mutter Emma hat bis zu ihrem Tod 1957 jeden Abend gebetet, sie starb mit 74 Jahren. Dass der liebe Gott da oben sitzt und die Engelchen herumfliegen, daran glaube ich natürlich nicht. Aber ich glaube, dass es Dinge gibt, die noch nicht erforscht sind. Ich habe nach dem Tode meines Mannes 1991 Sachen erlebt, wo ich sage, das kann kein Zufall sein. Ich weiß es nicht, aber im Alter habe ich wieder Freude daran, zu unserer Pfarrerin zu gehen und am Gottesdienst teilzunehmen. Mein Mann und ich waren 55 Jahre verheiratet. Werner ist weit über zwanzig Jahre tot, ich vermisse ihn sehr."

Im Sommer 2018 sitzen wir mit der inzwischen 106-jährigen Klara S. auf der Terrasse der Senioreneinrichtung. Aufmerksam erkundigt sie sich nach unseren Familien und neuen Projekten. Bei einer Tasse Kamillentee und einem Stück Kuchen erzählt sie uns: „Die Ärzte und die Medikamente kann man vergessen, so was wie Musik, das bringt viel mehr." Nachdem sie sorgfältig die Tassen und Teller auf dem Tisch zusammengestellt hat, verabreden wir uns wieder mit ihr. Anschließend müssen wir durch den vollen Saal hindurch, in dem gerade ein Tanztee veranstaltet wird, doch das ist für Frau S. kein Problem. Im Gegenteil, Klara S. geht forsch mit ihrem Rollator voran, egal ob dabei ein paar Gehstöcke umfallen, wir schlängeln uns durch und begleiten sie in ihr Zimmer. Als es am Ende um die aktuelle Politik geht, wird Frau S. sehr ernst: „Es gibt ja diese neue Partei, immer mehr Menschen sind dafür, die haben bald 18 Prozent erreicht. Wenn die AfD entweder durch Krieg oder sogar durch einen Wahlsieg an die Macht kommen sollte. Mein Gott, nicht auszudenken, die Leute heutzutage vergessen viel zu schnell!"

Beim Filmdreh: „Ich bin ne' waschechte Schönebergerin", Berlin-Schönberg, 17. September 2018

„Fräulein Gerda bei Kaiser's Kaffee"

Gerda G., September 1912 in Britz geboren

Oft werden vor unserem Gespräch Dokumente und Fotos der Familie herausgesucht, aber selten sind sie so vollständig erhalten wie bei Gerda G. Eine aufwendig gestaltete Urkunde mit Brief und Siegel vom Deutschen Gastwirtverband von 1911, ausgestellt für die Mutter von Gerda G.: Martha Hollmach, Mitarbeiterin im Lokal Otto Hollmach in der Bergstraße 67 in Berlin-Rixdorf. Daneben liegen eine Fülle von Zeugnissen, auf Pappe aufgeklebte Fotos und ein Stapel Feldpostbriefe, die Gerda G. in einem Lederetui aufbewahrt, das ihr Vater an der Front bei sich trug.

„Geboren ist mein Vater Julius Max Astfalk 1881 in Falkenhain, Landkreis Luckau in Brandenburg. Meine Eltern wohnten in der Bürgerstraße 50 in Britz, heute ist das in der Nähe des U-Bahn-

hofs Grenzallee. Vor dem Krieg arbeitete Vater als Straßenbahn-
fahrer. Ich erinnere mich, wie er sich im Winter, bevor er zum
Dienst ging, sehr dick anziehen musste: Er schlüpfte in eine Fell-
jacke und trug dicke Filzstiefel. Der Triebwagen der Straßenbahn
war damals offen, und er stand den ganzen Tag an der Kurbel.

Zu Weihnachten schenkte mir Vater 'ne Puppen-Kochma-
schine, eine mit Spiritus, die er voller Eifer anzündete. Doch
blitzschnell stand sie in Flammen und alles brannte lichterloh.
Es half nichts: Das verkohlte Ding wurde in den Müllkasten geschmissen. Das ist eine der wenigen Erinnerungen, die ich an
meinen Vater habe, als ich zwei Jahre alt war. Kurz darauf wurde
er eingezogen, musste später nach Frankreich an die Westfront.
Hier diente er als Obergefreiter der 1. Batterie der Fußartillerie,
Bataillon Nummer 127.

Kurz darauf brachte mich meine Mutter als Kleinkind zu
meinen Großeltern aufs Land nach Wutzig in der Neumark. So

Gerda G. mit ihrer Mutter,
Neukölln bei Berlin, um 1916

Auf dem Felde der Ehre fiel am 31. Juli 1918 mein geliebter Mann, unseres Kindes guter Vater, Schwiegersohn, Bruder, Schwager und Onkel, der Obergefreite in einem Artillerie-Regiment

Julius Astfalk

Inhaber des Eisernen Kreuzes II. Klasse

im Alter von 37 Jahren.

In tiefer Trauer

Marta Astfalk geb. Hollmach

nebst Tochter Gerda und Verwandten.

Todesanzeige für Gerda G.s Vater, Berlin 1918

Gerda G.s Vater Julius Astfalk als Soldat im Ersten Weltkrieg, Frankreich 1917

sah ich meinen Vater nur sehr selten. Er kam noch ein letztes Mal von der Front nach Hause, und ich weiß noch, dass er mich so hochhob, dass ich mit dem Kopf fast an die Decke stieß. Kurz vor Ende des Krieges fiel mein Vater in Frankreich: Er wurde in Grandcourt, in einer kleinen Stadt in Nordfrankreich, erschossen. Mit nur 37 Jahren starb er am 31. Juli 1918.

Fortan musste sich meine Mutter alleine durchschlagen. Das ist der Grund, warum ich bis zu meinem 14. Lebensjahr bei meinen Großeltern mütterlicherseits auf dem Lande blieb, die mich gut versorgten. Auf einem großen Gut in Wutzig in der Neumark arbeitete mein Großvater Friedrich Hollmach als Brennermeister. Er trug einen langen gezwirbelten Oberlippenbart.

Das Gut, das damals zu Brandenburg gehörte, besaß die Familie von Brand, ein uralter Adel, der ging bis sonst wohin. Von der Schnapsbrennerei steht heute nur noch der Turm in Wutzig (heute Osiek Drawski in Polen). Großvater hatte großes technisches Talent und war unglaublich modern: Er elektrifizierte schon 1914 das Gut vom Dach bis zu den Ställen und natürlich auch das Schloss. So brannte überall in Wutzig elektrisches Licht.

Später in Berlin kam elektrisches Licht erst nach und nach auf, und die alten Gaslaternen hatten ausgedient, doch für mich war das nichts Neues. In Wutzig war für mich der Krieg weit weg, und ich verbrachte hier eine wunderschöne Kindheit. Doch als uns 1918 die Nachricht vom Tode meines Vaters erreichte, traf das meine Mutter und mich sehr schwer. Die handgeschriebene Sterbeurkunde vom 31. Oktober 1918 und seine Todesanzeige bewahre ich bis heute auf.

Das Ende des Ersten Weltkrieges am 11. November 1918 erlebte ich, als ich meine Mutter in Berlin besuchte. Überall läuteten die Glocken, plötzlich umarmten sich die Leute auf der Straße und weinten. Mir machte das große Angst, und ich fing an zu heulen. Als Sechsjährige konnte ich nicht verstehen, dass die Leute einfach nur vor lauter Freude weinten. Bis zum Abschluss der Volksschule blieb ich auf dem Lande bei den Großeltern, auch eingesegnet wurde ich in Wutzig. Erst mit 14 Jahren holte mich

Schulfoto, Gerda G.: vorletzte Reihe in der Mitte, Wutzig/Neumark, 1924

meine Mutter zu sich nach Berlin. Meine Mutter hieß Martha
Astfalk, geborene Hollmach, aber wann wurde sie nu geboren?
(Bevor Frau G. unruhig wird, springt ihre Tochter Doris F. ein:
„Großmutter wurde am 20. November 1886 in Wutzig geboren,
hat aber immer in Berlin gelebt.")

Meine Mutter arbeitete seit Anfang des Jahrhunderts (laut
Urkunde seit 1902) als Köchin im Lokal Otto Hollmach. Der
Besitzer Otto Hollmach war eines ihrer sechs Geschwister. Das
Restaurant hatte 'ne gute Lage um die Ecke des S-Bahnhofes
Neukölln, in der Bergstraße 67. Die wurde erst 1947 in Karl-
Marx-Straße umbenannt. Im Lokal Hollmach gab's schon früh
einen Telefonanschluss unter Rixdorf 287. In der Gaststätte aßen
Arbeiter aus der Gegend zu Mittag. Am Abend kamen dann die
nobleren Gäste aus Neukölln und Berlin, um in dem großen Speisesaal zu dinieren. Dort servierte man gute deutsche Küche, für
die meine Mutter zuständig war. Sie musste viel arbeiten, doch
durch ihren Beruf hatten wir immer etwas zu essen. Besonders
gerne mochte ich ihre leckeren Mohnpielen, das sind süße schlesische Mohnklöße. Dieser Nachtisch stand zu Silvester auf der
Speisekarte.

Wenn ich vom Lande in die Stadt kam, bewunderte ich die ele-
ganten Damen mit ihren langen Röcken und hohen Schnürstie-
feln, die im Lokal Hollmach ein und aus gingen. Zu Hause in der
Bürgerstraße beobachtete ich als Kind, wie sich meine Mutter für
ein großes Fest herausputzte. Ich sehe noch vor mir, wie sie sich
ohne Hilfe ein weißes Korsett straff um ihren Körper schnürte.
Eine möglichst schmale Wespentaille war damals das Schönheits-
ideal. Zum Glück änderte sich die Mode in den 1920er-Jahren,
und ich musste so was nicht mehr tragen.

Doch noch mal zurück zum Lokal Hollmach. Mein Onkel Otto
war kompakt: ein dicker, runder Gastwirt mit einem Schnauz-
bart. Er trug stets einen Anzug, dazu Binder und Schlapphut.
Den großen Saal im Untergeschoss vermietete er oft an geschlos-
sene Gesellschaften, und normalerweise konnte ihn nichts und
niemand aus der Ruhe bringen. Nur als er Anfang der 1930er-
Jahre den Saal an Mitglieder der SA vermietet hatte, platzte ihm
doch mal der Kragen. Als Onkel Otto sah, dass die uniformierten
Männer anfingen, sich zu prügeln, warf er sie kurzerhand raus.

Um 1930 herum war das Gelände rund um den S-Bahnhof
Neukölln eine große Baustelle, daher musste Onkel Otto mit

Vor dem Hollmach-Restaurant: auf der Treppe Otto Hollmach und Frau, Rixdorf bei Berlin, um 1910

seinem Lokal in die Emser Straße umziehen. Doch am neuen Standort erreichte das Hollmach nie wieder die Popularität wie an dem S-Bahnhof. In die Bergstraße dagegen kamen viele Stammgäste ins Restaurant Hollmach, auch das Ehepaar Hildebrand gehörte dazu. Sie besaßen eine Hutmacherei, die auch in der Neuköllner Bergstraße lag. Als meine Mutter eine Lehrstelle für mich suchte, fragte sie die Hildebrands. So lernte ich ab 1926 den Beruf der Putzmacherin in der Hutmacherei Hildebrand, die acht Lehrlinge beschäftigte. Neben der Neuköllner Filiale besaßen sie zwei weitere große Geschäfte im Zentrum Berlins. Wir stellten vor allem vornehme und teure Hüte für die gehobene Berliner Gesellschaft her. Auf die Hutformen aus Holz drapierten wir Lehrlinge Stoffe, Stroh, Gaze und Seidenblumen. Sogar zu Hause entwarf ich einen Hut, der fast nur aus Blumen bestand, den trug meine Mutter dann stolz auf dem Kopf spazieren. Ein anderes Mal hatte ich einen Strohhut gefertigt, mit dem ich zur Arbeit ging. Ich betrat das Geschäft durch die Ladentür, ging wie gewohnt durch den Laden nach hinten in die Werkstatt. Dabei beobachtete mich eine Kundin, lief mir hinterher und beschloss: ‚So einen Hut will ich auch haben!' Und ich erfüllte ihr den Wunsch.

Im zweiten Lehrjahr war ich oft als Einkäuferin für die Firma Hildebrand unterwegs und wusste bald genau, wo es in Berlin die besten Stoffe und Materialien gab. Ich besuchte sogar die Berufsschule, was damals noch nicht üblich war, aber meine Mutter bestand darauf. So lernte ich einmal in der Woche alles über Material- und Stoffkunde und Buchhaltung.

Ende der 1920er-Jahre ging ich gerne mit meinen Freundinnen aus: Wir amüsierten uns in der Konditorei Kranzler und im Café Bauer Unter den Linden, Ecke Friedrichstraße. Ganz besonders aufregend fanden wir es im Haus Vaterland am Potsdamer Platz. Auf der legendären ‚Rheinterrasse‘ kam stündlich ein Wolkenbruch mit Blitz und Donner herunter, das wollten wir uns nicht entgehen lassen. Meine Freundin und ich studierten die endlos lange Getränkekarte hoch und runter und wussten nicht, was wir bestellen sollten. Wir bekamen Durst und entschieden uns endlich für Kirschwasser. Nachdem wir das vermeintliche Erfrischungsgetränk bestellt hatten, musterte uns der Ober spöttisch, kurz darauf servierte er. Wir wunderten uns über die sehr kleinen Gläser, mit Schnaps hatten wir nicht gerechnet, doch tranken wir das Zeug mit Todesverachtung aus.

Ins Kino gingen wir am liebsten in Neukölln, dazu verabredeten wir uns am Hermannplatz und besuchten den Mercedes-Palast in der Hermannstraße 214, Ecke Rollbergstraße. In dem riesigen Saal vom Lichtspieltheater bestaunten wir den Sternenhimmel unter der Decke, und dort spielte ein Orchester. Ich kann mich sogar an Wasserspiele erinnern. Hier sahen wir uns große Stummfilme an wie *Die Nibelungen* von Fritz Lang. Manchmal steckte uns mein Onkel Otto vom Hollmach-Lokal Freikarten zu. [A]

Auf meinen ersten großen Ball nahm mich Onkel Max, ein weiterer Bruder meiner Mutter, mit. Für mich jedoch war das größte Erlebnis nicht der Ballbesuch, sondern, dass ich zum ersten Mal in meinem Leben mit der Taxe fuhr. Zu Weihnachten führte Onkel Max mich in die Kroll-Oper am Königsplatz aus (offizieller Name: Staatsoper am Platz der Republik. Die Oper galt als eines der führenden avantgardistischen Musiktheater). Die Karten hatte er über Bote & Bock (der Musikverlag existiert noch heute unter dem Namen Boosey & Hawkes/Bote & Bock) bekommen, wir saßen in 'ner Loge und auf der Bühne spielten sie *Madame Butterfly*.

1929 wurde bei uns um die Ecke am Hermannplatz Karstadt eröffnet, damals eines der größten Warenhäuser der Welt, neun

[A]
Der Mercedes-Palast des Berliner Architekten Fritz Wilms galt bei seiner Eröffnung 1927 als größtes Filmtheater Europas. Den Saal mit 2 300 Parkettplätzen umgaben im 1. Rang Logen. Zur luxuriösen Ausstattung gehörte die Decke voller Sterne, und ein Orchester spielte in den Pausen. Wilms nahm auch auf die soziale Struktur Neuköllns Rücksicht: Statt der anfangs geplanten vornehmen Geschäfte zogen eine Konditorei und eine Stehbierhalle für das einfache Volk ein. Auch aufgrund der moderaten Eintrittspreise war das „Mercedes" sehr beliebt, bis 1929 im Gefolge der Wirtschaftskrise das Kino zeitweise schließen musste.[1] Der Mercedes-Palast wurde im Zweiten Weltkrieg stark zerstört, doch in den 1950er-Jahren wiederaufgebaut. 1969 wurde der Kinobetrieb eingestellt und nach einem Umbau eröffnete hier ein Warenhaus.

Stockwerke hoch. Wir nahmen die Elektrische (Straßenbahn), Nummer 47, staunten schon von Weitem über die beiden über fünfzig Meter hohen Türme und besuchten die riesige Dachterrasse. Doch zur gleichen Zeit spitzte sich die politische Situation zu, und es kam zu Unruhen auf den Straßen Neuköllns: Immer wieder tobten Straßenschlachten bei uns. Um überhaupt zur Arbeit in die Bergstraße zu kommen, brauchte ich in dieser Zeit einen Passierschein, den ich mehr als einmal bei den unterschiedlichen Patrouillen vorzeigen musste. [B]

Die Weltwirtschaftskrise trieb viele Firmen und Fabriken in den Ruin, auch die Firma Hildebrand, die von heute auf morgen schließen musste. Da war es auch für mich aus, ich stand ohne abgeschlossene Lehre und ohne Arbeit auf der Straße – wie Tausende andere Berliner. Überall auf den Straßen bildeten sich jeden Tag lange Schlangen von Arbeitslosen. Auf der Suche nach einer Stelle kam ich eines Tages an einer meterlangen Schlange in Neukölln vorbei. Dicht gedrängt standen die Leute vor einem Kaiser's Kaffeegeschäft in der Bergstraße an. Ich zweifelte, ob ich mich überhaupt anstellen sollte. Eine Frau aus der Schlange redete mir gut zu: ‚Nu komm Se, Sie können ruhig mit anstehen. Wir warten doch alle uff 'ne Stelle.' Bis ich an die Reihe kam, dachte ich bei mir: ‚Ob das hier Sinn hat?' Doch das Warten lohnte sich tatsächlich, ich bekam eine schriftliche Zuladung und sollte gleich am darauf folgenden Montag früh anfangen.

So arbeitete ich fortan in einem kleinen Kaiser's Kaffeegeschäft, gleich um die Ecke vom Rathaus Steglitz. Die Arbeit gefiel mir sehr, und ich blieb etliche Jahre bei Kaiser's. Schon damals war das Kaiser's-Markenzeichen die lachende Kaffeekanne. Ab 1931 übernahm ich sogar die Leitung der Steglitzer Filiale und brachte den kleinen Feinkostladen in Schuss. Ich erneuerte das Warensortiment: Statt der ollen Salmiakpastillen kamen edles Konfekt und guter Wein in unsere Auslagen. Ich hab noch ein Foto aus der Zeit, auf der Rückseite steht: ‚Fräulein Gerda bei Kaiser's Kaffee'. Wir verkauften ausschließlich Waren, denn für einen Kaffeeausschank war unser Laden einfach zu klein. Unterstützt von zwei Angestellten arbeitete ich täglich acht Stunden, außer sonntags, und verwaltete die Kasse. Unsere Einnahmen musste ich einmal in der Woche auf dem Postamt um die Ecke einzahlen.

Die Nazizeit habe ich in keiner guten Erinnerung, dauernd gab's Aufmärsche. Sobald ein Nazi-Trupp auf der Straße vor-

[B]
Im Mai 1929 kam es Berlin zu blutigen Straßenkämpfen, in deren Verlauf die Polizei schließlich in die Menge schoss. An verschiedenen Stellen der Stadt errichteten daraufhin Demonstranten unter Führung der paramilitärischen kommunistischen Organisation Roter Frontkämpferbund Barrikaden und Straßensperren. In den Arbeiterbezirken Wedding und Neukölln wurde der Ausnahmezustand ausgerufen. In den Tagen des sogenannten Blutmai forderten die anhaltenden Unruhen 33 Tote und 200 Verletzte.[2]

beimarschierte, verschwand ich so schnell wie möglich in den nächsten Hausflur. Ich hab denen nicht zugewunken und ‚Heil‘ gerufen, meine Familie war da anders eingestellt. Darum trat ich nicht dem BDM und anderen Nazi-Organisationen bei. Oft mussten unsere Kunden vor dem Laden Schlange stehen. Einmal wollten sich zwei Nazi-Damen mit Parteiabzeichen vordrängeln und wurden laut. Ich ließ sie aber nicht vor, sondern wies sie darauf hin: ‚Nur wer hier an der Reihe ist, wird bedient.‘ Eine Zeit lang bekamen wir genug Ware für den Verkauf geliefert, doch dann verkauften wir den Kaffee in immer kleineren Portionen, nach und nach wurde alles rationiert.

Einer unserer Stammkunden sah aus wie der bekannte Theater- und Filmschauspieler Willy Birgel, er kaufte regelmäßig teuren Wein bei uns. [C]

Die Weinlieferung bei Kaiser's übernahm hin und wieder mein zukünftiger Mann. Otto arbeitete als Buchhalter bei Kaiser's, anfangs kannten wir uns nur flüchtig. Erst auf einem Betriebsfest kamen wir näher ins Gespräch. Dabei wollte ich anfangs partout nicht zu der Feier gehen, stattdessen wollte ich lieber mit meinen Freundinnen Faltboot fahren. ‚Mensch Gerda, das kannste nicht bringen. Du musst mitfeiern wie alle anderen‘, überzeugte mich schließlich meine Kollegin. Unser Betriebsfest fand in der Nähe der Havel statt, wir gingen 'ne Treppe runter und ein Stückchen durch den Wald. Dort spielte eine Kapelle zum Tanz, das bezahlte die Firma. Ich entdeckte Otto am Nachbartisch, der lächelte mich sofort an und nahm Blickkontakt mit mir auf. Doch neben ihm saß 'ne dunkelhaarige Frau. ‚Was will der von mir?‘, fragte ich mich. Später stellte sich heraus, dass die Frau an seiner Seite seine Schwester war. Otto forderte mich zum Tanz auf und begleitete mich anschließend zurück an den Tisch. Kurz darauf forderte mich ein anderer Mann auf, doch dem gab ich einen Korb. Nach 'ner Weile stand mein Verehrer Otto wieder vor mir, forderte mich erneut auf, und wir tanzten an diesem Abend lange zusammen: Tango, Walzer und Foxtrott. Doch mich am Ende nach Hause bringen, das durfte er nicht.

Eine Woche später stand plötzlich ein großer blonder Mann mit Brille vor meinem Laden: Otto wartete nach Feierabend auf mich. ‚Kann ich dich vielleicht heute zur Bahn bringen?‘, fragte er mich schüchtern. Ich fuhr entweder mit dem Fahrrad zur Arbeit oder nahm die S-Bahn von Neukölln nach Steglitz. Diesmal be-

[C]
Willy Birgel (1891 – 1973) trat mit Zarah Leander, Gustaf Gründgens und Heinrich George in Spielfilmen auf, aber auch in Propagandafilmen des NS-Regimes. Joseph Goebbels ernannte ihn 1937 zum Staatsschauspieler. Birgels Mitwirkung in den Propagandafilmen führte nach 1945 zu einem vorübergehenden Auftrittsverbot durch die Alliierten. In den 1950er-Jahren stieg er zu einem der meistbeschäftigten Schauspieler auf.[3]

Bei Kaiser's Kaffee in Steglitz: ein Pfund Kaffee kostet 2,60 Mark, ein kleines Glas Marmelade 50 Pfennige. Auf einer Reklametafel steht: „Kaiser's Schlager: Drei Tafeln 100 Gramm Schokolade für 90 Pfennige", links Gerda G., Berlin-Steglitz, Anfang der 1930er-Jahre

gleitete er mich zum Bahnhof, und bald darauf wurden wir ein Paar. Ursprünglich stammte Otto aus Magdeburg, er war jedoch mit der Familie nach Berlin gezogen.

1935 heirateten wir in der alten Dorfkirche in Britz. Ich ganz in Weiß und Otto mit einem Zylinder, den man zusammenklappen konnte: einen Chapeau Claque. Nach unserer Hochzeit musste ich schweren Herzens bei Kaiser's aufhören zu arbeiten, denn in der Nazi-Zeit durfte es keine Doppelverdiener geben.

Unsere erste kleine Altbauwohnung in Prenzlauer Berg gaben wir als frisch verheiratetes Paar bald wieder auf. Wir hatten Glück und bekamen über die Firma GEHAG (Gemeinnützige Heimstätten Aktiengesellschaft) eine schönere Wohnung vermittelt: in einem Neubau in der Fritz-Reuter-Allee in Britz, am Rande der berühmten Hufeisensiedlung. [D]

So zogen wir in eine Zweizimmerwohnung. Hinterm Haus hatten wir 'nen kleinen Garten und dahinter lag ein Kornfeld. Die Wohnung hatte Komfort: Das Badezimmer war modern ausgestattet, und zum Heizen stand ein Kachelofen in der guten Stube. Zum Kochen bekam ich einen modernen Küchenherd:

[D]
Die Hufeisensiedlung entstand 1925 bis 1931 in Neukölln nach Plänen von Bruno Taut und Martin Wagner. Letzterer wurde 1926 Berliner Stadtbaurat, in dessen Amtszeit fortschrittliche Großsiedlungen der GEHAG entstanden. Beide Architekten emigrierten nach 1933.[4]

halb Kochmaschine, halb Gas. Im selben Jahr, wenige Wochen vor unserer Hochzeit, heiratete auch meine Mutter wieder. Mit ihrem neuen Mann Leopold Kolenz, Werkzeugmacher von Beruf, kam ich sehr gut aus und unternahm ich viel. Doch das Glück dauerte nicht lange, denn mein Stiefvater fiel am 11. Juni 1942 im Krieg. So wurde meine Mutter zum zweiten Mal Witwe.

Ein Jahr nach unserer Heirat kam 1936 unser Sohn Klaus zur Welt. Nach der Freude über unser erstes Kind, das schnell heranwuchs, bekam ich im November 1938 'nen Schreck. Bei uns in Britz waren von einem Tag auf den anderen einige Läden zerstört. Zuerst hingen Schilder in den Geschäften ‚Kauft nicht beim Juden', kurz darauf standen die Läden leer und waren verrammelt. Es gingen zwar Gerüchte herum, dass die Besitzer abgeholt worden seien. Aber genau wusste das keiner, nicht mal die Nachbarn. Jüdische Freunde hatten wir nicht, aber beruflich hatte ich mit Juden zu tun gehabt. Während meiner Putzmacherlehre kaufte ich oft im Auftrag von Hildebrand bei jüdischen Stoffhändlern Material. Doch mehr kann und will ich darüber nicht sagen. [E]

Mein Mann fand es gut, dass es unter den Nazis wieder Arbeit gab. Man tut was fürs Vaterland, daran glaubte er. So meldete sich Otto freiwillig zum Arbeitsdienst, aber direkt mit der Parteipolitik wollte er nichts zu tun haben. Als 1939 der Zweite Weltkrieg ausbrach, wurde mein Mann eingezogen. Otto wurde als Funker ausgebildet und stieg zum Offizier auf. Zuerst musste er nach Frankreich, später an die russische Front. Dort erkrankte er an Sumpffieber und landete im Lazarett. Das rettete ihm das Leben, denn dadurch musste er nicht nach Stalingrad.

Um unsere Wohnung im Krieg warm zu bekommen, ging ich ständig auf die Suche nach Feuerholz. Dabei verletzte ich mich an der rechten Hand, ein Splitter saß in meinem Zeigefinger, der sich immer weiter entzündete. Mit der eitrigen Entzündung kam ich zwar ins Krankenhaus, doch die Ärzte stellten 'ne falsche Diagnose und Penicillin gab's schon lange keins mehr. So entfernten sie mir die Sehne, und seitdem ist mein rechter Zeigefinger steif. Als junges Mädchen hatte ich großen Spaß am Klavierspielen und nahm Unterricht, doch damit war es fortan aus.

1944 erhielt mein Mann Heimaturlaub, gleichzeitig nahmen die Bombenangriffe auf Berlin zu. Daher fasste er zu Hause den Entschluss: ‚Gerda, das geht nicht mehr länger; ihr müsst endlich raus aus Berlin!' Außerdem war ich zum zweiten Mal schwan-

[E]
Nicht nur jüdische Stoffhändler, sondern die komplette jüdische Modeindustrie war schon am 1. April 1933 mit einem „Geschäftsboykott" vom NS-Regime geächtet worden. Jüdische Geschäfte wurden in der Folge systematisch zwangsenteignet und „arisiert".[5]

Gerda G. mit Sohn Klaus und ihrem Mann Otto, Berlin, 1944

ger. Zuerst wurden wir nach Preußisch Holland, ins westliche Ostpreußen, evakuiert. Dahin konnte Otto mit uns reisen, doch dann musste er zurück an die Front. In Ostpreußen gefiel es mir einigermaßen. Kaum, dass wir ein Dach über dem Kopf hatten, brachte ich meine Tochter Doris im Krankenhaus zur Welt. In unserer neuen Bleibe hatte kurz zuvor noch eine Familie gelebt. Doch die Frau war tot und der Mann, ein Gerichtsvollzieher, musste an die Front. Da seine kleine Tochter nicht alleine bleiben konnte, fragte er mich, ob ich sie versorgen könne. Er käme nur alle vierzehn Tage nach Hause. Ich überlegte nicht lange, das war für mich selbstverständlich. Ich betreute das Mädchen in Ostpreußen so lange, bis wir weitertransportiert wurden. Als die Front immer näher rückte, standen eines Morgens ein paar Männer von der NSV vor der Tür und befahlen: ‚Sie müssen Ihre Sachen packen, morgen Nachmittag geht der Zug nach Thüringen!' [F]

In Thüringen angekommen, lebten wir anfangs in einer kleinen Hütte direkt an der Bahn, furchtbar fand ich das. Später erhielten wir ein Zimmer oben auf dem Berg über Saalfeld. Von dort aus beobachtete ich mit den Kindern den Bombenhagel, aus den Flugzeugen wurden endlos Bomben runtergeschmissen.

Nach dem Ende des Krieges war Thüringen zuerst in amerikanischer, später in russischer Hand. Zum Glück benahmen sich die russischen Soldaten uns gegenüber vernünftig. Ich lebte ein paar Monate auf dem Berg über Saalfeld und wartete darauf, wieder nach Hause zu kommen. In dieser Zeit befand sich mein Mann Otto in englischer Gefangenschaft. Als sich bei uns die Nachricht verbreitete, man solle zurück nach Berlin gehen, sonst sei man

[F]
Mit ihren Wohlfahrtseinrichtungen, Gesundheitsprogrammen und sozialfürsorgerischen Initiativen trug die Nationalsozialistische Volkswohlfahrt (NSV) wesentlich zur propagandistischen Selbstdarstellung des NS-Regimes bei. Die nach der Deutschen Arbeitsfront (DAF) zweitgrößte Massenorganisation des „Dritten Reiches" zählte 1943 rund 17 Millionen Mitglieder.[6]

seine Wohnung los, gab es für mich kein Halten mehr. Daraufhin packte ich unsere Habseligkeiten und lief mit den Kindern nach Saalfeld: zwölf Kilometer Fußmarsch. Mit der einen Hand schob ich die kleine Doris in 'nem kaputten Kinderwagen, von dem dauernd ein Rad abfiel. An der anderen Hand hielt ich Klaus, der acht Jahre älter war als seine Schwester.

Schließlich fuhr ich im September 1946 mit den Kindern in 'nem völlig überfüllten Kohlenwagen zurück nach Berlin. Endlich standen wir drei vor unserer Wohnungstür in Britz, und ich war heilfroh, dass unser Haus noch stand. Doch passte mein Schlüssel nicht mehr ins Schloss, ich konnte es kaum glauben: Unsere Wohnung war besetzt! Dort wohnte ein unverheiratetes Paar, das ausgebombt gewesen und nun alles andere als begeistert über unsere Ankunft war. Der arrogante Mann, der sich benahm, als sei die Nazi-Partei immer noch an der Macht, wurde gleich gemein und gab mir zu verstehen: ‚Hören Sie, das mit der Wohnung klären wir gleich morgen auf dem Amt!' Ich sagte: ‚Bitte schön, ich komme mit.' Zum Glück hatte auch meine Mutter den Krieg überlebt, und ich konnte meine Kinder erst mal zu ihr nach Neukölln bringen. Ich versuchte mein Recht auf unsere Wohnung bei dem neu eingesetzten Bürgermeister geltend zu machen, aber eineinhalb Monate musste ich dennoch mit dem fremden Paar zusammenleben, was sehr unangenehm war. Mein Mann Otto hatte Glück, dass er in englischer und nicht in russischer Gefangenschaft war. Nachdem er mir aus Schleswig-Holstein schrieb, dass er sobald wie möglich nach Berlin käme, zogen die beiden Fremden endlich aus. Mit diesen Schwierigkeiten stand ich nicht alleine da, auch meine Nachbarn hatten Einquartierungen, mit denen sie sich arrangieren mussten.

Auch nach Ottos Rückkehr sah unser Alltag in den Nachkriegsjahren düster aus. Als ehemaliger Funkoffizier bei der Wehrmacht musste er entnazifiziert werden. Seinen Beruf als Buchhalter musste er aufgeben, da er fortan keine Stelle mehr erhielt. So arbeitete er vorübergehend bei der Charité. Wenig später erlernte er einen neuen Beruf als Masseur. Mein Onkel Hans bot ihm an: ‚Komm mal in meine Praxis in Steglitz. Ich zeig dir die Grundgriffe und dann kannste nebenbei die Schule besuchen.' Gesagt, getan, und als Masseur konnte Otto sich bald selbstständig machen. In der Zwischenzeit versorgte ich unsere Familie mit dem Nötigsten. Während des Krieges hatten uns meine Großeltern aus Wutzig regelmäßig Lebensmittelpakete geschickt, doch damit war nach Kriegsende Schluss. So fuhr ich mehrmals in der Woche nach Waltersdorf in Brandenburg, um bei den Bauern Kartoffeln oder Möhren zu organisieren, ging aufs Feld Kartoffeln ‚stubbeln‘. Zudem war das Heizmaterial knapp. Oft wurde uns einfach das Gas abgedreht, dann stellte ich die paar Kartoffeln, die ich gerade zum Kochen auf dem Herd hatte, zum Warmhalten ins Bett. In meiner Not versuchte ich auf dem Schwarzmarkt in Treptow irgendetwas Essbares gegen meine Zigarettenration einzutauschen.

Besser ging es uns erst nach unserem Umzug in die Parchimer Allee in Britz. Im Erdgeschoss unseres Reihenhauses eröffneten wir 1948 eine eigene Massagepraxis. Das war die schönste Zeit für mich! Nachdem mein Mann bereits als Masseur arbeitete, begann ich eine Weiterbildung in der Massageschule Vogler. Anfangs fiel mir das nicht leicht, da ich nur die Volksschule besucht hatte. Aber als ich nach vier Wochen im Stoff drin war, funkte es bei mir. Mithilfe von Massagetechniken und Elektrotherapien konnte ich Menschen helfen, sie von ihren starken Schmerzen befreien.

In Britz hatten wir mehr Platz, und meine Mutter konnte zu uns ziehen, sie kümmerte sich um die Kinder und den Haushalt. Eine gute Lösung für uns alle, meine Mutter erreichte mit achtzig Jahren ein schönes Alter.

Um unsere Patienten auch zu Hause behandeln zu können, kaufte Otto unser erstes Auto, einen Opel P4. Kurz darauf lernte auch ich das Autofahren und bestand meinen Führerschein. Später legten wir uns ein Grundstück in der Nähe von Helmstedt/Königslutter zu. In den Jahren des Kalten Krieges war die Situation in Berlin sehr unsicher. Daher fuhren wir am Wochenende oft in unser kleines Fertighaus im 900-Seelendorf Süpplingen in Westdeutschland, das gab uns ein Stück Sicherheit angesichts des eingemauerten West-Berlin. Eine meiner Patientinnen war die SPD-Stadträtin Ella Kay. Sie zählte zu meinen Lieblingspatienten und war lange bei mir in Behandlung, noch bis kurz vor ihrem Tod 1988. Sie wohnte auch in Britz und wurde 92 Jahre alt. Ella Kay arbeitete als Senatorin für Jugend und Sport, anschließend war sie Mitglied im West-Berliner Abgeordnetenhaus. [G]

Mein Mann und ich liebten unseren Beruf mit Herz und Seele, und er war sogar acht Jahre lang Vorsitzender der Masseur-Vereinigung. Oft fanden große Bälle statt, da sind wir immer hin.

[G]
1933 wurde Ella Kay als Stadtverordnete von den Nationalsozialisten entlassen, sie war im Widerstandskreis um Max Fechner. Nach 1945 arbeitete sie im Jugendamt Prenzlauer Berg, 1947 trat sie hier als eine der ersten Frauen das Bürgermeister-Amt an. Nach ihr ist eine Straße in Prenzlauer Berg benannt worden.[7]

Unsere Goldene Hochzeit feierten wir 1985 in einem Hotel in der Budapester Straße.

Was mir besonders an Berlin gefällt? Na, wie soll ich das sagen: *Das ist die Berliner Luft, Luft, Luft!* (1904 von Paul Lincke geschrieben). Schlager dieser Art bringen das am besten auf den Punkt. Was mir sehr gut gefällt ist diese Art, dieses Geradeheraus-Sein in Berlin, das Temperament früher, das war hübsch."

> Da wir Fotos machen, will Frau G. einen Blick auf unser Display werfen. Sie bemerkt trocken: „Da liegen meine Haare aber doof." Das nächste Foto gefällt ihr besser: „Das schicken wir meinem Sohn Klaus nach Amerika."

„Erst nach unserem 75. Geburtstag gaben mein Mann und ich unsere Massagepraxis auf und reisten um die Welt. So konnten wir endlich unseren Sohn Klaus besuchen, der als Elektroingenieur nach Amerika gegangen war und bis heute dort lebt. Nach seiner Lehre in Berlin wollte Klaus partout nach Amerika, und tatsächlich ist er über eine Firma nach Amerika geschickt worden. Hier fand er 'ne gute Stelle und hatte Erfolg: Er entwickelte zum Beispiel 31 Patente für neue Telefonanlagen. Dreimal im Jahr kommt er mich in Berlin besuchen. Meine Tochter Doris dagegen wohnt zum Glück mit ihrer Familie in meiner Nähe. Sie arbeitete viele Jahre als Lehrerin in Steglitz und hat zwei Kinder. Die Jüngste heiratete im letzten November und erwartet Nachwuchs, so hab ich zwei Urenkel. Otto und ich lebten immer in Britz, erst als Rentner zogen wir nach Mariendorf in unser Haus ohne Treppen."

> Im Wohnzimmer erinnert ein Wandteller mit der Hufeisensiedlung an ihre Zeit in Britz. Frau G. betont: „Ich war ja immer auf Berlin!", was auch ihre Tischlampe verrät: der Stich von der Staatsoper Unter den Linden auf der einen Seite, auf der anderen vom Schloss Charlottenburg.

„2004 starb mein Mann an den Folgen eines Schlaganfalls, seitdem lebe ich alleine. Meine Tochter Doris und ihr Mann Lothar unterstützen mich sehr und helfen mir im Alltag. Das Lebensende? Ach, eigentlich verbanne ich das gerne. Angst vor dem Sterben habe ich zwar nicht, aber ich rede nicht gerne über den Tod. Solange ich so wie jetzt weiterleben kann, lohnt es sich zu leben. Na gut, gläubig bin ich ein bisschen, ich wurde christlich erzogen, doch besuche ich nur selten die Kirche.

Warum ich ein so hohes Alter erreicht habe? Ich halte bis heute meinen Tagesrhythmus fest ein, um Punkt zwölf Uhr esse ich zu Mittag. Bis vor Kurzem ging ich mit meiner Tochter Doris einkaufen und suchte mir alles im Laden selber aus. Na gut, meine Großeltern in Wutzig sind auch über achtzig Jahre alt geworden. Großvater starb mit 85 Jahren. Noch mit 84 half er hin und wieder auf den Gütern in Wutzig aus. Was mich fit hält, ist mein Garten, ich nehme mir die Hacke und jäte Unkraut. Wenn ich irgend kann, pack' ich zu. Auch im Winter fege ich gleich morgens den Schnee auf unserer langen Einfahrt beiseite, und zweimal am Tag füttere ich die Vögel. Warum ich nicht berlinere? Ich bin in der Neumark aufgewachsen, das ist ungefähr 260 Kilometer entfernt von Berlin, und da wird nicht berlinert!"

Gerda G. in ihrem Garten, Berlin-Mariendorf, 2016

„Hör nicht, was die Leute schreien"

Jutta M., November 1912 in Ratibor/Oberschlesien geboren, seit 1923 in Berlin

Bei unserem ersten Interview ist Jutta M. in bester Laune, da ihr Sohn Reinhard aus München an ihrer Seite ist: ein 75-Jähriger in Jeans und Turnschuhen mit seinem ständigen Begleiter, dem Smartphone. Frau M. wohnte fast immer in Lichterfelde, da sie dort lange am Amtsgericht arbeitete. 1997 zog sie dort in ein Apartment einer Senioreneinrichtung. Sorgfältig bewahrt sie Zeitdokumente wie Briefe, Zeugnisse und Fotos auf, darunter sogar ihre Wiegekarte von 1913, auf der ihre Mutter das Gewicht der kleinen Tochter täglich festhielt.

„Mein Vater Arnulf Regen ist 1880 in Berlin geboren. Er besuchte das Leibniz-Gymnasium in Kreuzberg und studierte Rechtswissenschaften. 1909 heirateten meine Eltern in Berlin und wohnten in Rixdorf. Anfangs arbeitete Vater dort am Gericht, und er wurde bald befördert. Ich besitze die handgeschriebene Urkunde vom 23. Mai 1908, auf der er zum Landrichter ernannt wurde, unterzeichnet von Kaiser Wilhelm II. höchstpersönlich.

Als Landrichter wechselte Vater ans Amtsgericht Lichterfelde. In dieser Position besaß er 1912 eines der ersten Telefone der

Stadt. Am 1. November desselben Jahres wurde mein Vater für sechs Jahre nach Ratibor versetzt. Meine hochschwangere Mutter Charlotte zog gleich im Oktober mit ihm nach Oberschlesien, Ratibor lag damals an der polnischen Grenze. Meine Mutter, geborene Woznitzka, kam 1885 zur Welt und wurde von allen Lotte genannt. Ihr Vater war Chirurg und kam ursprünglich aus Polen. Von der Familie Woznitzka bewahren wir Weihnachtskugeln von 1860 auf.

Am 9. November 1912 wurde ich in Ratibor geboren, und ich muss mich im letzten Moment gedreht haben, bin 'ne Steißgeburt gewesen. Wahrscheinlich zog der Arzt dabei zu sehr an meinen

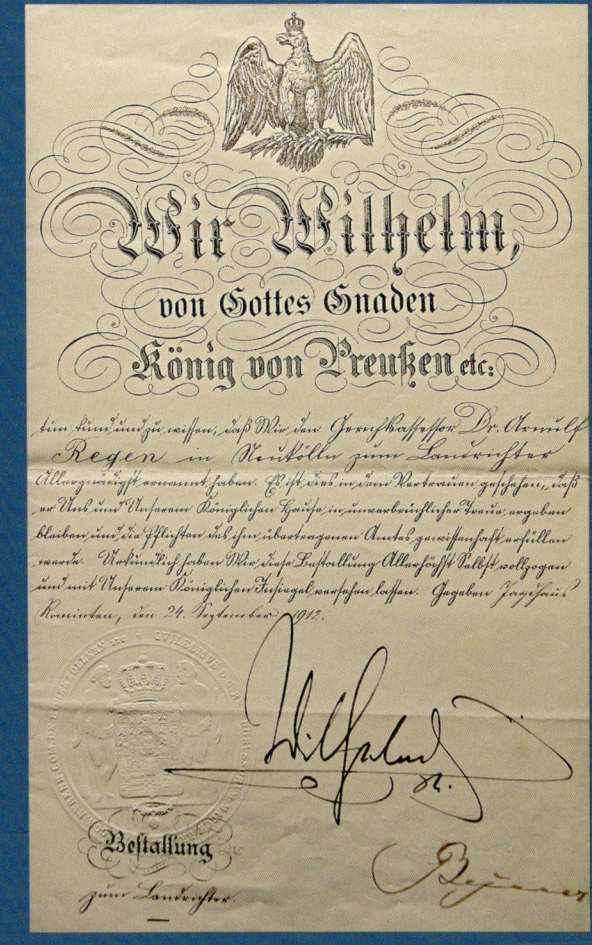

Urkunde über die Beförderung von Jutta M.s
Vater Arnold Regen zum Landrichter, 1912

Beinen, denn als ich anfing zu laufen, fiel ich dauern hin. Zum
Glück war ein Bruder meines Vaters Arzt und kam uns in Ratibor
besuchen. Ihm fiel sofort auf: ‚Das ist keine Ungeschicklichkeit bei
dem Kind, dass sie dauernd hinfällt. Da stimmt was nicht.‘ Kurz
darauf wurde ich geröngt, und ein paar dieser Röntgenplatten von
1915 schickte ich später an das Röntgenmuseum in Remscheid.
Die Röntgentechnik gab es da noch nicht so lange. Zur Unter-
suchung wurde ich nach Breslau gebracht, und im Krankenhaus
renkten die Ärzte meine Beine wieder ein. Bei der Operation
verlief alles gut, erst später sollte sich herausstellen, dass sie nicht
vollständig gelungen war. Sogar so, dass ich bis heute Ärger mit
meiner Hüfte habe, aber man lernt ja ‚um sich‘. Als Kind merkte
ich nichts davon, doch als ich später tanzen gehen wollte und all
so was, ging das nicht. So mit 17 Jahren fingen die Schwierigkeiten an.

Eine meiner frühen Erinnerungen ist der Abschied von meinem
Vater, kurz bevor er eingezogen wurde. Das war im Juli 1917,
als ich vier Jahre alt war. Ich erinnere mich genau: Ich spielte in
unserem Garten. Plötzlich tauchte mein Vater feldmarschmäßig
gekleidet auf, um sich von mir zu verabschieden. Da lief ich weg,
hatte Angst vor der fremden Uniform. Und dass das stimmt, weiß
ich daher, dass mein Vater an meine Mutter schrieb, wie traurig es
doch gewesen wäre, dass seine Jutta vor ihm weggelaufen sei. Den
Brief von 1917 gibt's noch. Das sind Sachen, wo es sich lohnt, so
was aufzuheben. Meine Mutter sagte schon: ‚Alles was schwarz auf
weiß ist, kannst du getrost nach Hause tragen.‘"

Jutta M. tippt die in Sütterlinschrift handgeschriebenen Briefe
auf ihrer Schreibmaschine ab, damit andere sie lesen können.
„Ich mache das, auch wenn ich keine Enkelkinder habe. Dafür
habe ich Neffen. Gerade die alten Briefe sind sehr inhaltsreich."

„Auch diesen Brief meines Vaters. Er diente im Krieg als Gefreiter
und schrieb mir im Winter 1918: ‚Bist du viel Schlitten gefahren?
Du schreibst mir ja gar nicht. Schmecken dir die Kekse und der
Honig, die ich dir geschickt habe?‘ Bald darauf kam er ohne eine
Verletzung nach Hause. Mein Vater war ein kompakter Mann,
hatte kaum noch Haare auf dem Kopf, bis auf einen Haarkranz. Bei
wichtigen Anlässen zog er immer einen guten Anzug an. Vater war
sehr menschlich, wenn es darauf ankam, setzte er sich für andere
ein und engagierte sich sozial.

Jutta M. im Alter von drei Jahren,
Ratibor, 1915

In Ratibor bekam ich mit zwei anderen Mädchen zusammen Privatunterricht, weil die Schulen nach dem Krieg schlecht ausgestattet waren. Meine handgeschriebenen Zeugnisse vom 18. Juli 1919 bis 13. Juli 1922 hab ich aufgehoben, unterzeichnet von unserer Lehrerin Else von Stössel. Im Betragen hatte ich ein Sehr gut. Na, im Fach Ordnung weniger, da steht im Zeugnis: ‚Teilweise befriedigend‘.

Als ich gerade schreiben gelernt hatte, besuchte ich meine Großmutter väterlicherseits in Berlin. Sie wohnte am Michaelkirchplatz in Kreuzberg, da wohnten auch meine Urgroßeltern. Nur bei meinen Großeltern erlebte ich, dass mein Vater seine Eltern siezte, später gab's das nicht mehr. Mein Besuch muss gegen Ende des Krieges gewesen sein, denn ich schrieb Gedichte aus der Zeitung ab."

Wir versuchen die altdeutsche Schrift mühsam zu entziffern, aber schnell hakt Frau M. ein.

„Soll ich mal vorlesen? Hier steht: ‚Wir alle haben so fleißig gestrickt für unsere tapferen Krieger. Und wünschen uns alle, ihr kehrt zurück in diesen Strümpfen als Sieger. Dann reichen wir

Als ihr Vater Direktor wurde: Jutta M. mit ihren Eltern und der jüngeren Schwester Ingeborg, Ratibor, 1922

euch den Siegerkranz und denken dann nimmer ans stricken. Ihr aber sollt uns beim Siegesfesttanz recht fröhlich ans Kriegerherz drücken.'"

Sie schaut von den Gedichten auf und stellt fest: „Wenn ich Ihnen das alles vorlese, dann sind wir noch bis zum Abend beschäftigt." So erzählt Jutta M. weiter von ihrer Familie.

„Nach dem Krieg bekam ich eine Schwester, Ingeborg ist 1919 geboren. Sie starb erst vor Kurzem mit 96, hatte sieben Kinder und fuhr bis zuletzt Auto. Und ich hatte auch einen Bruder, Erich fiel im Zweiten Weltkrieg.

1921 (am 20. März 1921) war die Volksabstimmung in Ratibor. Entschieden werden sollte, ob Ratibor in Zukunft zu Polen oder zu Deutschland gehört. Um seine Stimme abzugeben, reiste fast jeder nach Ratibor, da waren Himmel und Menschen unterwegs. Ich stand mittendrin im Getümmel und vergaß die Zeit. Mein Vater, völlig aufgelöst und mit dunkelrotem Kopf, erwischte mich in der Bahnhofstraße und herrschte mich an: ‚Wann hast du zu

Hause zu sein?' Zur Strafe setzte es meine erste Dresche, da war ich neun Jahre alt.

1922 sollte unser letztes Jahr in Ratibor sein, wir wohnten in der Oberwallstraße 13, in der Nähe des Bahnhofs. Gehungert haben wir nicht, im Gegenteil, meine Mutter schickte Lebensmittelpakete an ihre Schwiegermutter nach Berlin, denn auf dem Land gab es mehr zu essen. Das mit den Paketen weiß ich nur, weil ich ihr beim Einpacken half.

Mein Vater erhielt nach sechs Jahren die Nachricht, dass er beruflich nach Berlin zurückversetzt wird. Vor unserem Umzug sollte ich zur Bank oder zur Post laufen und sehen, wie hoch der Dollar steht. Und ich meine: 4 000,20 Mark. Meine Mutter überlegte immer, was sie noch verkaufen könnte, um genügend Geld für den nächsten Tag zu haben. Schweren Herzens verkaufte sie am Tage von Peter und Paul (29. Juni) ihre Schreibmaschine. Das wäre heute ein Wunderstück, denn wer besaß in dieser Zeit 'ne Schreibmaschine? Meine Mutter kam aus gutem Hause, war eine sogenannte höhere Tochter, und was nicht so üblich war: Sie hatte Schreibmaschine schreiben gelernt, um ihren Mann zu unterstützen, und mein Vater dankte ihr das immer. Ich wuchs in einer harmonischen Ehe auf. Das macht viel aus, dieser gute Zusammenhalt zwischen meinen Eltern. Ich kann mich nicht daran erinnern, dass sie sich je gestritten hätten, nicht mal über das Haushaltsgeld.

So verlebte ich in Oberschlesien die ersten zehn Jahre meines Lebens. Als unsere Familie 1923 zurück nach Berlin zog, hatte ich starke Integrationsschwierigkeiten, wie man heute sagt. Denn ich sprach nur reines Oberschlesisch, und mein Dialekt, der war für die Schüler in Berlin, sobald ich was gefragt wurde, 'ne Lachnummer. Wir wohnten in Steglitz, in der Albrechtstraße 110. Von dort konnte man gut in die Breite Straße reingucken, das ist die Straße, die vom Bahnhof Steglitz bis zur Mariendorfer Straße führt. Meine neue Schule, das Bismarck-Oberlyzeum, lag im Bismarck-Viertel, am Lauenburger Platz, in der Nähe der Bismarckstraße. Keine Häuser weit und breit, die Schule stand noch in freier Umgebung. Zum Glück hatte unsere Lehrerin Fräulein Thiem die Schüler ein bisschen vorbereitet: ‚Bald kommt ein kleines Mädchen aus Oberschlesien zu uns, die kennt euch alle nicht, und die weiß nicht, wie man sich benehmen muss.' Wenn die Lehrerin in die Klasse kam, dann blieb ich anfangs als Einzige sitzen. Ich wusste nicht, dass man aufstehen musste."

Hier, in der heutigen Sachsenwald-Grundschule, trifft sich Jutta M. am 7. Dezember 2016 mit der vierten Klasse und erzählt von der Schulzeit: „Wir waren eine reine Mädchenklasse, ungefähr 30", beantwortet sie eine der vielen Fragen der Schüler. „Und wir waren eine gute Klassengemeinschaft, die hat lange gehalten, bis fast alle von uns gestorben sind. 1988 hatten wir unser letztes Klassentreffen."[1]

„Meine Mutter und Fräulein Thiem hatten ausgemacht, ich solle gleich am ersten Tag einen Vortrag über das Brotbacken halten, wovon die Kinder hier nischt verstanden. In Ratibor machte man das immer selber. An den Vortrag kann ich mich erinnern, aber nicht, dass mich das aufgeregt hätte, sondern ich fand das so dumm, dass die anderen nicht wussten, wie man Brot backt. Nachdem ich meinen Vortrag gehalten hatte, war ich in der Klassengemeinschaft drin. Das Bismarck-Oberlyzeum besuchte ich bis zum Abitur. Fräulein Thiem war für uns 'ne Götterfigur, sie war fortschrittlich, unternahm längere Ausflüge mit uns. Für die Aufsicht teilte sie ältere Schülerinnen ein, auf mich passte Hilde Lange auf, die heute sehr bekannt ist. [A]

Vor dem Abitur sollte ich in die Tanzschule gehen. Doch mit der Tanzerei hatte ich nicht viel im Sinn, meine Eltern meldeten mich 1928 einfach zur Tanzstunde im Studentenzirkel des ATV an (Allgemeiner Turnverein zu Berlin 1861 e. V.) an. Das war in Mitte, in der Nähe der Börse. Dort lernten wir Tango tanzen: offen und geschlossen. Diese jungen Mädchen, die zuerst nur gelangweilt herumsaßen. Sie fingen an zu strahlen, sobald ein Mann in Sicht kam, der die Absicht hätte haben können, sie zum Tanze aufzufordern. Ich sah, wie manche Eltern der Mädchen die Jünglinge mit Butterbrot traktierten und ihnen sogar Bier spendierten, um sie zum Tanzen mit der betreffenden Tochter zu verpflichten. Das empfand ich, als wenn man wie eine Ware angeboten wird. Ich beobachtete das und empfand, wie widerlich dieser Kampf um den Mann ist. Auch heute finde ich furchtbar, was Frauen alles anstellen, nur um den Männern zu gefallen. Ich hatte einen sogenannten festen Tanzpartner. Ulrich Brühl gefiel mir nicht besonders, aber in der Tanzstunde bewahrte er mich vor dem Sitzenbleiben. Auch die Abschlussbälle zu besuchen kostete mich Überwindung.

Später standen die Abiturprüfungen an, Deutsch war mein Lieblingsfach. Ich hab sogar meinen Deutsch-Abituraufsatz hier, da möchte ich mal wissen, wie ich es geschafft habe, den raus-

[A]
Hilde Lange (1902–1989) bestand 1921 das Abitur an diesem Steglitzer Oberlyzeum und heiratete 1926 Georg Benjamin (den Bruder Walter Benjamins), der 1942 im KZ Mauthausen ermordet wurde. Sie machte nach dem Zweiten Weltkrieg als Rechtsanwältin, Richterin und später Justizministerin in der DDR Karriere und war an zahlreichen (politischen) Schauprozessen beteiligt. Wegen ihrer harten Urteile wurde sie im Volksmund „Rote Hilde" oder sogar „Rote Guillotine" genannt.[2]

zuschmuggeln. Mein erstes Prüfungsthema lautete: ‚Was ist mir Goethe?‘ Im Januar 1932 erhielt ich das Zeugnis der Reife, ein gutes Abiturzeugnis.

Nur wenige Frauen lernten einen Beruf, die wurden erst durch die Inflation berufstätig, weil in der Weimarer Republik plötzlich das Vermögen weg war. Ich wollte, wie das so üblich war, Lehrerin werden und nahm mir vor: Na schön, dann wirste Gewerbelehrerin. Dazu musste man auf eine Haushaltungsschule in Wilmersdorf gehen, um dort ein Praktikum für den Gewerbelehrer zu machen. Anschließend folgte die Ausbildung, das könnte im Pestalozzi-Fröbel-Haus gewesen sein. Zu der Ausbildung meldeten sich hundert Bewerber, aber zehne wurden nur genommen. Also ziemlich aussichtslos für mich.

Eines Tages wurde ich von meinem Vater, der inzwischen zum Landesgerichtsdirektor aufgestiegen war, aus der Haushaltungsschule nach Hause gerufen. Der hatte gehört, dass beim Kammergericht die Laufbahn des Rechtspflegers auch für Frauen aufgemacht wurde. Aber die Frist ging zu Ende. Ich stand in unserem Kinderzimmer, mit dem Rücken an den grünen Kachelofen gelehnt, Vater auf der einen Seite, Mutter auf der anderen, und beide redeten mir gut zu, ob ich mich nicht da bewerben wollte. Mein Vater sagte zu mir: ‚Jutta, du musst sofort deine Bewerbung an den Kammergerichtspräsidenten schreiben. Mit der Gewerbelehrerin ist das doch aussichtslos. Wenn du zur Rechtspflegerin berufen wirst, dann bist du dein Leben lang versorgt. Solange du nicht heiratest und keine silbernen Löffel klaust.‘

Es wurde gemacht, was der Vater sagte, und ich hatte großes Vertrauen zu ihm. Wenn ich überlege: Ich musste mich innerhalb einer halben Stunde für einen Beruf entscheiden, von dem ich überhaupt keine Ahnung hatte. Aber ich muss sagen, ich bin ihm heute noch dankbar, dass ich zu diesem Beruf kam. Bis 1920 durften nur Vollakademiker als Rechtspfleger arbeiten. Von da an übernahmen ausschließlich männliche Rechtspfleger ohne ein Studium Testamentseröffnungen, Vormundschaftssachen und Kleinkram, wozu man keine großen juristischen Texte braucht.

Ich hatte das entsprechende Zeugnis: Mathematik, Deutsch und Geschichte mussten gut sein, sonst hätt’ ich den Beruf nicht bekommen. Im Juni 1932 kam meine Einberufung vom Amtsgericht Lichterfelde. Vor Ort starrten mich die Leute an, denn ich war ’n Außenseiter. Zwischen all den männlichen Kollegen stand plötzlich ’ne weibliche Person. Dennoch begann ich mit der dreijährigen Ausbildung (1932 bis 1935) und musste in allen Abteilungen arbeiten: Grundbuch, Vormundschaft, Zivil- und Strafrecht. Das war 'ne Leistung, als eine der wenigen Frauen in einen Männerberuf zu gehen, da musste man sich schon durchsetzen."

Ihr Sohn Reinhard M. ergänzt: „Das war nur für kurze Zeit möglich. 1933 war die Ausbildung am Gericht nicht mehr für Frauen zulässig."

„Ein paar Jahre nach meiner Ausbildung lernte ich meinen Mann kennen. Meine Verlobung mit Horst M., 1938, die erlebte mein Vater noch mit. Üblich war es, dass der künftige Ehemann zum Schwiegervater gehen und um die Hand der Braut anhalten musste. Ich weiß, dass Horst lange Zeit betroffen war, da mein Vater ihm nachdrücklich zu verstehen gab: ‚Das ist eine große Verantwortung, wenn man eine Frau mit einem kaputten Bein heiratet.‘ Kurz darauf starb mein Vater an den Folgen einer falschen medizinischen Behandlung. Er bekam eine schwere Grippe und das Fieber stieg und stieg. Als sein behandelnder Arzt aus dem Urlaub zurückkam, schlug er, wegen der falschen Medikamente, die Hände über dem Kopf zusammen und ließ ihn sofort ins Krankenhaus einweisen. Doch jede Hilfe kam zu spät.

Jutta M. als Lehrling,
Berlin-Lichterfelde, 1934

Jutta Regen mit ihrem zukünftigen Mann
Horst, Berlin 1937

Hochzeit, Berlin 1939

1939 heirateten Horst und ich, und daher musste ich bald aufhören zu arbeiten. Mein Mann Horst M. ist am 9. Januar 1910 geboren und arbeitete als Vermessungsingenieur. Kennengelernt hatten wir uns über meine Lehrerin Fräulein Thiem, die wir auch nach unserem Schulabschluss sehr verehrten. Fräulein Thiem sorgte dafür, dass meine beste Freundin Maren und ich beide zu unseren Männern kamen, sie verhalf uns zu guten Ehen. Horst war einer ihrer Neffen, und so wurde Fräulein Thiem ein Mitglied unserer Familie. Und Maren, die Tochter von Dr. Kroymann, heiratete den Bruder von Horst, Karl Alexander, und wurde meine Schwägerin."

Ihr Sohn wirft ein: „Maren Kroymann, die bekannte Schauspielerin, ist ja meine Generation. Sie ist nach ihrer Tante benannt worden. Und Tante Maren ist in dem Alter meiner Mutter, beide waren Klassenkameradinnen und enge Freundinnen."

„Mein Mann Horst war ein Sonniger, was war er glücklich, als 1940 unser Kind geboren wurde. Er schrie: ‚Jutta, ein Junge!' Kurz darauf ging bei uns das Licht aus, denn da fielen die ersten Bomben. Kaum war Reinhard auf der Welt, wurde mein Mann eingezogen. Horst fiel vor Leningrad, im September 1941. Wenig später mussten meine Mutter, ich und mein Kind raus aus Berlin, 1942 wurden wir nach Blankenburg im Ostharz evakuiert, da wohnte eine uralte

Jutta M. mit ihrem Sohn Reinhard,
Blankenburg im Harz, 1946

Tante von uns. Ein zweites Mal heiraten, das wollte ich auch später nicht mehr. Nee, nicht nochmal Witwe werden.

In Blankenburg arbeitete ich nach Kriegsende als Rechtspflegerin am Amtsgericht, meine Mutter versorgte währenddessen den kleinen Reinhard. Von meiner Wohnung bis zum Amtsgericht musste ich 10 bis 15 Minuten laufen, das fiel mir mit meiner kaputten Hüfte schwer. Wir hatten den getrennten Dienst. Um ein Uhr war Schluss, da musste man nach Hause, und um drei Uhr ging die Arbeit weiter. Als ich eines Tages mittags gehen wollte, kam mir eine Bäuerin mit einem Kind von fünf oder sechs Jahren entgegen, in etwa so alt wie mein Sohn. Ich könnte das heute noch malen. Die Frau suchte nach einem Bus, um zu ihrem Dorf zu kommen. Als ich ihr den Weg beschreiben wollte, fing das Kind an zu quengeln. Daraufhin öffnete die Bäuerin ihre Tasche und zog ein Brötchen raus, so eins, wo der Schinken rausquoll. Als ich das sah, konnte ich nicht anders, ich musste schluchzen. Ohne ein Wort zu sagen, griff die Bäuerin nochmal in ihre Tasche und reichte auch mir ein Brötchen rüber. Nicht ein Wort. Ich aß dieses Brötchen auf und ging irgendwann weiter. Diese Art der Verständigung finde ich unglaublich, das bewegt mich bis heute. Daran sieht man, wie einen der Hunger mitgenommen hatte.

1950 kehrte ich zurück nach Berlin, ich wollte zurück nach West-Berlin und hatte großes Glück. Ich bemühte mich um eine Anstellung, hatte nur Ostgeld in der Tasche. So meldete ich mich beim Amtsgericht Lichterfelde, einige der Kollegen kannten mich noch. Wichtig für meine Einstellung war, dass ich nicht Mitglied in der Partei (NSDAP) gewesen war. ,Sie? Haben Sie überhaupt ein Examen?', schrie mich der neue Oberinspektor an. Nachdem er meine Unterlagen sorgfältig geprüft hatte, verhielt er sich ganz friedlich. Die einzige Bedingung: Ich musste den Zuzug bringen. Zum Glück besaß ich noch die Abmeldung von Berlin nach Blankenburg und konnte die Evakuierung von Mutter und Kind von 1942 bescheinigen. Diese Abmeldung rettete mich, ich erhielt den Zuzug für Berlin und trat meine Stellung am Amtsgericht in Lichterfelde an. Dort arbeitete ich bis zu meiner Rente als Rechtspflegerin, doch am Ende wurde es mit meinem kaputten Bein immer schlimmer.

Als Rechtspflegerin im Nachlassgericht musste ich am Gericht Testamente eröffnen. Wenn die Erben erschienen, wurde ihnen das Testament vorgelesen. Eines Tages in Altlandsberg in Brandenburg stand ein trauernder Witwer vor mir. ,Ist schon schlimm, wenn man seine Frau verliert', erzählte er traurig. Kurz darauf eröffnete ich das Testament seiner Frau und las vor: ,Zu meinem Alleinerben setze ich den örtlichen Tierschutzverein ein, mein Mann hat mich Zeit unserer Ehe betrogen. Er hat immer gedacht, dass ich das nicht merke.' Was meinen Sie, wie schnell aus dem trauernden Witwer ein wütender Kerl wurde.

Später wechselte ich zum Vormundschaftsgericht und war dort viele Jahre tätig, das ist natürlich anders, als wenn sie im Grundbuchamt sitzen. Da sind die Volljuristen mehr auf Buchstaben dressiert als unsereiner, der sehr viel mit dem Menschlichen zu tun hat. Einer meiner Mündel war Roland Kaiser. Persönlich kenne ich ihn nicht, doch hab ich seine Akte bearbeitet: Er hatte keinen Vater und seine Mutter war noch minderjährig, aber an mehr kann ich mich nicht mehr erinnern (Roland Kaiser ist ein erfolgreicher deutscher Schlagersänger. Er wurde 1952 in Berlin geboren und wuchs bei einer Pflegemutter auf).

Vor dem Kriege wohnte ich mit meinen Eltern in Steglitz, doch danach zog ich nach Lichterfelde: zuerst in die Carstennstraße, später in den Kühlebornweg. Wir lebten zu dritt in 'ner Dreizimmerwohnung. Meine Mutter Lotte betonte oft, dass ihr

Jutta M. in ihrem Büro im Amtsgericht Berlin-Lichterfelde, 1956

einziger Gewinn im Leben sei, dass ihr Enkel sie nicht ,Oma‘, sondern Großmama nannte.

Nachdem mein Sohn Reinhard auszog, lebten Lotte und ich, beide verwitwet, zusammen, bis meine Mutter mit 91 Jahren starb. So hatte ich nie einen eigenen Haushalt und blieb sozusagen immer Kind.“

Reinhard M. ergänzt: „Mit 16 ging ich aufs Internat. Nach dem Abitur zog ich in eine Studentenbude und hab zwei Diplom-Studiengänge abgeschlossen: als Ingenieur und Psychologe. Bis vor zehn Jahren habe ich als Ingenieur gearbeitet, zuletzt im Bereich Marketing bei Siemens. Meine Mutter ist unheimlich diszipliniert und will sich immer bewegen. Nur ein Beispiel: Ihr Neffe Manuel nimmt sie manchmal zu Spaziergängen mit. Vor sechs Wochen (2014) ist er mit ihr auf den Kreuzberg gelaufen, die ganze Strecke hoch und runter. Das ist sicher so ein Gefühl, als wäre sie auf der Zugspitze. Meine Mutter nimmt sich etwas vor, und egal wie, sie kämpft sich da durch.“

„Mit dem Kreuzbergdenkmal befasste sich einer meiner Ahnen, der hatte mit der Eisengießerei zu tun. Deshalb hat es mich immer gejuckt, mir mal das Denkmal aus der Nähe anzugucken, und jetzt hab ich es geschafft. Was gut ist am hohen Alter, das ist, dass man sieht, was aus den Kindern wird. Denn wer erlebt schon, dass der eigene Sohn ein alter Herr mit beinah 76 ist. Den siebzigsten Geburtstag von Reinhard feierten wir mit einer Kreuzfahrt auf der Ostsee."

Ihr Sohn wirft ein: „Das Wasser im Pool hatte nur 14 Grad. Meine Mutter war von 2 000 Leuten an Bord die Einzige, die regelmäßig baden ging. Dabei wurde der Crew angst und bange, dass sie sich den Tod holen könnte, und sie ließen kurzerhand das Wasser ab."

„Das Alter hat mich an und für sich nie beschäftigt. Mir ist es egal, ob mich einer für alt hält, jetzt halten mich alle für jünger. Wenn ich auf mein Leben zurückschaue, na, dann denke ich, dass ich mich von irgendwelchen Schwierigkeiten nicht habe auffressen lassen. Ich sage immer wieder: ,Hör nicht, was die Leute schreien. Wage stets, du selbst zu sein.' So habe ich nicht so viel Kraft vergeudet."

Frau M. zitiert zwischendurch aus einem Gedicht von Heinrich Seidel, deutscher Schriftsteller und Ingenieur (1842–1906), dessen Ehrengrab auf dem Lichterfelder Friedhof steht.[3]

„Wichtig für mich ist ein möglichst regelmäßiger Tagesablauf, auch das regelmäßige Essen. Zum Kochen und Backen kam ich zu Hause nie, denn das übernahm komplett meine Mutter. Das hohe Alter liegt vielleicht auch an den guten Genen, wie es immer so schön heißt. Meine Schwester Ingeborg ist 96 geworden, meine Mutter Lotte auch über neunzig. Doch ich hätte nie gedacht, dass ich nach meinem hundertsten Geburtstag noch den 102. schaffe. Meinen Geburtstag feiere ich in alter Tradition im Alten Krug in Dahlem. Dahin ging ich schon als Kind mit meiner Großmutter sehr gerne. Für meine Gesundheit mache ich gar nischt. Ich nehme auch nie Kosmetik und so Sachen. Was es da alles gibt, ach du meine Güte.

Na gut, ich hab viel Fisch gegessen. Als Kind natürlich nicht so gerne, mein Vater erklärte mir mal: ,Fisch hat Phosphor, und Phosphor gibt Verstand, und Verstand brauchste.' Später hab ich mich gefragt, ob das mit dem Phosphor stimmt, aber es scheint zu stimmen. Ich bin durchaus zufrieden mit meinem Leben.

Geholfen hat mir auch meine Einstellung: ‚Ich habe nie das haben wollen, was andere haben.‘ Was heute alles weggeschmissen wird, das ist ein Skandal. Wenn bei mir drei alte Sachen herumlagen, nähte die Schneiderin daraus eine Neue, und damit war man froh und glücklich. Gerade heute stand ein Artikel über Bangladesch in der Zeitung, über diese Billigsachen. Da wurden verschiedene Leute befragt, die sagen, ja, sie kaufen sich lieber was Billiges zum Anziehen. Und das landet bald im Müll, na, und dann wird das nächste Teil gekauft. Wissen Sie, was ich mit meinen alten Blusen mache? Die schneide ich auseinander und mache Wischlappen daraus. Das Kleid, das ich gerade trage, ist sicher fünfzig Jahre alt. Wenn ich andere ältere Frauen in Hosen sehe, da wackelt alles, nee das gefällt mir nicht. Wenn ich mich selber beschreiben soll: Ich bin eine komische Person, etwas aus der Art geschlagen. Was die anderen über mich sagen, das lässt mich kühl, da sage ich wieder: ‚Hör nicht, was die Leute schreien.‘“

Ihr Sohn erzählt: „Sie hat alles sorgfältig geordnet. Wenn der Arzt kommt, muss er zuerst ihre Papiere durchlesen, vorne in ihrer Schublade. Bis ins Minutiöseste ist alles geregelt. Sie will nicht ins Krankenhaus, dort war sie so gut wie nie. Da vorne steht die Tasche mit ihrem Testament.“ Darauf fragen wir Frau M.: „Können Sie kurz auf ihren Balkon gehen, damit wir ein Foto von Ihnen machen können, geht das?“ Sie antwortet prompt: „Ha, ha! Warum soll das nicht gehen!“

„Früher und heute? Wenn ich vergleiche, was mir früher besser gefallen hat, ist das die größere Innigkeit im Zwischenmenschlichen. Vielleicht ist das zu scharf formuliert, aber jetzt wird alles auf den Sex geschoben, und das gefällt mir nicht. Was dagegen heute viel besser ist, ist dieses Elektrische. Da drücken Sie uff'n Knopp und das Licht geht an. Ich hab ja noch den Gasstrom miterlebt.

Wie ich zu der Religion stehe? Konfirmiert wurde ich in Steglitz bei Pfarrer Nowenke, aber jetzt hab ich mit der Religion nichts mehr im Sinn. Wenn man so denkt, diese vielen Kriege werden alle um der Religion willen geführt. Jeder glaubt an den lieben Gott, wie friedlich der ist. Ich aber sage: ‚Chacun à son goût!‘ (Jeder nach seinem Geschmack). Also, ich halt mich da raus. Darum will ich auch keine pompöse Beerdigung haben. Kennen Sie von Eugen

Roth das schöne Gedicht? ‚Ein Mensch sieht ein, dass wer, der stirbt, den anderen nur den Tag verdirbt.‘ Der Schluss ist: ‚Der Mensch, schreibt drum: Mein letzter Wille – beerdigt mich in aller Stille‘.[4] Ich bin immer für offene Verhältnisse.“

Ihr Sohn Reinhard wirft ein: „Eugen Roth? Den google ich mal, Moment. Hier ist das ganze Gedicht.“ Nachdem er es vorgelesen hat, entgegnet seine Mutter: „Da braucht man ja keine Bibliothek mehr.“ Jutta M. fällt gleich noch ein weiteres Gedicht ein:

„‚Ein Mensch erblickt das Licht der Welt, doch oft hat sich herausgestellt, nach manchem trüb verbrachten Jahr, dass dies der einzige Lichtblick war.‘ Kennen Sie das Gedicht von Eugen Roth? Nein? Das ist der Wilhelm Busch der Neuzeit.“

Jutta M. im Pool während einer Ostsee-Kreuzfahrt, 2010

„Ich konnt mehr als nur 'ne Pirouette drehen"

Hilde L., Januar 1916 in Falkenberg/Elster geboren, seit 1948 in Berlin

Meistens wird Hilde L. auf achtzig Jahre geschätzt, und in unserem Buch ist sie die jüngste Hundertjährige. Ob wir tatsächlich Fotos von ihr machen wollen, fragt sie 2015 bei unserem Besuch ironisch. Auf dem Rückweg vom Friseur sei sie zweimal vom Regen überrascht worden. Auf ihrem Wohnzimmertisch liegt ein voller Terminkalender. Einen Rollator benutzt sie nur zum Einkaufen. Beim Verlassen ihrer Zweizimmerwohnung, in der sie alleine wohnt, nimmt sie nur ihren Stock. „Das ist mein drittes Bein", sagt sie. Nach ihrer Herkunft gefragt, stellt sie eines sofort klar:

„Ich bin keine echte Berlinerin, auch wenn ich seit 1948 hier lebe. Geboren und aufgewachsen bin ich in Falkenberg/Elster (in der damaligen preußischen Provinz Sachsen, im heutigen brandenburgischen Landkreis Elbe-Elster), dort wohnten wir dicht am Bahnhof, ich komme aus einer alten Eisenbahner-Familie, und von uns drei Geschwistern bin ich das mittlere Kind. Ich bin mitten im Ersten Weltkrieg am 14. Januar 1916 geboren. Mein Bruder Herbert ist drei Jahre älter, und mein kleiner Bruder Gerhard fiel im Zweiten Weltkrieg.

Ich erinnere mich an ein Erlebnis, da war ich gerade zwei Jahre alt, 1918. Mein Onkel Reinhard stieg aus dem Zug. Er kam gerade aus dem Ersten Weltkrieg zurück und besuchte uns. Er hatte erfahren, dass sein älterer Bruder Vater eines kleinen Mädels geworden war. Bis dahin kannte ich nur die dunkelblauen Eisenbahneruniformen von Vater und Großvater, daher schaute ich meinen Onkel von oben bis unten an, denn er trug einen komischen grauen Anzug, eine Soldatenuniform, die ich nicht kannte. Während ich ihn anstarrte, griff er in seine Jacke und holte Schokolade

Hilde L. auf dem Arm ihrer Mutter Anna, ihr älterer Bruder Herbert und ihr Vater Richard in Eisenbahneruniform, Falkenberg/Elster, 1916

heraus, die auf dem langen Transport schon etwas gelitten hatte. Meine Mutter, die sehr auf Sauberkeit bedacht war, reagierte sofort und wollte mir die Schokolade wegnehmen. Doch mein Vater protestierte: ‚Jetzt hör mal, Anna! Mein Bruder kommt gerade aus dem Krieg zurück. Er hat doch die Schokolade extra für unsere Hilde aufgehoben, selbstverständlich kriegt sie die Schokolade.‘ Er schenkte mir Blockschokolade, diese ganz grobe Schokolade. Den Geschmack davon hab ich jetzt noch im Mund, die schmeckte so sandig.

Später als Schulkind wurde ich oft zur Erholung verschickt, doch ob in Italien oder in der Schweiz, ich nahm kaum ein Gramm zu und blieb ein schwächliches, schmales Kind. Nach der Volksschule wollte ich gerne eine weiterführende Schule in Torgau besuchen. Mein Berufswunsch war Säuglingsschwester, aber daraus wurde nichts, denn meine Mutter, die selber gelernte Köchin war, entschied über meinen Kopf hinweg: ‚Hilde ist zu klein, Hilde ist zu schwach.‘ Stattdessen durfte ich ein Jahr lang die Haushaltsschule besuchen, um anschließend Geld als Haushaltshilfe zu verdienen. Neben dem Kochen mussten wir am Ende unter Beweis stellen, wie man den Tisch richtig festlich eindeckt, falls mal hohe Gäste wie der Bürgermeister zu Besuch kommen sollten. Da ich die Haushaltsschule besucht hatte, musste ich kein Pflichtjahr, das unter Hitler eingeführt wurde, ableisten. Auch dem BDM trat ich nicht bei.

Nach meiner ersten Erfahrung als Haushaltshilfe für ein kinderloses Ehepaar wollte ich unbedingt bei einer Familie arbeiten. Über Umwege lernte ich früh die Familie Löbel kennen, mit der ich bis heute eng verbunden bin. Anfangs wohnten sie in Berlin, Fritz Löbel war Doktor der Biologie und arbeitete bei der Firma Schering. Doch 1937 wurde er nach Frankfurt am Main versetzt. Seine Frau, Eva Löbel, eine geborene Raschkow, hatte zwei Kinder und bat mich inständig: ‚Wir kennen niemanden in Frankfurt am Main. Dort brauchen wir unbedingt jemanden für unsere Familie, kommen Sie mit uns nach Frankfurt?‘ Was ich von meinem Vater geerbt habe, ist die Lust auf etwas Neues, also zog ich kurz entschlossen mit den Löbels zusammen von Berlin nach Frankfurt am Main um. Frau Löbel war Jüdin und ihr Mann Christ, bei ihnen war ich viereinhalb Jahre in Stellung. [A]

[A]
Paare in einer „Mischehe" wurden diskriminiert, in ihrer Erwerbstätigkeit eingeschränkt und ab dem 15. September 1935 durch die „Nürnberger Gesetze" verschärfter Verfolgung ausgesetzt. Die „deutschblütigen" Ehepartner wurden angehalten, sich von ihren jüdischen Partnern scheiden zu lassen.[1]

Hilde L., Falkenberg/Elster, 1933

In meiner Freizeit konnte ich mir endlich einen alten Kindheitstraum erfüllen. Bei einem meiner Berlin-Besuche als Kind hatte ich an der Hand meines Vaters das erste Mal Rollschuh laufende Kinder auf der Straße gesehen. Von nun an wünschte ich mir nichts sehnlicher als ein Paar Rollschuhe, aber mein Vater machte mir klar: ‚Mädel, das hat doch keinen Zweck. Auf dem Pflaster bei uns in Falkenberg kannste nicht Rollschuhlaufen. Das geht nur in der Stadt.'

Mein Kindheitstraum erfüllte sich erst in Frankfurt am Main. Hier trat ich mit 22 Jahren in einen Verein ein und lernte das Rollschuh- und Schlittschuhlaufen wie im Fluge. Später sollte ich in Berlin jahrzehntelang Kinder im Rollschuh- und Schlittschuhlaufen unterrichten, doch dazu später. Frankfurt galt als die Hochburg des Rollschuh- und Eislaufsports, dort fanden die Weltmeisterschaften statt. Als aktives Vereinsmitglied lernte ich dort spätere Spitzensportler im Eiskunstlauf wie Marika Kilius kennen, die damals noch ein Kind war. Jede freie Minute stand ich auf den Roll- oder auf den Schlittschuhen.

Bei der Kinderbetreuung im Haushalt von Löbels wechselte ich mich mit Frau Löbel ab. Unser Arbeitsverhältnis war

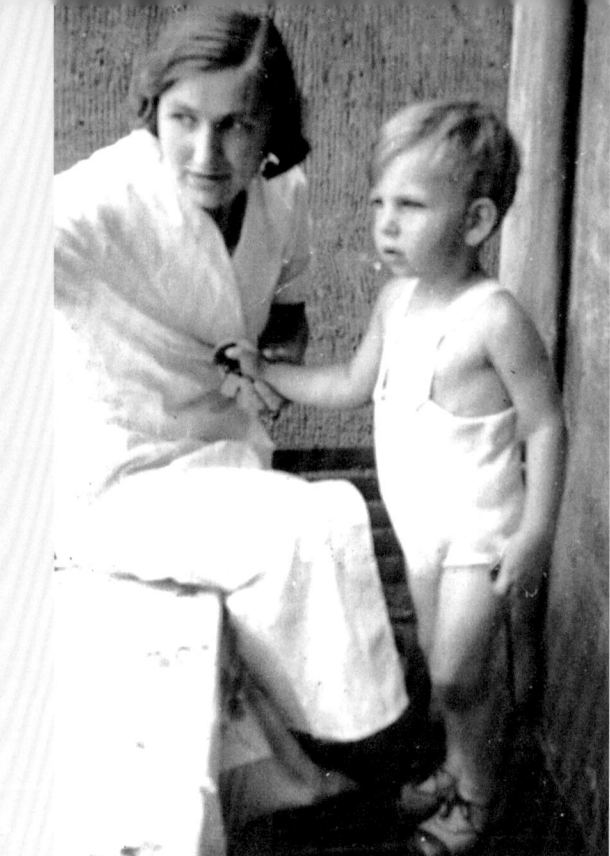

Hilde L. als Kindermädchen von Hans-Ulrich Löbel, zu Besuch bei seinen Großeltern Raschkow, Berlin-Grunewald, um 1939

sehr vertraut, ich fühlte mich bei ihnen fast wie eine erwachsene Tochter des Hauses. Mit den Kindern von Löbels reiste ich regelmäßig von Frankfurt nach Berlin, um die jüdischen Großeltern zu besuchen. Nach der Heirat ihrer Tochter zogen Frau und Herr Raschkow von Breslau nach Berlin. Doch als ihr Schwiegersohn Dr. Löbel plötzlich beruflich nach Frankfurt am Main versetzt wurde, wollten die Raschkows nicht noch mal die Stadt wechseln. So lebten die Großeltern in der Caspar-Theyß-Straße im Grunewald. Übernachten durfte ich nicht bei ihnen, denn ‚arischen‘ Frauen unter 35 Jahren (laut „Blutschutzgesetz“, einem der „Nürnberger Gesetze“, galt dies für Dienstmädchen unter 45 Jahren) war es verboten, bei Juden zu wohnen. Bei meinen Besuchen kam ich bei einer befreundeten Familie in Ruhleben unter und fuhr jeden Morgen zu den Raschkows nach Grunewald.

Mit dem Beginn des Krieges gab's nur noch Lebensmittelkarten zum Einkaufen, die ich im Gepäck hatte. Die Raschkows bekamen Lebensmittelkarten mit einem ‚J'-Stempel zugeteilt. Damit durften Juden erst abends ab 18 Uhr einkaufen gehen,

doch dann gab's kaum noch Ware in den Läden, schon gar nichts
Frisches. So ging ich in Berlin am Vormittag für die Familie
einkaufen, bald kannten mich die Geschäftsleute in den kleinen
Läden. Ich bereitete meinen Einkauf stets gut vor: Meine Karte
legte ich oben auf den Stapel, dann die Kinderkarten und unten
kamen die beiden mit einem ‚J'-gestempelten Karten. So hatten
die Großeltern wenigstens bei unseren Besuchen bis 1941 etwas
Gutes auf dem Tisch. Für sie wurde das Leben in Berlin immer
härter, bis sie eines Tages abgeholt wurden, doch davon erfuhr
ich erst viel später. Vor Kurzem hab ich mir eine Ausstellung
über die Deportation der Juden im Rathaus Schöneberg angesehen. Dort blätterte ich in einem dicken Buch, in dem auch
Herr und Frau Raschkow aufgelistet sind. [B]

1941, nachdem ich in Frankfurt viereinhalb Jahre bei Löbels
wie ein Familienmitglied gelebt hatte, ging plötzlich eines Tages
die Tür auf: ‚Fräulein L., packen Sie sofort Ihren Koffer!' Einer
der Gestapo-Männer setzte noch hinzu: ‚Als deutsches Mädel
dürfen Sie nicht bei Juden arbeiten.' Darauf entgegnete ich, so
ruhig ich konnte: ‚Ich arbeite nicht bei Juden.' Herr Löbel war
ja Christ, und nachdem der Krieg eine Zeit lang dauerte, zog
ihn die Wehrmacht ein. ‚Sie fangen so schnell wie möglich in
einer Fabrik an zu arbeiten', befahl der Mann. Ich erklärte: ‚Ich
hab noch nie in 'ner Fabrik gearbeitet. Verschaffen Sie mir eine
Arbeit mit Kindern.'

Nach ein paar Tagen bekam ich einen Anruf, ich solle mich
unverzüglich beim Amt in Frankfurt melden. Ich sehe den
Mann noch an einem großen Schreibtisch sitzen, hinter ihm
an der Wand hing ein riesiges Hitlerbild. Er machte mir klar:
‚Ich hab Sie hierher bestellt. Das gibt's nicht, dass christliche,
deutsche Mädchen bei Juden arbeiten.' Doch ließ ich mich nicht
beirren: ‚Seit wann sind denn Juden in der deutschen Wehrmacht?' Er schnauzte mich an: ‚Kein Jude ist in der deutschen
Wehrmacht!' Ich sagte: ‚Doch, mein Dienstherr Doktor Löbel
ist in der Wehrmacht, und dennoch lassen Sie seine Frau nicht
in Ruhe.'"

Wir bewundern ihren Mut, worauf sie es auf den Punkt bringt:
„Also, wenn ich recht hatte, dann hab ich mich auch getraut,
was zu sagen, ja."

[B]
Alfons und Gertrud Rasch-
kow wurden am 25. August
1942 von Berlin in das
Ghetto Theresienstadt de-
portiert. Alfons Raschkow,
geboren 1873, starb dort
am 10. April 1944, Gertrud
Raschkow, geboren 1880,
wurde am 9. Oktober 1944
in Auschwitz ermordet.[2]

„Dennoch blieb der Beamte dabei, das ginge laut Gesetz nicht. Er las mir sogar die Stelle aus einem Gesetzestext wortwörtlich vor: ‚Paragraph 3: Juden dürfen weibliche Staatsangehörige deutschen oder artverwandten Blutes unter 45 Jahren in ihrem Haushalt nicht beschäftigen.'

Schließlich gab ich auf, 1941 verließ ich schweren Herzens Frankfurt. Da ich nicht verpflichtet werden wollte, in einer Munitionsfabrik zu arbeiten, zog ich zu meinen Eltern nach Falkenberg. Dort suchte die Bahn händeringend nach Arbeitskräften. Als kurz darauf in Dänemark eine Stelle frei wurde, meldete ich mich zwar sofort, aber zu spät. Stattdessen verschlug es mich 1942 nach Warschau. Da ich bei uns in Falkenberg/Elster mal im Büro ausgeholfen hatte, setzten sie mich im Warschauer Bahnhof am Fernschreiber ein, und die Arbeit machte mir großen Spaß. Wir mussten auch Aufträge für die Wehrmacht erledigen, zum Beispiel verschlüsselte Telegramme weitergeben. Beruflich wurde von uns verlangt, auf Parteilinie zu sein. Doch privat hatte ich nichts mit den Nazis zu tun, ich war nicht für Hitler. Wie es in Warschau aussah? Das Warschauer Ghetto war bereits geräumt worden. Überall in der Stadt sah man deutsche Soldaten patrouillieren. In den Stadtteilen dagegen, in denen Juden noch bis vor Kurzem gelebt hatten, stand alles leer. Das mitzuerleben war nicht einfach (sie schweigt eine Zeit lang). [C]

In Warschau wohnten meine Eisenbahnerkollegen und ich in modern ausgestatteten Häusern. So was wie einen Müllschlucker hatte ich vorher noch nie gesehen. Wenn ich baden wollte, stieg ich bequem über eine kleine Treppe in eine ebenerdig eingebaute Badewanne. Die neuen Häuser von 1939 hatten die Deutschen komplett beschlagnahmt: Hier wohnten ausschließlich Soldaten, ‚Blitzmädels' und Eisenbahner. ‚Blitzmädel' sagte man zu den Frauen am Fernschreiber, aber ich war keins! Nein, ich arbeitete als ungelernte Eisenbahnerin und trug 'ne ‚Käppi'.

Abends in den Warschauer Lokalen trafen sich deutsche Eisenbahner, Fabrikarbeiter und Soldaten zum Tanzen. In dieser Zeit lernte ich den Vater meiner Tochter kennen, aber der Krieg hat uns getrennt (Frau L. möchte darüber nicht sprechen, daher fragen wir sie, wie es weiterging). Gegen Kriegsende wurde unsere Dienststelle aufgelöst, und ich wurde 1944 schwanger.

[C]
Der Transport der Warschauer Ghettobewohner in das Vernichtungslager Treblinka begann am 22. Juli 1942. Im April 1943 beschlossen die deutschen Behörden die Auflösung des Warschauer Ghettos und stießen dabei auf bewaffnete Gegenwehr der jüdischen Bevölkerung. Erst mit dem Niederbrennen des gesamten Ghettogeländes brachten die deutschen Einheiten das Gebiet im Mai 1943 unter ihre Kontrolle.[3]

Ich fuhr also zurück in meine Heimatstadt Falkenberg/Elster, in die spätere SBZ (Sowjetische Besatzungszone).

In meiner Not fand ich Trost bei der Familie Löbel, zu der ich wieder Kontakt aufgenommen hatte. Zum Glück zogen Löbels 1944 wieder von Frankfurt zurück nach Berlin, inzwischen hatten sie drei Kinder und das vierte war unterwegs. Wir Schwangeren tauschten uns aus, und Frau Löbel half mir, wo sie nur konnte: ‚Ich kann Ihnen ein paar Jäckchen für Ihr Kind geben. Windeln leider nicht, Anita braucht noch welche.' Anita war ihr drittes Kind. Ich bedankte mich bei ihr: ‚Frau Löbel, ich hab Marken, damit kann ich mir Babywäsche kaufen.' Bei meiner Arbeit trug ich immer eine Kittelschürze und band mir noch 'ne weitere Schürze vor meinen dicken Bauch. Frau Löbels ältester Sohn Stefan war etwas naiv, er schaute mich an und stellte fest: ‚Hilde, du bist so dick! Oder sind das etwa deine drei Schürzen?' Über diese Anekdote

Hilde L. mit ihrer Tochter Sabine, Falkenberg/Elster, 1945

Hilde L.s Tochter Sabine (links) mit Anita und Thomas Löbel am Brixplatz, Berlin-Charlottenburg, 1948

lachen wir bis heute, Stefan ist inzwischen mehrfacher Großvater. Dann brachte Frau Löbel ihr viertes Kind zur Welt: Zusammen mit dem Thomas wuchs meine Tochter Sabine auf.

Für die Geburt meines Kindes hatte ich mich zeitig in Halle auf einer Entbindungsstation angemeldet, in der schwangere Mütter Rat bekamen. Ich stellte mich bei einer Hebamme vor, die mich mehrfach abwimmelte: ‚Sie sind erst Ende Januar dran, geh'n Sie wieder!' Kurz darauf platzte bei mir die Fruchtblase, und ich durfte bleiben. Heiligabend, abends um neune, ging es bei mir richtig los, und ich war mutterseelenallein, denn die Schwestern und die Ärzte befanden sich auf der Weihnachtsfeier. Nach der Geburt flickten sie mich notdürftig zusammen, sodass ich ein paar Jahre nicht richtig sitzen konnte. Ein Teil der völlig überfüllten Frauenklinik war dazu noch mit Soldaten belegt. Heiligabend 1944 kam meine Tochter Sabine zur Welt, ein kleines Christkind. Sie war winzig, und ich hatte keine Milch.

Wir lebten zunächst bei meinen Eltern, ich erholte mich bald und arbeitete als Aushilfe. Oft fuhr ich nach Berlin und brachte der Familie Löbel frisches Gemüse mit. Unser großer Garten war zwar zerstört, aber ich erntete bei meiner Tante, und dafür brachte ich zur größten Freude meines Vaters Lebensmittel wie Weißbrot mit, das wir in der SBZ nicht bekamen. Um überhaupt zwischen Ost und West hin- und herfahren zu dürfen, musste ich einen Arbeitsplatz und eine Wohnung nachweisen, sonst wäre ich nicht nach Berlin reingekommen. Meine Mutter Anna L., die 1886 geboren ist, wurde 82 Jahre alt. Bereits 1947 starb mein Vater Richard L. mit nur 63 Jahren an den Spätfolgen des Krieges, ihn hatten Bombensplitter getroffen. Nach dem schweren Verlust meines Vaters zog ich 1948 wieder zur Familie Löbel nach Berlin, mit der ich bis heute eng verwachsen bin. Ich bekam den Zuzug nach Berlin, und seitdem lebe ich hier.

Bei Löbels verdiente ich dreißig Mark im Monat und bekam freie Kost und Logis. Das ging so bis 1948, da wanderte die Familie nach Santiago de Chile aus, wo sie Freunde hatten, die Dr. Löbel wohl versichert hatten, dass er dort eine gute Stelle als Wissenschaftler finden könne. In Berlin war ja alles kaputt, und so wanderten sie aus. Ich weiß noch, dass ich vorher Hunderte von Postpaketen gepackt hatte, denn Löbels wollten so viele Sachen wie möglich mitnehmen.

Ich blieb in Berlin zurück und musste für mich und meine Tochter eine neue Wohnung finden. Das war sehr schwer, denn es gab eine große Wohnungsnot. Anfangs bekamen wir nur ein Zimmer zugeteilt. Dort wohnte ich 18 Jahre lang mit meiner Tochter. Erst dann erhielten wir in derselben Wohnung ein zweites Zimmer. Die ganze Zeit über mussten wir uns Küche, Badezimmer und Toilette mit anderen Parteien teilen. Das fand ich nicht so angenehm, vor allem, als die Mieter wechselten und manche sich uns gegenüber rücksichtslos verhielten. Trotz dieser Schwierigkeiten wohnte ich sehr lange in der Leistikowstraße und blieb nach dem Umzug meinem Bezirk treu. Das Haus in der Leistikowstraße war mal ein hochherrschaftliches Haus. Bei uns im Gartenhaus wohnte Prominenz: die berühmte Schauspielerin Viktoria von Ballasko und der Schriftsteller Hugo Hartung. In meiner Freizeit ging ich sehr gerne ins Theater, seit 1948 bin ich Mitglied der Freien Volksbühne. Meine Favoriten auf der Bühne waren die Schauspieler Angelika Milster und Rudolf Platte.

In Charlottenburg trat ich in den Verein SCC (Sport-Club Charlottenburg e. V.) ein. Nach dem Krieg war das ein großer

Rollschuhtraining, Berlin, 1950er-Jahre

Sportverein, in dem Eishockey- und Rollhockeyspieler trainierten, aber die Nachwuchsförderung steckte noch in den Kinderschuhen. ‚Wir suchen Kinder zum Rollschuhlaufen‘, dieses Schild entdeckte ich und schaute mir den SCC näher an. In dieser Zeit mussten die Kinder in einer Polizeisporthalle in Lankwitz trainieren. Ich besuchte ein paar Kurse beim SCC, um das Unterrichten zu lernen, was mir großen Spaß machte. Bald sprach sich herum, dass man bei der neuen Übungsleiterin einfach alles auf Roll- und Schlittschuhen machen konnte: den Flieger, die Kanone oder ’ne Pirouette drehen. Die Kinder brachten ihre Freunde mit, und endlich trainierten wir in einer richtigen Turnhalle in Charlottenburg, später kam die Halle in der Witzlebenstraße dazu.

Mit viel Begeisterung betreute ich als Übungsleiterin die kleinsten Kinder, studierte mit ihnen die ersten Übungen ein. Wir feierten alle Feste wie Fasching auf dem Eis und nahmen oft an Wettkämpfen teil. 37 Jahre lang brachte ich Kindern das Rollschuh- und Schlittschuhlaufen bei, erst als ich siebzig wurde, hörte ich auf zu unterrichten. Doch bin ich auch ohne Schlittschuhe an den Füßen weiter ehrenamtlich im Verein aktiv und habe dort etliche Freundschaften geschlossen. Eine meiner ehemaligen Schülerinnen ist heute meine Lieblingsfriseuse.

Ob ich später geheiratet habe? Nein, das konnte ich nicht mit meiner Tochter Sabine vereinbaren. Als Kind war sie sehr eifersüchtig und machte Schwierigkeiten, wenn mich jemand ins Theater einlud. Besonders traurig endete es mit einem ernsthaften Verehrer, den ich in meinem Verein kennengelernt hatte. Gerade er hatte sich sehr um meine Tochter bemüht, doch früher war es so, dass der Mann auf keinen Fall jünger sein durfte als seine Frau. Dabei spielt es keine Rolle, dass ich jünger aussah. Da ich also zehn Jahre älter war als er, war eine Ehe einfach nicht drin. Wenn ich das meiner Mutter erzählt hätte, nein das ging nicht. Am Ende heiratete er eine andere Frau, und darüber bin ich bis heute traurig.

Was mein Leben komplett auf den Kopf stellte, war, als meine Tochter Sabine plötzlich nach Rom zog. Sie hatte in Berlin angefangen zu studieren und verbrachte ihre Ferien in Rom. Plötzlich

Gedenktafel für Armin T. Wegner am Kaiserdamm 16, Berlin-Charlottenburg, 2018

entschied sie sich, dort zu bleiben, ein großer Schreck für mich. Sabine beendete ihr Studium in Rom und lebte zwölf Jahre lang dort. Sie war die letzte Privatsekretärin von Armin T. Wegner. Heute kennt ihn kaum einer: Er war Schriftsteller und durch seine Erlebnisse im Ersten Weltkrieg ein großer Kriegsgegner. [D]

Bei den Besuchen bei meiner Tochter in Rom lernte ich Armin T. Wegner kennen und schätze ihn bis heute sehr. In meiner Wohnung hängt ein Bild, das seine zweite Frau, die Künstlerin Irene Kowaliska, gemalt hatte und das sie mir geschenkt hat. Wegner war Christ, heiratete 1920 die jüdische Schriftstellerin Lola Landau und lebte mit ihr in Neuglobsow am Stechlinsee. Organisiert von der Armin T. Wegner Gesellschaft, habe ich vor Kurzem in Neuglobsow an einer Armin T. Wegner-Wanderung teilgenommen. In dem Haus, in dem er lebte, befindet sich heute eine Pension. 1925 zog Wegner nach Charlottenburg, an den Kaiserdamm 16, dort erinnert eine Gedenktafel an ihn. Im April 1933 schrieb Wegner einen Brief an Hitler, wortwörtlich kann ich ihn nicht wiedergeben, nur so ungefähr: Hitler solle die Juden in Ruhe lassen. Wenn er alle jüdischen Ärzte, Künstler und Wissenschaftler wegschicken würde, dann fehle etwas in Deutschland. Wegner wurde wenig später verraten und eingesperrt. Im selben Jahr wurden einige seiner Bücher auf dem Opernplatz verbrannt. Bei der Bücherverbrennung war ich zwar nicht dabei, erinnere mich aber an die Aufregung damals.

Wie ging es nach dem Krieg weiter? Nachdem die Familie Löbel 1948 ausgewandert war, arbeitete ich als Näherin in einer Damenschneiderei in der Nestorstraße. An den Mauerbau am 13. August 1961 kann ich mich genau erinnern. Unser Verein saß nichtsahnend im Mommsenstadion auf der Rollschuhbahn. Bis zu diesem warmen Sommertag kamen regelmäßig Spieler aus Karl-Marx-Stadt und Weißwasser zu uns ins Stadion, und umgekehrt fuhr unsere Mannschaft auch zu denen rüber. Man spielte gegeneinander, kannte sich, war zum Teil befreundet. Angekündigt war an diesem Sonntag eine Rollhockeymannschaft aus Weißwasser, und wir warteten ungeduldig darauf, dass das Spiel endlich losging. An diesem Tag trugen die Kunstläufer, die in den Pausen etwas vorführen wollten, ihre schönsten Kleider, aber alle im Stadion sollten vergeblich warten. Lange Zeit passierte nichts, es kam nicht mal eine Durchsage, plötzlich hieß es

[D]
Erfahrungen im Ersten Weltkrieg als Sanitätssoldat im Osmanischen Reich machten Armin T. Wegner (1886–1978) zum überzeugten Pazifisten. Er erlebte den Völkermord an den Armeniern, den er in Vorträgen dokumentierte und anprangerte. Er war Mitbegründer des Bundes der Kriegsdienstgegner und forderte zur Abkehr von „Kadavergehorsam, Rüstungsfrevel und Morderziehung" auf. Im August 1933 wurde Wegner denunziert und von der Gestapo verhaftet. Es folgten Folter und Haft in Gefängnissen und Konzentrationslagern in Oranienburg, Börgermoor und Lichtenburg. Nach seiner Entlassung 1934 ging er nach Italien ins Exil und lebte hauptsächlich in Rom.[4]

auf der Zuschauertribüne: ‚Heute kommt niemand mehr.' Die Rollhockeyspieler konnten nicht kommen, denn die Grenze war plötzlich zu: West-Berlin war von diesem Tag an abgeriegelt.

Die Teilung Deutschlands betraf auch meine Familie in Falkenberg/Elster. Als Rentnerin konnte mich meine Mutter nach einiger Zeit in West-Berlin besuchen, aber umgekehrt vergingen viele Jahre. In der Zeit schrieben wir uns Briefe, und ich schickte meinen Verwandten West-Pakete, vor allem brauchten sie Zigaretten, Kaffee und Nylonstrümpfe.

Erst 1968 unternahm ich meine erste Reise in die Heimat, im selben Jahr starb meine Mutter. Lange bevor ich in den Zug stieg, musste ich einen Antrag stellen, eine Einladung vorweisen und mein Gepäck genau auflisten. Meine Reisetasche war voll mit halben Pfundpaketen Kaffee und Zigaretten. Auch mein Onkel Kurt, der in Schmerkendorf bei Falkenberg/Elster wohnte, bekam etwas davon. Doch als ich den Kaffee auspackte, stellte er fest: ‚Aha, Tchibokaffee. Der ist billig.' Ich fragte ihn: ‚Woher weißt du das?' Onkel Kurt wusste das aus dem West-Fernsehen, er besaß bereits einen Fernseher, den ich mir nicht leisten konnte. Dass ich als West-Berlinerin noch keinen Fernseher besaß, konnte er einfach nicht verstehen. Bei uns könne man doch bei Woolworth Nylonstrümpfe für 'nen Sechser kaufen. Doch einen Fernsehapparat konnten wir uns erst leisten, als meine Tochter ausgelernt hatte.

Nachdem in unserer Damenschneiderei Akkordarbeit eingeführt wurde, fing ich 1971 in der Herrenabteilung bei Wertheim als Verkäuferin an. Von der Leistikowstraße aus nahm ich immer die U-Bahn bis zum Zoo und lief das letzte Stück bis zum Kurfürstendamm zu Fuß. Ich kam gut mit den Kunden zurecht, damals waren Manchesterhosen groß in Mode.

1976 ging ich in Rente. Ich darf nicht sagen, was ich für 'ne kleine Rente bekomme, sonst sagen die Leute: ‚Von dieser Rente können Sie nicht leben, Sie Schlingel.' Trotzdem sparte ich lange, und endlich konnte ich die lang ersehnte Reise nach Santiago de Chile antreten. Ich stieg ins Flugzeug und war sechs Wochen lang dort. Auf das Wiedersehen mit Familie Löbel hatte ich lange gewartet. In Chile unternahm ich lange Spaziergänge mit ihnen, badete zum ersten Mal in heißen Quellen und bestaunte hoch oben die verschneiten Anden. Die Zeit verging viel zu schnell.

Von der Familie Löbel ist die Tochter Anita die Einzige, die zurück nach Berlin kam und hier studierte. Mit ihr hab ich bis heute Kontakt, sie und ihr Mann sind inzwischen Rentner und wohnen nicht mehr in Berlin. Doch wenn beide mal in Berlin zu tun haben, rufen sie mich an, und wir unternehmen was zusammen. Anita und ihr Mann haben mich vor Kurzem wieder besucht und kamen natürlich auch zu meinem hundersten Geburtstag im Januar 2016, den ich im Hotel Seehof am Lietzensee gefeiert habe. Meine Tochter Sabine und ihr Lebenspartner wohnen in Mainz, da sie dort lange beim ZDF arbeitete. Sooft es geht, kommt sie mich besuchen, Enkelkinder habe ich keine.

Im November 1989 fiel die Mauer, aber von diesem Tage an existierte ich für einige Freunde und Verwandte aus der DDR nicht mehr so richtig. Vorher halfen sie mir beim Renovieren der Wohnung, die Rentner besuchten mich in West-Berlin, doch plötzlich kam keiner mehr zu Tante Hilde. Unser Kontakt brach bis auf eine Ausnahme ab. Zum Glück lebt noch eine gute alte Freundin von mir, die heute in Bad Harzburg wohnt. Wir spielten schon als Kinder zusammen in Falkenberg/Elster. Die besuche ich bald wieder, da nehme ich den Bus nach Bad Harzburg, wenn ich das noch schaffe. Auch in meine Heimat Falkenberg/Elster fahre ich regelmäßig, aber ich bin froh, wenn mich dort jemand mit dem Auto hinbringt.

Ich bin zufrieden mit meinem Leben, habe durch meinen Rollschuhverein viele Freunde kennengelernt. Außerdem bin ich versorgt und konnte als Mitglied des Vereins der Freien Volksbühne an Reisen teilnehmen. Zufrieden bis auf eine Ausnahme: Was mich bis heute tief bewegt, sind die strengen Verbote meiner Mutter. Sie war eine äußerst pingelige Frau, die sehr auf Sauberkeit achtete. Daher wollte sie partout nicht, dass meine beiden Brüder und ich Spielkameraden mit nach Hause bringen. Meine Mutter konnte keine Kinder in unserer guten Stube leiden, darunter litt ich sehr. Sogar mein Puppenhaus mit elektrischem Licht, das mein Vater für mich gebaut hatte, musste kurz nach Weihnachten sofort weggeräumt werden, damit ja keine Kinder zum Spielen zu uns kamen.

Ob ich an Gott glaube? Ich bin getauft und konfirmiert worden, aber ich renne nicht jeden Sonntag zum Gottesdienst in die Kirche. Ja, ich glaube an Gott. Mit dem Tod habe ich mich

bisher nicht beschäftigt, nein. Warum ich ein so hohes Alter erreicht habe? Ich hab nie gedacht, dass ich mal so alt werde, da ich
ja als Kind so schmal und kränklich war. Auch als Erwachsene wog
ich nie mehr als fünfzig Kilo. Heute wiege ich nur noch 43 Kilo
und bin im Alter mindestens zehn Zentimeter kleiner geworden,
in meinem Pass steht noch die Größe 1,48 Meter. Ich pass' auf,
dass ich regelmäßig esse, und ich plane meinen Tag. Neben dem
Rollschuhsport bin ich sehr viel schwimmen gegangen. Aber zu
dem Seniorenschwimmen gehe ich nicht mehr! Dort reden die
ununterbrochen, und das kann ich nicht leiden. Wenn ich zum
Schwimmen gehe, will ich auch schwimmen!"

„Ich bin mehr Berliner als alles andere"
Kurt F., Oktober 1914 nahe Helmstedt geboren, seit 1935 in Berlin

Politik sei ihm sehr wichtig, erfahren wir von seiner Tochter Heidemarie B.-P. am Eingang der Senioreneinrichtung in Friedenau. Nach der Begrüßung fragen wir: „In welcher Partei waren Sie?" Darauf antwortet er: „Das sag' ich nicht!" Doch wir bleiben dran: „Waren Sie in der KPD?" Das lässt er nicht auf sich sitzen: „Nein, in der SPD, und das bis heute. In der KPD! Na, Du traust mir ja was zu!" Als wir ihn darauf bitten, in Richtung Kamera zu schauen, bemerkt er trocken: „Da geht die doch kaputt. Ach, wat nu, lächeln ooch noch! Wenn ich meine Tochter angucke, ja, dann muss ich lachen."

„Ich bin 1914 geboren, und 1914 fing der Krieg an. Wir wohnten in Jerxheim, Kreis Helmstedt, davon war unser Dorf drei Kilometer weit weg. Dort gab's nichts weiter als 'nen kleinen

Bahnhof, da lebten nur drei und zehn Spitzbuben. An diesem
Bahnhof bin ich im Oktober 1914 geboren, denn mein Vater
Gustav arbeitete bei der Bahn.

Nach dem Ende des Ersten Weltkrieges zogen wir zur Großmutter nach Klein Quenstedt, nördlich von Halberstadt. Mein
Vater war kränklich, somit konnte er nicht eingezogen werden.
Ich dagegen musste später lange Zeit Soldat sein, das reicht für
zwei. Fünf Kinder hatten meine Eltern: zwei Töchter und drei
Söhne, ich war der Jüngste. Da das Geld bei uns oft knapp war,
liefen wir auch im Winter mit kurzen Hosen und barfuß durch
die Gegend. Der Älteste hieß Walter, dann kamen wie die Or-
gelpfeifen Else, Erna und Otto zu Welt.

Meine Mutter war eine kleine, sehr strenge Frau, die mit uns
nur plattdeutsch sprach. Sie hieß Sophie F., geborene Thiel. Was
Muttern gerne kochte, war Bohnensuppe: weiße Bohnen mit
Schweinefleisch und ‚Pottsuse‘. Pottsuse ist Schmalzfleisch mit
Grieben drauf, das ist bis heute mein Leibgericht. Meine Mutter
ist über neunzig Jahre alt geworden, und fast alle meiner Geschwister schafften locker die achtzig. Heute lebt keiner mehr
von ihnen.

Von unserer Dorfschule weiß ich nicht mehr viel, nur dass
Mädchen und Jungen zusammen in eine Klasse gingen. Wir
haben jede Menge Dummheiten jemacht, dafür gab's oft Dresche. So lang ich zur Schule ging, musste ich auch in die Kirche
gehen. Ich saß ganz hinten auf der letzten Bank. Während des
Religionsunterrichts fing ich Fliegen, das gefiel dem da vorne
natürlich nicht. Wir vier hinten auf der letzten Bank stellten so
allerhand Dusseligkeiten an, na, und jelernt haben wir ooch nicht
viel. Darum ist aus mir nicht viel geworden.

Von 1929 bis 1933 lernte ich Schriftsetzer in Halberstadt, vier
Jahre dauerte die Lehre. Ich hatte 'nen guten Lehrmeister, da
gab's zum Glück keine Dresche. Das war noch die Zeit, da krieg-
teste vom Lehrmeister Backpfeifen, wenn de nicht aufjepasst hast.
Heute gibt's das nicht mehr. Gedruckt wurde mit Bleisatz. Unser
Betrieb war 'ne Akzidenzdruckerei, das heißt, kleine Sachen
wurden gesetzt: Inserate, Traueranzeigen, ach, quer durch die
Bank, alles was reinkam. Schon als Lehrling wurde ich Mitglied
in der Arbeiterjugend, mit der machten wir oft Ausflüge und
Wanderungen. Und ich ging bald in die freie Gewerkschaft rein,

Kurt F. bei der Hochzeit mit seiner ersten Frau Anneliese, Berlin-Kreuzberg, 1939

später wechselte ich in die IG Druck und Papier. 1929 wurde ich Mitglied der SPD und bin es bis heute. In Klein Quenstedt wurde es mir nach der Lehre zu eng, ich musste weg von zu Hause.

Seit wann ich in Berlin bin? Da muss ich erst mal überlegen. Wann wurde ich Soldat? Gleich zu Anfang des Krieges 1939, also seit Mitte der Dreißigerjahre lebe ich in Berlin: Ich bin mehr Berliner als alles andere.

1933 lösten die Nazis die Arbeiterjugend, die Gewerkschaft und die SPD sofort auf. Ich ging nicht in die Nazipartei, von Kindheit an hatten meine Familie und ich mit denen nichts zu tun. Damals gab's die Streitigkeiten und Kämpfe mit den Kommunisten. Die Nazis waren früh im Kommen, und 1933, da war ja was los! Nachher musstest du in Deckung gehen, und heimlich habe ich nichts gemacht. So lange, wie es ging, trafen wir uns noch, aber nachher war Schluss. Du musstest ja Angst haben, dass der, der neben dir steht, alles verrät. Sobald die Nazis dran waren, wurde es viel zu gefährlich. Da konnteste nich' machen, was de wolltest, da musstest du alles geheim machen. Im Widerstand war ich nicht, denn es waren ja nicht alle im Widerstand. Na gut, wir hatten uns immer untereinander abgesprochen und gewehrt, aber viel mehr machen konntest du nicht. Die Nazis waren an der Macht und duldeten keinen Widerspruch. [A]

Noch bevor der Krieg 1939 losging, heiratete ich Anneliese, aber nur standesamtlich. Wir wohnten in der Saarlandstraße in Kreuzberg, vorher hieß die Königgrätzerstraße (1930 bis 1935 und wieder seit 1947 Stresemannstraße).

Anneliese und ich lernten uns auf 'nem Rummel in Kreuzberg kennen, im Viktoriapark. Wie das so ist, ein paar Mädchen liefen vorne weg, wir Jungens hinterher. Nach Feierabend gingen wir auf'n Rummel. Ich arbeitete als Schriftsetzer in 'ner Druckerei in Kreuzberg in der Bergmannstraße.

[A]
Am 22. Juni 1933 wurden die SPD verboten und ihre Organisationen zerschlagen. Bis Ende Juni wurden auch der Allgemeine Deutsche Gewerkschaftsbund (ADGB), die Hirsch-Dunckerschen Gewerkvereine und die beiden anderen großen Richtungsgewerkschaften zwangsweise aufgelöst und ihre Mitglieder in die neu gegründete Deutsche Arbeitsfront (DAF) eingegliedert.[1]

Fronturlaub: endlich Zeit für seine Tochter Heide, Berlin, um 1941

Im Jahr unserer Hochzeit wurde ich von der Wehrmacht eingezogen. Den Einmarsch in Polen machten wir mit, nachher
ging's weiter nach Russland. An der Front waren die Kälte, der
Dreck und das Ausgeliefertsein in den Schützengräben furchtbar.
Als meine Tochter Heide geboren wurde, kriegte ich sie kaum
zu Gesicht, denn Fronturlaub bekam ich nur selten.

Nach Kriegsende kam ich in russische Gefangenschaft nach
Sibirien, aber wo genau, das weiß ich heute nicht mehr. Dort
bauten wir Straßen, harte Arbeit, aber ich bin ganz gut durchgekommen. Wir hatten mitunter mehr zu essen als die Russen
selber. Nee, da kann ich nicht klagen. Doch von meinen Kameraden sind 'ne ganze Menge kaputtjegangen. Einer der Kameraden,
mit denen ich mich anfreundete, war der ‚dicke Thiel‘ aus Berlin.
Mit ihm und Erich traf ich mich auch nach der Gefangenschaft
regelmäßig. Thiel war so 'n richtiger Fernfahrer, ich kann mich
nicht an seinen Vornamen erinnern, bei uns hieß er immer der
‚dicke Thiel‘. Wer nicht selber die Gefangenschaft erlebt hat,
der hat keine Ahnung davon. Man sagt ‚Gefangenschaft‘, aber
was das wirklich bedeutet, das kann sich heute keiner vorstellen.
Erst nach eineinhalb Jahren dufte ich die erste Karte nach Hause
schreiben, meine Frau Anneliese wusste nicht, wo ich war und
ob ich noch lebte. Die musste sich mit unserer kleinen Tochter
alleine durchschlagen. Zum Glück halfen ihr meine Schwiegereltern, die in Altglienicke wohnten. Als ich Anfang 1948 endlich
zurückkehrte, hatten wir uns nach all den Jahren entfremdet, und
so ging ich bald meiner Wege.

Zurück in Berlin, lernte ich meine zweite Frau Hildegard
kennen, mit ihr lebte ich über sechzig Jahre lang in wilder Ehe
zusammen, wir haben nie geheiratet. Sie hatte schon zwei Töchter und lebte alleine, ihr Mann galt nach dem Krieg lange Zeit
als vermisst, und er kam nie wieder.

Hildegard Pflanz und ich lernten uns über Umwege kennen:
Anfangs fuhr ich oft mit ihrem Schwiegervater Otto Ludolph
zusammen in der Straßenbahn von Altglienicke nach Adlershof.
Da arbeitete ich noch in der Kreuzberger Druckerei in der Bergmannstraße. Gewohnt hatte ich in der Zeit in Altglienicke, im
Bezirk Treptow. Der Pflanz erzählte auf der Fahrt ausführlich
von seiner Buchdruckerei ‚Otto Ludolph – Kurt Pflanz‘ in Adlershof, und er stellte mich bald in seiner Firma als Schriftsetzer

ein. Otto Ludolph sah aus wie ein Graf, aber das war nur Fassade. Er hing sehr an seiner Frau, doch war er bereits ihr fünfter Ehemann. Die Druckerei gehörte ihm und seiner Schwiegertochter Hildegard Pflanz. Doch Hildegard nannte sie keiner, sondern nur Hilde. Hilde und ich lernten uns im Geschäft kennen, sie war mal meine Chefin."

Jetzt meldet sich Hildes Tochter zu Wort: „Ich war fünf Jahre, als wir uns kennenlernten. Da hast du zu Mutter gesagt: „Hast du noch mehr von ‚DER‘ Sorte? Na, dann überleg ich's mir noch mal." Nachdem alle lachen, bemerkt Kurt F. trocken: „Ach, die dichtet schon wieder."

„Anfangs verhielt sich Hilde mir gegenüber skeptisch, da ich ja verheiratet war. Nach 'ner Zeit verließ ich endgültig meine Frau Anneliese und zog in die Nähe der Buchdruckerei nach Adlershof. Kurz nach unserer Scheidung verstarb Anneliese an den Folgen einer längeren Krankheit. Von da an wohnte unsere Tochter Heide bei den Großeltern in Altglienicke und besuchte mich ab und zu.

Auch nachdem Hilde und ich ein Paar wurden, lebte jeder von uns in seiner eigenen Wohnung, alles andere kam später. In der neu gegründeten DDR gerieten wir immer öfter in Schwierigkeiten. Als meine Frau und ich zur Wahl gingen, wählte ich natürlich die SPD, doch wurden unsere ausgefüllten Wahlzettel sofort kontrolliert, dann kam der Spruch: ‚Der Krug geht so lange zum Brunnen, bis er bricht.‘ Darauf antwortete ich: ‚Da bricht mir der Stift ab!‘

Wenn Heidemarie, die wir Heidi nannten, von der Schule nach Hause kam und mir was von ‚Väterchen Stalin‘ erzählte, erklärte ich ihr, dass der Name Stalin vollkommen ausreichen würde. Auch waren meine Frau und ich dagegen, dass unsere Töchter zu den Pionieren oder zur FDJ gingen, denn für uns galt: ‚Junge Pioniere scheißen vor die Türe, kommt die FDJ, macht daraus Kompott, kommt die SED, wird daraus Gelee.‘

Eines Tages mussten Hilde und ich Hals über Kopf in den Westen flüchten! Wegen irgendeines Verdachts auf Fluchthilfe für unseren Neffen wurden wir bereits überwacht und irgendwer warnte uns rechtzeitig. So ahnten wir, dass wir bald verhaftet

[B]
Von Oktober 1949 bis August 1961 entschieden sich fast drei Millionen DDR-Bürgerinnen und -Bürger für eine Flucht in den Westen. Anders als andere Kontrollpunkte, die unmittelbar an der Sektorengrenze lagen, befand sich der Bahnhof Friedrichstraße vollständig auf Ost-Berliner Gebiet. Hier war es möglich, mit der S- und U-Bahn von Ost- nach West-Berlin zu fahren, was Hunderttausende zur Flucht nutzten. Mit dem Mauerbau 1961 wurde der Bahnhof jedoch zu einer streng überwachten Grenzübergangsstelle umgebaut.[2]

werden sollten, irgendjemand hatte uns bei der Stasi verpfiffen. Wir mussten schnell handeln: 1951 türmten Hilde und ich zusammen über die Grenze. Mit der S-Bahn über den Bahnhof Friedrichstraße und nur mit 'ner Handtasche unterm Arm, alles andere blieb drüben. Deshalb besitze ich kaum noch Fotos und Sachen von früher. [B]

Unsere neunjährige Tochter Heidi hatten wir einen Tag vorher zu Verwandten nach West-Berlin gebracht, damit die nicht noch was ausplaudert. Rosie, unsere ältere Tochter Rosemarie, übernachtete eine Treppe tiefer bei unseren Nachbarn. Daher wissen wir, was uns am nächsten Morgen geblüht hätte. Morgens früh um fünf Uhr stand der ‚Gasmann' (gemeint ist die Staatssicherheit) vor unserer Tür und wollte uns abholen. Doch da waren wir zum Glück schon drüben. Wir landeten zuerst in Mariendorf, da das Aufnahmelager in Marienfelde überfüllt war. Noch am selben Tag kam Rosie zu uns in den Westen hinterher und die kleine Heidi wurde von unseren Verwandten gebracht, so war die Familie wieder zusammen.

In Mariendorf kamen wir in der Schützenstraße 13 bei 'ner Freundin unter, wohnten zu viert in einem Zimmer, doch immer noch besser als im Lager. In Marienfelde beantragten wir die Anerkennung als politische Flüchtlinge, das zog sich 'ne Zeit lang hin, mit vielen Verhören. Vor allem Hilde wurde stundenlang von den Alliierten verhört. Endlich bekamen wir Asyl als politische Flüchtlinge. Fortan blieben Hilde und ich in Mariendorf, so wohnten wir zum ersten Mal alle zusammen in einer Wohnung. [C]

Nach unserer Flucht in den Westen wurden unsere Schwiegereltern dazu gezwungen, uns zu enterben, weil wir in der DDR offiziell als ‚Republikflüchtlinge' galten. Wenig später starben zuerst meine Schwiegermutter und kurz darauf mein Schwiegervater Otto Ludolph, der nicht mit dem Tod seiner Frau zurechtkam. Daraufhin wurde unsere Buchdruckerei komplett vom Staat enteignet. Nach unserer Flucht riss auch der Kontakt zu meiner Tochter Heide aus erster Ehe immer mehr ab. Nur Hilde hielt engen Briefkontakt zu ihren Geschwistern in Adlershof.

In West-Berlin fand ich wieder Arbeit als Schriftsetzer und fuhr mit dem Rad nach Kreuzberg zur Arbeit. Eine der Druckereien lag in der Bergmannstraße und eine in der Kreuzbergstraße,

[C]
Laut Notaufnahmegesetz 1951/52 benötigte jeder Flüchtling wie Übersiedler aus der DDR für den ständigen Aufenthalt in der Bundesrepublik und West-Berlin eine Genehmigung. Es galten strenge Aufnahmekriterien: Nur wer glaubhaft darlegen konnte, dass er die DDR „wegen einer drohenden Gefahr für Leib und Leben, für die persönliche Freiheit oder aus sonstigen zwingenden Gründen" hatte verlassen müssen, erhielt eine Aufenthaltserlaubnis.[3]

Kurt F., Berlin, 1960er-Jahre

doch an die Namen der Druckereien kann ich mich nicht erinnern. Zu Hause bei uns in Mariendorf gab's große Felder und
Bauernhöfe, die Milch holten wir uns beim Bauern. In unserer
Nachbarschaft fuhr ein Bauer mit seinem Wagen herum, bei dem
konnten wir Kartoffelschalen gegen Brennholz eintauschen.

Nach Feierabend popelte ich alles Mögliche zusammen, bastelte wie verrückt. Ob kaputte Möbel wieder zusammenleimen
oder die Kaffeemühle zum Laufen bringen, bei uns brauchte kein
Handwerker ins Haus zu kommen. Sogar elektrische Leitungen
legte ich selber, auch mal die Klingelleitung beim Nachbarn. Als
die Kinder aus dem Haus waren, richtete ich mir eine Bastelstube
ein und baute meine Modelleisenbahn auf. Am liebsten ließ ich
meine Dampfloks fahren, die 01 und die 03 bewahre ich bis
heute auf.

Als meine Mutter neunzig Jahre wurde, besuchte sie uns ein
letztes Mal in West-Berlin für eine Woche. Meine Tochter Heidi
holte sie nach der langen Bahnfahrt von Halberstadt nach Berlin
vom Bahnhof Friedrichstraße ab. Kaum angekommen, ging's
wieder mal um ihr lautes Schnarchen, damit zog ich sie sehr gerne

auf. Schnell wurde sie wütend: ‚Ick schnorke man jar nicht!‘ Kurz darauf hatte sie richtig die Nase voll und schnauzte: ‚Bengel, holt dien Muul!‘

Meine Mutter lebte weiterhin mit der Familie in Klein Quenstedt, richtig schwer traf es meine älteste Schwester Erna. Aus der Not heraus verkaufte sie ’ne Kuh, die sie an die LPG (Landwirtschaftliche Produktionsgenossenschaft in der DDR) hätte abgeben müssen. Zur Strafe landete sie zwei Jahre lang im Gefängnis. Nach dem Mauerbau besuchte ich nur selten mein Heimatdorf und war jedes Mal froh, dass ich da nicht mehr lebte.

In Berlin war ich lange in der SPD aktiv, anfangs als Kassenwart in Tempelhof und anschließend im Kreisvorstand. Nur vorne stehen und Reden halten, das ist nichts für mich. Ich diskutiere lieber und mache was im Hintergrund. Irgendwelche Posten in der Parteiarbeit, die haben mich nie interessiert. In Mariendorf, in dem Festsaal im alten Fruchthof, feierten wir viel, bei den Bällen trat sogar mal Wolfgang Neuss (Kabarettist und Schauspieler) auf. Zu unseren Feiern kamen oft Willy Brandt, Alexander Voelker und der zweite Vorsitzende der SPD in Berlin, Jupp Braun, ein engerer Freund von mir. Auch bei Jupp zu Hause in Mariendorf trafen wir uns mit Harry Ristock und Willy Brandt, der hatte den Spitznamen ‚Branntwein-Willy‘. Gerade von Willy Brandt und Egon Bahr hielt ich viel, meine Tochter Heidi ist bis heute mit den Söhnen von Brandt befreundet.

Zu den öffentlichen Versammlungen der SPD ging ich immer, da konnte ja Hinz und Kunz kommen, und ich nahm auch an den Parteitagen teil. Schöneberg war der Hauptsitz, doch fand nicht alles im Rathaus Schöneberg statt, sondern in unterschiedlichen Bezirken. Mit Bürgermeister Ernst Reuter ging’s im Rathaus los, Willy Brandt kam erst später. Außerdem war ich oft dort, wo die Gegner von der CDU ihre Reden hielten, das war auch ‚schön‘. Bei mir ist das so, ich will immer wissen, was dahinter ist. Na, und die von der CDU? Die waren doch alle Nazis. Vor den Wahlen lief ich oft los, hab Wahlplakate der CDU abjerissen und mit unseren Plakaten überklebt, da durftest du dich natürlich nicht erwischen lassen.

Auch zu Hause ging es bei uns politisch zu, wa? (Als seine Tochter ihm zunickt, fährt er fort.) Am Abendbrottisch wurde

URKUNDE

Kurt Fahldieck

ist seit 75 Jahren Mitglied der SPD

Für die vielen Jahre treuer Mitarbeit bei der Verwirklichung
unserer gesellschaftlichen Ziele danken wir.
Zu diesem Jubiläum gratulieren wir herzlich und wünschen
für die Zukunft alles Gute, Gesundheit und Wohlergehen.

Landes-Bezirksvorsitzende(r)	Parteivorsitzender	Ortsvereinsvorsitzende(r)

SPD-Urkunde von 2004, unterschrieben unter anderem vom damaligen Bundes-
vorsitzenden Franz Müntefering und vom Berliner Landesvorsitzenden Michael Müller

bei uns immer politisch diskutiert. Als die erste große Koalition kam, trat meine Frau sofort aus der SPD aus, wie sollte ich denn da ruhig bleiben? Da sagte meine Tochter zu mir: ,Die SPD ist für dich wie 'ne heilige Kuh.' Na jut, da ist was dran.

Als unsere Töchter ihr erstes Geld verdienten, sollten sie auf jeden Fall in die Gewerkschaft eintreten und wurden beide Mitglied bei den Falken. Zum 1. Mai, Tag der Arbeit, ging ich immer zu den Demonstrationen und nahm die janze Familie mit. Wichtig war uns Gewerkschaftern vor allem, dass die Arbeiter besser bezahlt werden, die Löhne waren ja runter. Und der Zusammenhalt ist ganz klar besser, wenn alle gemeinsam um was kämpfen (jetzt kommt Kurt F. richtig in Fahrt).

Die anderen Parteien interessierten mich nicht. Die Kommunisten nicht, mit denen hatte ich nichts zu tun. Und auch

Kurt F. mit seiner Frau Hilde, Berlin-Mariendorf, um 1975

nicht die ehemaligen Nazis, damals waren ja die meisten Leute ehemalige Nazis.

Gerade wenn es um die Löhne der Arbeiter ging, haben wir viel erreicht. Das stand immer im Vordergrund, immer! Weil ja der Lohn nicht der war, der mir eigentlich für meine Arbeit zustand. Denn ich kriegte nichts vom Arbeitgeber geschenkt, da steckte ja meine Arbeit drin. Darum mussten wir lange kämpfen: um den Achtstundentag, und das war erst der Anfang. Früher musstest du viel länger arbeiten, zehn Stunden und für ganz wenig Geld. Wir setzten nur dadurch, dass wir organisiert waren, auch was durch. Doch sind die meisten Arbeiter nicht in der Gewerkschaft organisiert gewesen. Die Arbeiter dachten sich: ‚Das Geld für den Verbandsbeitrag, das spar ich lieber.‘ Doch profitierten die davon, was die anderen unternommen hatten, das war nicht gut! So holten die Organisierten die heißen Kastanien aus dem Feuer, und die anderen schöpften nur ab. Da gab's öfter Zank mit den Leuten. Den fairen Stundenlohn mussten wir uns hart erkämpfen, den zahlte der Arbeitgeber uns nicht umsonst, da mussteste immer drum kämpfen, dass er auch den richtigen Stundenlohn zahlt.

Ob ich mein Leben lang politisch treu geblieben bin? Nie abjewichen!

‚Üb' immer Treu und Redlichkeit bis an dein kühles Grab, und weiche keinen Finger breit von dem Tarife ab.‘

Das war unser Wahlspruch!

Irgendwann fiel mir die Arbeit als Schriftsetzer schwer, den ganzen Tag lang mit dem Bleisatz hantieren. So landete ich zuletzt im Öffentlichen Dienst, im Forstamt. Dort brachte mich meine Frau Hilde in der Verwaltung unter. So wechselte ich von meiner Gewerkschaft IG Druck und Papier in die ÖTV. Hilde arbeitete viele Jahre im Statistischen Landesamt, sie setzte sich als Personalrätin in der Senatsverwaltung für Inneres ein. Im Statistischen Landesamt fing auch unsere Tochter Rosie an zu arbeiten, beide konnten von Anfang an gut mit Zahlen umgehen. Unsere jüngste Tochter Heidi dagegen ging eigene Wege. Sie lernte Erzieherin und engagierte sich sehr aktiv in der Politik, aber nicht in der SPD, sondern in der Alternativen Liste. Sie saß sogar als Fraktionsvorsitzende der AL im Abgeordnetenhaus.

1975 gingen Hilde und ich beide zusammen in Rente, meine Frau ist nur ein Jahr jünger als ich. Wir reisten mit dem Kreuzfahrtschiff um die Welt, bis runter nach Südafrika und Lateinamerika. An Bord machte ich mich richtig schick und trug gerne 'nen Smoking. Außerdem nahm mich Hilde mit ins Theater, nur in die Oper gehen, das war nichts für mich, doch begleitete ich sie trotzdem. Ich ging am liebsten ins Kino, besonders gut erinnern kann ich mich an *Im Westen nichts Neues* oder *Die Mörder sind unter uns* mit der Knef. Mit der ganzen Familie sahen wir uns *Vom Winde verweht* an.

Mit achtzig Jahren bestand ich meinen Motorbootführerschein und schipperte mit meiner Frau auf der Elbe herum. In der Nähe von Gorleben legten wir uns 'ne kleine Ferienwohnung zu.

Als es meiner Frau gesundheitlich immer schlechter ging, zogen wir 2007 in eine Senioreneinrichtung in Friedenau. Schweren Herzens gaben wir unsere Wohnung in der Bosporusstraße in Mariendorf auf, in der wir sehr lange gewohnt haben. Vor zwei Jahren starb Hilde, für mich viel zu früh, sie fehlt mir sehr. Meine Enkel, Urenkel und vor allem meine Töchter besuchen mich oft.

Wie ich es geschafft habe, so alt zu werden? Na ja, ich habe keine Drogen oder irgend so was genommen, für mein Alter bin ich noch ganz munter. Ich hab gelebt wie immer, ganz normal, hab auf nichts geachtet. Für mein Alter mach' ich 'ne Menge alleine: eigentlich alles, außer mir den Kopf waschen, na, jünger wirste nicht. Ob ich an Gott glaube, na, an welchen denn? Ich habe keinen Gott, bei mir hat er sich abgemeldet. Ich meine, die christliche Lehre ist an sich gar nicht mal schlecht. Aber ich selber soll daran glauben, nö. Ach, hör uff mit dem Zauber! Wenn ich sterbe, habe ich keine Angst, wenn der Tod kommt, bin ich weg und aus.

Jetzt fällt mir noch was zur SPD ein, in der ich 85 Jahre lang Mitglied bin: Die Partei hat mein Jubiläum vergessen. Erst als meine Tochter bei denen anrief und sich beschwerte, kamen welche von der SPD bei mir vorbei. Sie überreichten mir 'ne goldene Ehrennadel mit 'nem kleinen Diamanten in der Mitte und eine Urkunde. Die gab mir sogar der neue Bürgermeister Michael Müller. Heute frag' ich mich: ‚Existiert die SPD überhaupt noch? Oder ist die schon eingegangen? Nee, wa?!'"

„Aber jetzt muss ich aufstehen", kündigt Kurt F. an. Wir werden unruhig, weil er nicht zurückkommt. Seine Tochter schaut nach, doch das Bad ist leer. Wir suchen in der Kantine des Seniorenheims: Er sitzt seelenruhig und gut gelaunt bei einer Tasse Kaffee. Wir sollen doch beim nächsten Mal auf eine Partie Schach bei ihm vorbeikommen, denn: „Beim Schachspielen musste den Geist anstellen! Wenn de welchen hast!"

Kurt F. mit seiner Tochter Rosie, Berlin-Schöneberg, 2013

„Sechs Jahre in Workuta"

Hildegard J., Juni 1914 in Wannsee geboren

Frau J. empfängt uns im Frühjahr 2013 in ihrer Wohnung in Berlin-Lichtenrade. Am Telefon hatte sie sich mit lebhafter Stimme gemeldet. Ihr Sohn öffnet uns, sie ist erkältet: „Ausgerechnet heute bin ich verschnupft", doch das ist ihr während unseres Gesprächs kaum anzumerken. Kaum sitzen wir auf ihrem Sofa, ertönt eine elektronische Zeitansage und sie erklärt: „So hab ich die Uhrzeit, denn ich bin stark sehbehindert. Ich kann nur Ihren Umriss sehen, weiter nichts."

Sie sitzt auf ihrem Sessel, frisch frisiert, mit rosa lackierten Fingernägeln, und bittet später ihren Sohn nach einem Hustenanfall: „Ach, Ekki, hol mir mal ein Bonbon! Ich brauch was für den Hals! Und gieß mir mal was zu trinken ein, aber nichts Kaltes!" und dreht sich zu uns: „Wenn Sie wat trinken wollen, ick hab extra was für Sie hingestellt."

„Als Kind wurde ich immer ‚Hilde, die Wilde' genannt, denn ich war sehr lebhaft. Meine Schwester Veronika war fünf Jahre älter und eher ruhig, so war ein Ausgleich da. Geboren bin ich am 27. Juni 1914 in Wannsee und mein Mädchenname ist Lutter. Einen Tag nach meiner Geburt ging der Erste Weltkrieg los. Trotz des Krieges habe ich als Kind schöne Erinnerungen, vor allem an Berlin-Wannsee. [A]

So stand bei uns im Hof die Gulaschkanone, da hatten wir sogar im Krieg gut zu essen. Unser Haus befand sich ganz in der Nähe vom Bahnhof Wannsee, dort ham wir in der Bismarckstraße am Kleinen Wannsee gewohnt. Einer der Soldaten fuhr sogar Motorrad mit mir: Der setzte mich vorne drauf und fuhr mit mir bis runter zum Wald und wieder zurück. Grad die Kindheit vergisst man nicht, andere Erinnerungen sind weniger schön.

Mein Vater war Gärtner, besser gesagt Obergärtner, heute heißt das Gartenmeister. Vis-à-vis von uns stand eine vornehme Villa, da wohnte ein Konsul drin. Bei ihm war mein Vater angestellt, und wir wohnten im Gartenhaus, in dem auch der Chauffeur mit seiner Familie lebte. Unser Haus war großzügig jebaut, sodass wir auch ein eigenes Kinderzimmer hatten.

Als meine Schwester mit den Kindern vom Konsul schon 'ne Weile zur Schule in die Königstraße ging, wollte ich unbedingt mit. Doch wollte mich die Schule zuerst nicht annehmen, weil ich zu klein und zu dünn war. Obwohl ich noch nicht reif dafür war, wurde ich mit fünf Jahren im Frühjahr 1919 eingeschult, denn ich war einfach nicht zu halten.

Eines Tages waren der Nachbarsjunge und ich, wir müssen beide so sechs oder sieben Jahre alt gewesen sein, auf dem Heimweg von der Schule. Wenn der Kahn schon weg war, mussten wir durch den Wald nach Hause laufen. Im Wald, das werd' ich mein Leben nie vergessen, da kam eine Frau mit 'nem Koffer auf uns zu und sagte: ‚Kinder, wartet doch mal hier, passt auf meinen Koffer auf. Ich will nur schnell zum Bäcker gehen.' Wir warteten und warteten ganz brav, 'ne ganze Stunde lang. Aber dann beschlossen wir einfach wegzugehen und den Koffer stehen zu lassen. Zu Hause fragten unsere Eltern aufgeregt: ‚Mein Gott, wo wart ihr denn?' Nachdem wir alles erzählt hatten, führten wir die Eltern zu dem Koffer, da lag ein totes Kind drin, ein frisch geborenes totes Kind. Das gab's damals auch schon. Das vergess' ich nie!

[A]
Unsere Nachforschungen ergaben, dass Hildegard J. in Pförten, heute Brody/Polen, in der östlichen Niederlausitz zur Welt kam und nicht in Wannsee. Ihren Geburtsort besuchte sie bis Mitte der 1990er-Jahre, bezeichnet aber Berlin-Wannsee als Herkunftsort, wohin sie mit der Familie erst vor der Einschulung gezogen war.[1]

Wenn ich daran zurückdenke, muss ich sagen, dass wir in einem sehr guten Elternhaus aufgewachsen sind. Meine Mutter war eine sehr gläubige Frau, auch ich bete bis heute jeden Abend. Sie arbeitete als Nurse, als Kinderfrau, und ging bei Grafen und Fürsten ein und aus, auch beim Grafen von Donnersmarck, der damals in Riehmers Hofgarten (im Bezirk Kreuzberg) wohnte. Und die vornehmen Sitten und die gute Erziehung der adeligen Kinder brachte sie auch uns Kindern bei. Seitdem hab ich immer so 'n Fimmel für Freundinnen aus gutem Hause, wie die Tochter vom Grafen von Brühl und eine ‚Baroness'. In der Schule konnte ich zuerst nicht allzu gut lernen, sodass unser Lehrer sagte: ‚Wenn du nicht so einen guten Charakter hättest, würd' ich dich auf den letzten Platz setzen.' Ich saß aber auf dem ersten Platz, obwohl die Schülerin neben mir viel schlauer war, aber ich galt immer als das Vorbild, denn ich konnte mich einfach gut benehmen, das hab ich meiner Mutter zu verdanken.

1931 musste ich nach Strausberg ziehen, dort führten meine Großeltern ein Kolonialwarengeschäft. Als meine Großmutter starb, konnte Großvater die Arbeit im Laden nicht alleine schaffen, sodass ich ihn mit 17 Jahren unterstützen musste. Auf der einen Seite vom Laden verkauften wir Kolonialwaren, auf der anderen hingen die Herrenanzüge. Als gelernter Schneidermeister war Großvater sehr streng und diszipliniert. Das forderte er auch von mir. Wenn damals einer ausgelernt hatte, ging er ‚auf die Walz', also auf Wanderschaft. Nach seiner Schneiderlehre lief er zu Fuß bis nach Frankreich. Großvater war 1,84 Meter groß und starb erst im Alter von 87.

Früher trugen die Männer anstelle von Hemd und Kragen 'ne Chemisette, so was hatten wir stapelweise bei uns im Laden zu liegen, und natürlich auch Binder in allen Farben. Wenn ich mal frei hatte, ging ich zum Turnverein und spielte Tischtennis. Auch Tänze übten wir dort ein. Wie hieß denn noch mein Lieblingstanz? So ein Schmusetanz: der English Waltz! Für Musik war ich immer zu haben. Als junge Frau trat ich in den ‚Luisenbund' ein, benannt nach der Königin Luise von Preußen. Dort trugen wir blaue Kleider aus Leinen mit weißem Kragen, was ich sehr hübsch fand. [B]

In den Dreißigerjahren lernte ich meinen Mann Gerhard kennen, wir heirateten bald und gründeten in Züllichau, heute

[B]
Der „Luisenbund" (Bund Königin Luise) war eine monarchistische Frauenorganisation, 1923 gegründet. Nach 1933 einer der ersten Frauenverbände der NSDAP, 1934 von der NS-Frauenschaft übernommen.[2]

gehört das zu Polen, eine Familie. 1936 kam Hans-Joachim zur Welt, kurz darauf folgten Ekkehard und Volker. Gerhard wurde 1940 an der Front eingesetzt, er überlebte den Krieg, doch unsere Familie brach auseinander. Unsere Ehe hielt nur zehn Jahre, denn Gerhard liebte die Frauen zu sehr. Er hat mich belogen und betrogen, das war der Grund unserer Trennung, und wir ließen uns scheiden. Mein Mann war später viermal verheiratet. Nach jeder Scheidung fragte er wieder bei mir an, ob ich nicht zu ihm zurückkommen will. Da dachte ich bei mir: ‚Lieber geh ich Steine kloppen! Ich gehe nicht zu ihm zurück!‘

Nachdem wir alle den Krieg heil überstanden hatten, geriet ich im Sommer 1949 in russische Gefangenschaft, das hat mein Leben von Grund auf verändert. Das kam so: Ich hatte Bekannte im Schwarzwald und fuhr zu denen, denn ich brauchte von dort ’ne Zuzugsgenehmigung. Ich hatte geplant, mit meinen Kindern

Hildegard J. mit ihren Söhnen Hans-Joachim, Ekkehard und Volker, Eberswalde, um 1947

da runter zu ziehen und ließ die drei bei meinen Eltern in Eberswalde. In dieser Zeit war ich schon geschieden und lebte allein mit den Kindern in West-Berlin.

Auf meiner Rückfahrt nach Berlin ist es passiert. Damals konnte man noch schwarz über die Grenze geh'n. Ich kam aus der französischen Zone und wollte weiter nach Eisenach fahren. Daher wartete ich mit vielen anderen Reisenden zusammen im Wald, bis es dunkel wurde. Erst dann sind wir über die Grenze in den Osten reinmarschiert. Doch da standen schon die Russen, schnappten alle und verfrachteten uns in 'nen Keller.

Frühmorgens wurden wir entlassen und kriegten unsere Ausweise zurück mit dem Vermerk: ‚Illegaler Grenzübergang'. Ich wollte in Leipzig noch einen Besuch machen, stieg dort aus dem Zug und musste durch eine Sperre gehen. Dort standen ein Russe und ein deutscher Vopo (Abkürzung für Volkspolizist) nebeneinander. Zuerst prüfte der Deutsche meinen Ausweis, dann der Russe. Der Russe sagte: ‚Dawai!' (‚Los'), und das war's für mich. 1949 ist das passiert, noch vor der Gründung der DDR.

Von Leipzig aus brachten sie mich zum Verhör nach Potsdam in eine Villa. An einem Tisch saßen viele Offiziere, und ich musste mich zu ihnen setzen. Ich will mal so nebenbei sagen: Ich sah damals sehr gut aus. Die Offiziere forderten mich auf, ich solle mal essen und vor allem Wodka trinken. Die wollten mich gefügig machen und boten mir an: Wenn ich sechs Leute denunzieren würde, dann käme ich frei. Sie versprachen mir: ‚'Ne Villa mit 'ner Kuh, dann ham deine Kinder immer Milch zu trinken.' Damit versuchten mir die Offiziere den Verrat schmackhaft zu machen, sie wiederholten alles immer wieder, um mich kirre zu kriegen. Aber ich sagte nein, denn ich werd' mein ganzes Leben lang nicht mehr froh, wenn ich andere Leute ins Unheil stürzen würde. Darauf wurde ich mit 15 Jahren Haft bestraft und sollte ins Erziehungslager. Dort wollten die mich umerziehen. Das Ziel unseres Häftlingstransports hieß Workuta, nördlich des Polarkreises, das ist hundert Kilometer vom Eismeer entfernt. Wir waren über hundert Gefangene und nur Frauen."

Unsere Nachfrage empört sie: „Haben Sie noch nie was von Workuta gehört? Entschuldigen Sie, wenn ich jetzt was ganz deutlich sage: Das sind die Deutschen, es interessiert sie nicht, was um sie herum alles passiert ist. Wie wir im Lager gelebt haben, wurde so oft im Fernsehen gezeigt, da wurde das ganze Leben aufgeblättert. Wenn ich manchmal Leute frage, bekomme ich die Antwort: ‚Davon haben wir noch nie was gehört.‘ So wird deutlich, es interessiert gar nicht, was der Nachbar erlebt hat." Ihre Erregung klingt langsam ab und sie fährt fort:

„Wenn ein Orkan kam, hatten wir in Workuta manchmal sechzig Grad minus und mussten uns gegenseitig festhalten, damit wir nicht wegfliegen. Dennoch mussten wir in Sibirien bei jedem Wetter raus, entweder um Schnee zu fegen oder die Bahn frei zu machen. In der Ziegelei arbeitete ich nicht am Ofen, wo die Steine gebrannt wurden, sondern stand am Förderband, wo der Lehm in Brocken runterkam. Da musste ich die großen Steine aussortieren, damit das Band immer weiterläuft. An einem Abend machte ich mal wieder das Förderband sauber und trug Handschuhe. Plötzlich hing ein Handschuh fest, und ich schrie vor Angst, denn mein Arm steckte fest, und ich sah die Rolle auf mich zukommen (sie krempelt ihren Ärmel hoch und zeigt uns die lange Narbe). Bis hier oben war ich eingeklemmt! Anschließend wurde ich ins Lazarett eingeliefert. Am darauf folgenden Tag ging ich zu den Krankenpflegern und zeigte auf meinen Arm: ‚Da brennt's.‘ Der rote Strich ging schon bis nach oben, ich hatte 'ne Blutvergiftung. Die behandelten das schnell, und nach drei Tagen musste ich mit 'nem verbundenen Arm wieder ans Förderband. Dort legte ich den heißen Lehm auf meinen Arm, so hab ich mich alleine therapiert.

Einmal wurde ich wieder zum Schneeschieben abgestellt. Da wurden Loren reingeschoben, um die Steine abzuholen. Todmüde setzte ich mich auf 'n Schneehaufen, schlief auf der Stelle ein und wurde vollkommen eingeschneit. Eine Freundin, mit der ich lange Zeit zusammen war, suchte mich überall: ‚Wo ist Hilde denn?‘ Zum Glück ging sie nach draußen, um nach mir zu sehen. Und da fand sie mich im Schneehaufen, tief eingeschneit und schlafend. Ohne meine Freundin hätte ich das nicht überlebt.

Im Lager gab's nicht viel zu essen: fünf Gramm Fett oder Öl und immer Kascha, Buchweizengrütze. Kascha, solche Worte kann ich in Russisch sagen, aber sonst liegt mir das Russische nicht. Ich kann's einfach nicht sprechen. Nur die Schimpfworte, die hab ich gelernt, weil ich mich wehren musste. Wir hatten nicht nur politische Gefangene unter uns, sondern auch Verbrecher, die ‚Blatnois‘, vor denen musste man sich in Acht nehmen. Die hatten fast alle 'nen Goldzahn, das war so 'ne Clique von Frauen, die immerfort schimpften. Es gab aber auch nette Kameradinnen in Workuta: Journalistinnen, Doktorinnen, Kosmetikerinnen. Ich blieb lieber für mich allein, die Unnahbare, denn mir hat's im Lager die Sprache verschlagen.

Das einzig Schöne, an das ich mich in Workuta erinnern kann, war das Nordlicht, was so schön flimmert, das war wunderbar. Sobald man nach draußen kam, sah es dort ganz anders aus als bei uns. Der Horizont stand so niedrig, als ob man den Himmel greifen kann.

So verbrachte ich fast sechs Jahre meines Lebens im Frauenarbeitslager Workuta am Eismeer in Haft. Lange Zeit wusste keiner, ob ich noch lebe, denn von 1949 bis 1954 durfte ich nicht mal nach Hause schreiben. Erst 1955 wurde ich nach dem Besuch von Adenauer aus dem Lager entlassen. [C]

Nach meiner Entlassung fuhr ich mit dem Zug im Herbst 1955 von Workuta zurück zu meinen Eltern nach Eberswalde, da waren meine Söhne längst keine Kinder mehr. Ich weiß noch genau, wie ich zusammen mit einer Apothekertochter in Eberswalde am Bahnhof ankam. Da standen zwei Frauen, die guckten zu uns rüber und tuschelten: ‚Guck mal, da kommen schon wieder so 'n paar Russenweiber.‘

Auf der langen Fahrt von Sibirien trugen wir noch unsere Lagerkleidung, erst in Fürstenwalde machten wir Station und bekamen in einem Lager zivile Kleidung. Ich hörte genau zu, was die Frauen am Bahnhof sagten, achtete aber nicht auf den Inhalt, sondern dachte nur: ‚Die sprechen ja Deutsch.‘ Dann gab ich mir 'nen Ruck und sprach sie an. Plötzlich fragte mich die eine: ‚Sagen Se mal, sind Sie nicht die Schwester von Frau Hoppe?‘ Und meine Schwester Veronika hieß tatsächlich Hoppe, und ick sagte: ‚Ja.‘ Ich kann sonst nicht weinen, da kann sein, was will, ich hatte keine Tränen mehr. Aber selbst, wenn ich jetzt davon erzähle, dann würgt das alles hier (sie bricht mitten im Satz ab, muss schlucken, greift sich an den Hals, nach einer kurzen Pause fährt sie fort). Die Frau erzählt weiter: ‚Ach, Volker kommt auch

[C]
Bundeskanzler Konrad Adenauer reiste im September 1955 zu einem Staatsbesuch nach Moskau, um über die Freilassung von rund 10 000 deutschen Kriegsgefangenen zu verhandeln. Danach nahmen die Bundesrepublik und die UdSSR diplomatische Beziehungen auf.[3]

gleich hierher!' Volker, das ist mein jüngster Sohn. Und tatsächlich stand da kurz darauf 'n kleiner Junge, das war Volker, und der hatte solche Angst vor mir! Ich versuchte ihn in den Arm zu nehmen, aber er wand sich hin und her, wollte sofort weglaufen. Auch in der Taxe ging das weiter so. Der Junge dachte, jetzt wird er entführt oder sonst wat. Erst als wir vor dem Haus meiner Schwester Veronika hielten, da brüllte er plötzlich los: ,Tante Veronika! Mutti ist da!'"

Ihr Sohn Ekkehard meldet sich zu Wort: „Erst 1954 haben wir erfahren, dass unsere Mutter noch lebt, da kam ihre erste Karte, aber von 1949 bis 1954 haben wir nichts gehört. Kurz vorher hatte uns ein Bekannter aus Eberswalde, der auch in Workuta inhaftiert war, über Umwege informiert, dass sie noch lebt."

Hildegard J. im Gespräch, Berlin-Lichtenrade, 2013

„Unser Wiedersehen war unbeschreiblich. Meine beiden anderen Söhne: Achim, der Älteste, lebte schon in Wiesbaden, als ich zurückkam, und Ekki machte gerade seine Lehre als Schornsteinfeger. Von Eberswalde zog ich mit den Kindern wieder zurück nach West-Berlin. Erst mal gingen wir nach Grunewald, da lebten wir eine Zeit lang in 'nem Auffanglager vom Roten Kreuz.

Wenn ich in dieser ersten Zeit vom Grunewald aus über'n Ku'damm ging, fühlte ich mich wie im Traum. Ich dachte immer: ‚Mein Gott, wann arbeiten denn die Leute? So viele Leute!' Ich hatte jahrelang nichts als gearbeitet, was anderes kannte ich nicht mehr. Gerade in der ersten Zeit nach meiner Rückkehr hatte ich irgendwie ‚ein Brett vorm Kopp'. Ich konnte überhaupt nicht richtig denken, das ist bei mir erst nach und nach wiedergekommen. Da meine Kinder wieder bei mir waren, konnte ich nach und nach wieder ein anderes Leben führen."

Wir fragen, ob das Gespräch sie zu sehr aufregt, aber sie antwortet entschieden: „Nein, ich sag ja, ich könnt den ganzen Tag erzählen." Ihr Sohn Ekkehard bemerkt trocken: „Haste wieder Sprechkörner jenommen?" Darauf lacht sie kurz auf und erzählt weiter.

„Von dem Auffanglager in Grunewald aus suchte ich uns 'ne Wohnung. Ich fand was in der Yorckstraße, Ecke Möckernstraße in Kreuzberg, eine schöne, große ehemalige Offizierswohnung mit Stuck an den Decken und verziertem Kachelofen, die Zimmer an die dreißig Quadratmeter groß. Nur die eine Seite unseres Hauses war weggebombt, da bauten sie uns bald ein Fenster ein, und das wurde unsere Küche. Dort lebte ich viele Jahre lang zuerst mit den Kindern zusammen, dann allein. Ab und zu vermietete ich eins unserer Zimmer unter, um mir 'n bisschen Geld dazuzuverdienen.

Als ich aus Workuta zurückkam, dacht ich zuerst, ich bin doof, ich kann nichts mehr. Doch bald fing ich wieder an zu arbeiten, wurde Werkstattschreiberin in der großen Fleischwaren- und Konservenfabrik EFHA, was mir gut lag. (Die EFHA bestand von 1919 bis 1996 und hatte ihren Sitz am Tempelhofer Weg im Neuköllner Ortsteil Britz.) Die Fabrikarbeiter mussten morgens stempeln, anschließend sammelte ich die Karten ein, kontrollierte und schrieb ein, ob se pünktlich zur Arbeit kamen. Die am

Tag produzierte geräucherte Wurst wog ich ab und nahm alles auf. Ich hatte ein eigenes kleines Büro, musste alle Belege für die monatliche Abrechnung vorbereiten und brachte sie am Ende ins Rechnungsbüro. Das war 'ne schöne Aufgabe für mich.

Die Zeit im Lager konnte ich nicht vergessen. Als späte Kriegsheimkehrer wurden wir vom Berliner Senat mal ins Kino oder in die Oper eingeladen. Wir veranstalten regelmäßig ein Treffen mit den ehemaligen Häftlingen, da geh ich immer hin: Sie finden in Hamburg, Bad Godesberg, Halle, ach, überall statt. In diesem Jahr treffen wir uns am 4. August in Berlin. Diesmal haben wir 'n Jahrestag: In Workuta arbeiteten alle Männer im Kohlenschacht und da fand vor sechzig Jahren, im Sommer 1953, nach Stalins Tod, ein zehntägiger Aufstand statt.

Erst Mitte der Sechzigerjahre lernte ich meinen jetzigen Mann kennen. Heinz war Polizist und tat bei uns um die Ecke in der Yorckstraße seinen Dienst. Unten in unserem Zeitungsladen kündigte ich, wie gewohnt, an: In meiner Wohnung ist wieder was frei, also wenn Se was hören.

Eines Tages stand einer in Uniform vor meiner Tür und klingelte. Ich dachte: Nanu, wat will die Polizei von mir? Da stellte sich der Mann bei mir vor: ‚Ich komme von Frau sowieso. Wollte mal fragen, ob bei Ihnen ein Zimmer frei ist?‘

Fünf Jahre ham wir uns gegenseitig jeprüft, bis wir heirateten. Heinz ist wie ich Berliner, wenn er auch in Königs Wusterhausen geboren ist. Irgendwann waren wir beide ‚geläutert‘, zwei Menschen, die durch die Hölle gegangen sind. Mein Mann war durch den Krieg irgendwie verstockt. Heinz musste mit 18 Jahren an die Front und kam schwer verwundet zurück. Jeder von uns hatte sein Los.

Wenn er mal wieder mit gesenktem Kopf vom Dienst nach Hause kam, fragte ich ihn: ‚Wat haste denn?‘ ‚Nichts‘, kam dann nur. Da sagte ich ihm klipp und klar: ‚Heinz, wenn wir länger zusammenbleiben wollen, dann heißt es: Sprechen!‘ Das ist die Hauptsache, was man im Leben machen kann. Alles muss klar und offen geregelt werden, so hab ich es mein ganzes Leben gehalten. Heinz passte sich dann auch an, und wir sind über vierzig Jahre verheiratet. 1972 zogen wir in eine kleinere Wohnung nach Lichtenrade. Als Rentner sind wir viel gereist, denn wir wollten was von der Welt seh'n. Mit unserem Wohnmobil kamen wir

Hildegard J. in ihrem Wohnzimmer, Berlin-Lichtenrade, 2013

sogar bis nach San Francisco, allein acht Mal ging's nach Kanada. Reisen macht schlau, hebt den Horizont!

Ein jäher Bruch in unserem Leben war der Schlaganfall meines Mannes. Kurz darauf kam er in ein Seniorenheim, und damit wird er nicht fertig. Heinz wird jetzt 88 Jahre, sieht noch jung aus, ein stattlicher Mann und 1,84 Meter groß. Ich dagegen bin so klein geworden, von Jahr zu Jahr muss ich mir die Hosen wieder umnähen. Also man wird im Alter kleiner, das stimmt. Heinz sitzt im Rollstuhl, und dafür ist unsere Wohnung viel zu schmal. Ich besuche ihn dreimal die Woche und nehme mir dann 'ne Taxe. Zu Ostern koche ich ihm Rouladen. Mit 99 Jahren mache ich alles, was ich kann, alleine. Meine drei Söhne helfen mir: Einer putzt mir die Wohnung, der andere geht mit mir einkaufen. Einer macht die Bücher und die Geldangelegenheiten, da ich sehbehindert bin. Unsere Familie ist groß geworden: Ich hab jede Menge Enkel, vier Urenkel und einen Ururenkel. Es enkelt ganz schön! Der Jüngste ist erst zwei Jahre, aber wenn er mich besucht, ist mir dieses Hin- und Hergerenne schnell zu viel.

Wie ich es geschafft habe, so alt zu werden? Ich bin nicht zimperlich! Das sind leider viele: ‚Oh nein, das kann ich nicht! Ach, mir tut der Arm weh.' So was kenn ich gar nicht! Ich bin immer in Bewegung und halte nie meine Hände still. Meine Eltern sind auch alt geworden: Meine Mutter starb mit 85, mein Vater mit 87 Jahren.

Besonders wichtig finde ich, dass jeder nicht nur an sich denken soll, sondern auch an andere. Das mach' ich bis heute, auch wenn ich nicht viel Geld habe, gebe ich was davon ab. Mein Lebensmotto ist trotz allem der Humor! Ich bin in meinem Leben oft geprüft worden, und das macht sich sehr bemerkbar, deshalb stehe ich manchmal über den Dingen."

Trotz der Sehbehinderung kommt Hildegard J. im Herbst 2013 zu unserer Ausstellungseröffnung ins Rathaus Schöneberg, und als wir sie begrüßen, erkennt sie uns sofort an der Stimme.

Hildegard J. auf ihrem Lieblingsplatz, Berlin-Lichtenrade, 2013

Nachwort

Ein über neunzigjähriger Freund, der unser Thema „Hundert-jährige in Berlin" seit 2010 interessiert begleitet, beantwortete die Frage: „Wie beurteilen Sie den generellen Umgang unse-rer Gesellschaft mit alten Menschen?"[1] folgendermaßen: „Das Wichtigste ist der Umgang mit jüngeren Menschen. Ich bleibe nur dann attraktiv, weil ich mich für sie interessiere und noch mitten in der gesellschaftspolitischen Auseinandersetzung stehe. Nur teilhaben, das ist mir zu wenig."[2] Ähnlich formuliert das Ulla M., eine über hundertjährige Berlinerin: „An allem teilnehmen, überall dabei sein" – das ist ihr Lebensmotto. Doch mit gesundem Leben und Abstinenz habe ihr hohes Alter nichts zu tun, erklärt sie: „Im Gegenteil, wir haben viel gefeiert!"

Seit Oktober 2010 führen wir Gespräche mit hundertjährigen Berlinerinnen und Berlinern. Aus unseren Besuchen sind Porträts und Interviews entstanden, die wir in biografischen Ausstellun-gen, Audiostationen, Dokumentarfilmen und jetzt zum ersten Mal in Form eines Buches veröffentlichen.

Die meisten unserer inzwischen über vierzig hundertjährigen Gesprächspartnerinnen und -partner lebten bzw. leben bis ins hohe Alter in ihren eigenen Wohnungen. Für dieses Buch haben wir elf Frauen und vier Männer ausgewählt, die den größten Teil ihres Lebens in Berlin verbracht haben. Die Texte entstanden auf der Grundlage von Transkriptionen, die wir mit Recherchen zu den genannten Orten, Personen oder geschichtlichen Ereignis-sen ergänzt haben. Die Fotografien sind Momentaufnahmen, die während der Gespräche entstanden. In die Erfahrungsberichte unserer 15 Interviewten haben wir so wenig wie möglich ein-gegriffen. Bei Verwendung von Sekundärliteratur beschränkten wir uns weitgehend auf Forschungsliteratur, die auch im Netz zu-gänglich ist, vor allem auf das Online-Portal Lebendiges Museum Online (LeMO), das gemeinsam vom Deutschen Historischen Museum, Berlin, und dem Haus der Geschichte, Bonn, betrieben wird.

Geboren in der Kaiserzeit, zwischen 1911 und 1916, sind die Hundertjährigen Zeitzeuginnen und Zeitzeugen, die ein Stück der Geschichte Berlins erzählen, die so in keinem Geschichtsbuch steht. Sie vermitteln aus erster Hand das Lebensgefühl einer Stadt, die es so nicht mehr gibt. Die Antworten auf unsere Fragen waren verblüffend und haben mit vielen Klischees gründlich aufgeräumt. So trafen wir nicht auf „Alte", sondern auf beeindruckende Persönlichkeiten, von denen wir viel gelernt haben. Positive Lebenseinstellung, starker Wille, Gelassenheit und ein trockener Berliner Humor, aber auch Verluste und Ängste prägen diese Biografien von Berlinerinnen und Berlinern, die hier zu Wort kommen. Auch seit Jahrzehnten verdrängte Erfahrungen kommen zu Tage. Sie geben uns einen Einblick in ein ganzes Jahrhundert, nicht nur in die große Geschichte, sondern auch in die kleinen Begebenheiten des Alltags, und nehmen uns mit auf eine eindrucksvolle Zeitreise durch hundert Jahre Berlin. Wir haben die vermutlich letzte Chance ergriffen, mit diesen Zeitzeuginnen und Zeitzeugen zu sprechen, um deren Erfahrungen zu dokumentieren und aufzuschreiben.

Diese Generation hat fünf politische Systeme erlebt: als Kind die Kaiserzeit und den Ersten Weltkrieg, als Jugendliche die Weimarer Republik und als junge Erwachsene den Nationalsozialismus und das Grauen des Zweiten Weltkrieges. Im reiferen Alter folgte die Zeit in der Bundesrepublik und in der Deutschen Demokratischen Republik, viele Jahre vor der Wiedervereinigung waren sie längst im Rentenalter. Niemand hat mehr Lebenserfahrung als sie.

Eindrucksvoll sind die geschilderten Alltagssituationen: So fürchtete sich Klara S. in der Schule vor dem „gelben Onkel" und Kurt F. erinnert sich an „Pottsuse", das Lieblingsgericht seiner Mutter. Ihre Besuche im Haus Vaterland am Potsdamer Platz schildert Elsa D. uns so unmittelbar, als sei es gestern gewesen.

Auf die Frage, was ihnen bis heute wichtig sei, antworten sie „ihre Familie" und „ihre lebenslangen Freundschaften". Weitaus mehr Bedeutung als ihr Beruf haben Hobbys und der damit verbundene Austausch mit Sport- und Vereinskameraden. Voraussetzungen für ein langes Leben, so die einhellige Meinung, sind unter anderem ein regelmäßiger Tagesablauf und ein politisches oder soziales Engagement sowie sportliche Betätigung. Eine positive Lebenseinstellung trägt wesentlich dazu bei, ein allgemeines Rezept gibt es jedoch nicht. Viele der Hundertjährigen verfolgen das aktuelle Tagesgeschehen und nehmen mit Interesse am Leben teil. Sie sind mit ihrem Leben zufrieden. Doch gerade Zufriedenheit und Bescheidenheit würden ihrer Ansicht nach in der heutigen Gesellschaft kaum noch eine Rolle spielen, sie scheinen Tugenden von gestern zu sein. Was sie dagegen loben, sind die neuen technischen Möglichkeiten, von der Waschmaschine bis hin zum Computer, die das Leben erleichtern.

Besonders beeindruckt haben uns die starke Persönlichkeit und die Souveränität der Hundertjährigen. Wenn es darauf ankam, uns zu überzeugen, brillierten sie mit Durchsetzungskraft und ihrer unglaublichen Lebenserfahrung. Nicht zuletzt haben sie uns mit ihrem Charme, ihrem Optimismus, ihrer Offenheit und ihrem Humor begeistert.

Aufgrund ihrer Herkunft und den Lebensbedingungen haben nur zwei von ihnen ein Studium abgeschlossen. Während die eine Hälfte einen Beruf erlernte, schlug sich die andere Hälfte als ungelernte Kraft durch. Nach dem Zweiten Weltkrieg orientierten sich einige beruflich noch einmal ganz neu.

Die auf den zurückliegenden Seiten porträtierten Hundertjährigen wuchsen ausnahmslos im neuen Groß-Berlin auf, denn erst seit dem 1. Oktober 1920 gehören Städte wie Wilmersdorf, Neukölln, Cöpenick, Lichtenberg, Charlottenburg, Spandau und Schöneberg zu Groß-Berlin.[3]

So unterschiedlich die Persönlichkeiten der Hundertjährigen sind, am Ende ihres Lebens schauen sie zufrieden auf das zurück, was sie erreicht haben. Auch wenn sie heute weniger beweglich und weniger sichtbar in der Stadt sind, finden sie eigene Wege, um am Leben in Berlin teilzunehmen.

Unser biografisches Projekt mit hundertjährigen Berlinerinnen und Berlinern verfolgen wir auch in Zukunft weiter. So planen wir eine weitere Dokumentation über hochbetagte Menschen: Die Älteste ist am 5. Januar 1906 geboren.

Seit 2017 führen wir Gespräche mit Menschen ab neunzig Jahren im Land Brandenburg. Die von uns konzipierte biografische Wanderausstellung läuft bis 2020.[4]

Uns wird oft die Frage gestellt: „Warum interessieren Sie sich für das Alter, die Hochbetagten, die Hundertjährigen?" Es ist der unendliche Fundus, aus dem diese Generation schöpft, die Sprache, die uns verloren geht, das Wissen um Orte, Plätze, Begegnungen, das teils improvisierte Leben und die für uns heute unvorstellbaren Ängste. Nach jedem Interview, bei vielen waren es drei, vier oder mehr, sind wir um Erfahrungen und Geschichten reicher geworden, die wir in diesem Buch festgehalten haben.

Rita Preuß und Marion Schütt, Berlin 2019

Anmerkungen

„Ich war immer so 'ne Erfindernase"
Albert K., Jahrgang 1913

1 Vgl. Strafgesetzbuch, 13. Abschnitt, Straftaten gegen die sexuelle Selbstbe-
stimmung, Paragraf 180, von 1871.
2 Vgl. Gerd-Ulrich Hermann/Uwe Klar: Der Schlüssel für Berlin. Hintergründe, Vorbereitung und Verlauf der Schlacht um die Seelower Höhen,
Aachen 2010, S. 120 ff.
3 Vgl. Dauerausstellung im Deutsch-Russischen Museum, Zwieseler
Straße 4, Berlin-Karlshorst, http://www.museum-karlshorst.de, letzter
Zugriff 5.10.2018.
4 Vgl. Landesarchiv Berlin (Hg.): Berlin kommt wieder – Die Nachkriegsjahre 1945/46, eine Ausstellung des Landesarchivs Berlin, Berlin 2005;
Anne Baghdady u. a.: Nachkriegsjahre – Überlebensmittel, Stiftung Haus
der Geschichte der Bundesrepublik Deutschland, 2016, https://www.hdg.
de/lemo/kapitel/nachkriegsjahre/alltag/ueberlebensmittel.html, letzter Zugriff 1.10.2018.
5 Vgl. Thomas Loy: Goebbels' Garage im Angebot, https://www.zeit.de/
gesellschaft/zeitgeschehen/2010-05/goebbels-schwanenwerder, letzter
Zugriff 29.10.2018.

„Wir waren alles Wäschermädels"
Käthe S., Jahrgang 1913

1 Vgl. Dauerausstellung im Rathaus Köpenick, www.berlin.de/museum-
treptow-koepenick/museen/hauptmannausstellung/ letzter Zugriff
28.10.2018; Wolfgang Heidelmeyer (Hg.): Der Fall Köpenick. Akten und
zeitgenössische Dokumente zur Historie einer preußischen Moritat, Frankfurt a. M. 1968.
2 Vgl. Gedenkstätte Köpenicker Blutwoche, Alter Markt 1, Berlin-Köpenick,
www.gedenkstaette-koepenicker-blutwoche.org/de/willkommen.html,
letzter Zugriff 28.10.2018.
3 Vgl. Stefan Hördler: SA-Terror als Herrschaftssicherung – „Köpenicker
Blutwoche" und öffentliche Gewalt im Nationalsozialismus, Berlin 2013.
4 Vgl. Arnulf Scriba: Heinrich George, Deutsches Historisches Museum,
Berlin 2014, www.dhm.de/lemo/biografie/heinrich-george, letzter Zugriff
28.10.2018.

„Geschichte – dafür hab ich mich besonders interessiert"
Gertrud B., Jahrgang 1914

1 Vgl. Anne Dreesbach: Kolonialausstellungen, Völkerschauen und die Zurschaustellung des „Fremden", in: Europäische Geschichte Online, Leibniz-Institut für Europäische Geschichte (Hg.), Mainz 2012, S. 3, http://ieg-ego.eu/de/threads/hintergruende/europaeische-begegnungen/anne-dreesbach-kolonialausstellungen-voelkerschauen-und-die-zur-schaustellung-des-fremden#Anfnge, letzter Zugriff 27.10.2018.
2 Vgl. Arnulf Scriba: Der Tag von Potsdam, Deutsches Historisches Museum, Berlin 2015, www.dhm.de/lemo/kapitel/ns-regime/etablierung-der-ns-herrschaft/tag-von-potsdam.html, letzter Zugriff 28.10.2018.
3 Vgl. Gedenkbuch Opfer der Verfolgung der Juden unter der nationalistischen Gewaltherrschaft 1933–1945, www.bundesarchiv.de/gedenkbuch/de1009887 sowie www.cecilien-schule.de, letzter Zugriff 28.10.2018.
4 Vgl. Mirjam Husemann: Die NS-Rassepolitik, Berlin 2016, www.dhm.de/lemo/kapitel/ns-regime/innenpolitik/rassenpolitik.html, letzter Zugriff 28.10.2018.   .
5 Vgl. Evangelische Kirchengemeinde Berlin-Dahlem, www.kg-dahlem.de/index.php?id=47, letzter Zugriff 28.10.2018.
6 Vgl. Jörg Osterloh/Clemens Vollnhals (Hg.): NS-Prozesse und deutsche Öffentlichkeit. Besatzungszeit, frühe Bundesrepublik und DDR [= Schriften des Hannah-Arendt-Instituts für Totalitarismusforschung, Bd. 45], Göttingen 2011; Klaus-Volker Gießler: Schörner, Johann Ferdinand, in: Neue Deutsche Biographie 23 (2007), S. 435 f., www.deutsche-biographie.de/pnd118610279.html#ndbcontent, letzter Zugriff 26.2.2019.
7 Vgl. KZ-Gedenkstätte Flossenbürg, www.gedenkstaette-flossenbuerg.de/geschichte/aussenlager/aussenlager/helmbrechts/, letzter Zugriff 28.10.2018. In dem Film mit den Original-Filmaufnahmen der US-Armee von 1945 in Helmbrechts ist mehrfach die Exhumierung von Frauenleichen zu sehen. Film von Ludwig Mertel, 1999 www.youtube.com/watch?v=zrjAjY6SRF4, letzter Zugriff 28.10.2018.

„Ich esse nach der Uhr!"
Erich K., Jahrgang 1913

1 Vgl. Datenbank der Berliner Geschichtswerkstatt, Berliner Zwangsarbeits-Firmen, www.berliner-geschichtswerkstatt.de/zwangsarbeit/firmen2.htm, letzter Zugriff 29.10.2018.
2 Vgl. Andreas Grau/Markus Würz: Demontagen, Stiftung Haus der Geschichte 2014, www.hdg.de/lemo/kapitel/nachkriegsjahre/doppelte-staatsgruendung/demontagen.html, letzter Zugriff 1.10.2019.
3 Zur Geschichte des VEB Funkwerk Köpenick: http://funkwerk.helzo.de, letzter Zugriff 29.10.2018.

„102 Jahre, da staun' ich selber!"
Ulla M., Jahrgang 1911

1 Vgl. Maritta Adam-Tkalec: Vom Propaganda-Tempel zum Jetset-Club, in: *Berliner Zeitung,* 26.1.2017. Christoph Kreutzmüller: Ausverkauf. Die Vernichtung der jüdischen Gewerbetätigkeit in Berlin 1930–1945, Berlin 2012, Datenbank: Jüdische Gewerbebetriebe in Berlin 1930–1945, www2. hu-berlin.de/djgb/www/find, letzter Zugriff 29.10.2018.
2 Vgl. Dorlis Blume: Das Lied der Deutschen, Berlin 2011, www.dhm. de/lemo/rueckblick/das-lied-der-deutschen-1841.html, letzter Zugriff 29.10.2018. Das Spottlied „O Tannebaum" kam nach der Abdankung des Kaisers in verschiedenen Variationen auf: http://www.liederlexikon.de/ lieder/o_tannenbaum/editionf/, letzter Zugriff 29.10.2018.
3 Vgl. Matthias Heisig: Von Eisen bis Pralinen – Tempelhof und seine Industrie; Begleitbuch zur Ausstellung, Bezirksamt Tempelhof von Berlin (Hg.), Berlin 2000; 50 Jahre Lorenz: 1880–1930, Festschrift der C. Lorenz Aktiengesellschaft, Berlin-Tempelhof / C.-Lorenz-Aktiengesellschaft, Berlin 1930.
4 Vgl. Gerlinde Böpple/Insa Eschebach: Maison de Santé, ehemalige Kur- und Irrenanstalt, Berlin 1989.
5 Vgl. Andreas Grau/Markus Würz: Kennedy-Besuch, Stiftung Haus der Geschichte der Bundesrepublik Deutschland 2016, www.hdg.de/lemo/ kapitel/geteiltes-deutschland-gruenderjahre/mauerbau/kennedy-besuch. html, letzter Zugriff 29.10.2018. Auf der Seite ist auch ein Video von John F. Kennedy in Berlin, Bundesarchiv Bestand Film, Deutsche Wochenschau GmbH, Berlin 1963.

„Unkraut vergeht nicht"
Helga G., Jahrgang 1912

1 Vgl. Rosmarie Beier/Bettina Biedermann (Hg.): Lebensstationen in Deutschland 1900–1993, Wetzlar 1998, www.dhm.de/archiv/ausstellungen/lebensstationen/ns_8.htm, letzter Zugriff 29.10.2018.
2 Porträt von ihr im Dokumentarfilm *Zum 140-jährigen Jubiläum des Pestalozzi-Fröbel-Hauses – Hundertjährige Zeitzeuginnen erzählen*, synopsisfilm Berlin 2014, www.pfh-berlin.de/sites/default/files/publikationen/PFH_ Zeitzeuginnen_web.pdf, letzter Zugriff 29.10.2018.
3 Vgl. Michael Bienert: Brechts Berlin. Literarische Schauplätze, Berlin 2018.
4 Vgl. Ilko-Sascha Kowalczuk: 17. Juni 1953. Geschichte eines Aufstands, Bonn 2013; Burghard Ciesla/Hans-Hermann Hertle/Stefanie Wahl: Der 17. Juni in Berlin, 2013, www.bpb.de/geschichte/deutsche-geschichte/ der-aufstand-des-17-juni-1953/152600/der-17-juni-in-berlin, mit Dokumenten, Fotos und Audioaufnahmen von Zeitzeugen und Radioberichten vom Sender Rias und vom DDR-Rundfunk, letzter Zugriff 29.10.2018.

„Zwei Weltkriege! Mich bringt nichts um"
Gertrud P., Jahrgang 1912

1 Vgl. Gregor Delvaux de Fenffe: Die Hyperinflation von 1923, www.planet-wissen.de/geschichte/deutsche_geschichte/weimarer_republik/pwiediehy-perinflationvon100.html, letzter Zugriff 2.10.2019; vgl. Frederick Taylor: Inflation: Der Untergang des Geldes in der Weimarer Republik und die Geburt eines deutschen Traumas, München 2013; Michael Kunzel: Die Inflation, Deutsches Historisches Museum, Berlin 2010, www.dhm.de/lemo/kapitel/weimarer-republik/innenpolitik/inflation-1923.html, letzter Zugriff 28.10.2018.
2 Vgl. Irmgard Zündorf/Claudia Wagner/Regina Haunhorst: Jahreschronik 1989, Stiftung Haus der Geschichte der Bundesrepublik Deutschland 2016, www.hdg.de/lemo/jahreschronik/1989, letzter Zugriff 28.10.2018; vgl. Hans-Hermann Hertle: Chronik des Mauerfalls – Die dramatischen Ereignisse um den 9. November 1989, Berlin 2009.

„Grünes Kleid, grüne Zigarette"
Elsa D., Jahrgang 1915

1 Laut dem Berliner Fernsprechbuch von 1940 befand sich die Firma Gustav Winkler in der Wallstraße 13; zum Taschentuchwerk Gustav Winklers: Arnold Lassotta: Aufbau West. Vertreibung und Wirtschaftswunder, www.lwl.org/aufbau-west/LWL/Kultur/Aufbau_West/Migration/biografien/gwinkler/index.html, letzter Zugriff 28.10.2018; vgl. Klaus Christian Kasper: Lauban putzt(e) der Welt die Nase. Ein Rückblick auf die einstige „Taschentuchstadt Deutschlands" von der Jahrhundertwende bis 1945, Bonn/Oberkassel 2000.
2 Rundfunkrede von Alfred Braun und Filmaufnahmen zur Beerdigung Stresemanns: www.dhm.de/fileadmin/medien/lemo/videos/stresetod.mp4, letzter Zugriff 28.10.2018; Biografie Richard Tauber vgl. Evelyn Steinthaler: Morgen muss ich fort von hier. Richard Tauber. Die Emigration eines Weltstars, Wien 2011.
3 Vgl. Verein der Freunde eines schwulen Museums in Berlin e. V.: Eldorado: Geschichte, Alltag und Kultur homosexueller Frauen und Männer in Berlin von 1850–1950, Berlin 1984.
4 Vgl. Dagmar Leupold: Gefährliche Liegenschaften. Eine Reise zu den ehemaligen Heilstätten von Hohenlychen in der Uckermark, in: *Der Tagesspiegel*, 1.3.2006, www.tagesspiegel.de/kultur/gefaehrliche-liegenschaften/689084.html, letzter Zugriff 28.10.2018.
5 Vgl. Irene von Götz/Petra Zwaka: SA-Gefängnis Papestraße, Berlin 2013, S. 156–160; www.gedenkort-papestrasse.de, letzter Zugriff 28.10.2018.
6 Vgl. Hans-Christian Täubruch: Zu Gast im alten Berlin, München 1990; vgl. Knud Wolffram: Tanzdielen und Vergnügungspaläste – Berliner Nachtleben in den dreißiger und vierziger Jahren, Berlin 2001.

7 Vgl. Michaela Kipp: Die NS-Frauenschaft, Deutsches Historisches Museum, Berlin 2015: www.dhm.de/lemo/kapitel/ns-regime/ns-organisationen/frauenschaft.html, letzter Zugriff 28.10.2018.
8 Zitiert nach Frank Voigt/Moses Mendelssohn Zentrum: Bibliothek verbrannter Bücher – Das Plakat „Wider des undeutschen Geist!", www.verbrannte-buecher.de, letzter Zugriff 28.10.2018.

„Ich führte drei Drogerien in Berlin"
Gerhard F., Jahrgang 1913

1 Zitiert nach Arnulf Scriba: Eintopfsonntag, Deutsches Historisches Museum, Berlin 2015, www.dhm.de/lemo/kapitel/ns-regime/innenpolitik/eintopfsonntag.html, letzter Zugriff 17.10.2018; vgl. Hans-Ulrich Thamer: Berlin im Dritten Reich. Leben unter dem Hakenkreuz, Berlin 2014.
2 Vgl. Thomas Jander: Der Partisanenkrieg in der Sowjetunion, Deutsches Historisches Museum, Berlin 2015, www.dhm.de/lemo/kapitel/der-zweite-weltkrieg/kriegsverlauf/partisanenkrieg-im-osten.html, letzter Zugriff 17.10.2018.
3 Vgl. Willi A. Boelcke: Der Schwarzmarkt 1945–1948. Vom Überleben nach dem Kriege, Braunschweig 1986; zum Thema Nylon- und Perlonstrümpfe der Firma Arwa siehe Jörg Bohn: Wirtschaftswundermuseum, www.wirtschaftswundermuseum.de/nylons-perlon-1.html, letzter Zugriff 26.2.2019.

„Ich bin 'ne waschechte Schönebergerin"
Klara S., Jahrgang 1912

1 Vgl. Christian Simon: Schöneberg im Wandel der Geschichte, Berlin 1998.
2 Vgl. Karolin Steinke: Simon Adler. Eierhändler in Berlin, 2011.
3 Vgl. Barbara Weber: Achtung! Hier Sendestelle Voxhaus, www.deutschlandfunk.de/wie-alles-begann-achtung-hier-sendestelle-berlin-voxhaus.2573.de.html?dram:article_id=336728, letzter Zugriff 20.10.2018; Alfred Braun: Der Spreekieker, Berlin 1965/66.
4 Vgl. Christoph Kreutzmüller: Ausverkauf. Die Vernichtung der jüdischen Gewerbetätigkeit in Berlin 1930–1945, Berlin 2012, www2.hu-berlin.de/djgb/www/find, letzter Zugriff 20.10.2018.
5 Zitiert nach Otto Langels: Der Stürmer – Geschichte eines Hass-Organs, www.deutschlandfunk.de/der-stuermer-geschichte-eines-hass-organs.1310.de.html?dram:article_id=291175, letzter Zugriff 20.10.2018.
6 Vgl. Gleisdreieck Blog vom 1.2.2011 mit Abbildungen und Dokumenten der Firma Kori: gleisdreieck-blog.de/2011/02/01/kori-gmbh-wie-sie-wissen-sind-wir-eine-spezialfirma/, letzter Zugriff 21.10.2018.
7 Vgl. Kristina Festring-Hashem Zadeh: Wie Hitlers Halbbruder untertauchte, www.ndr.de/kultur/geschichte/schauplaetze/hitler178_page-2.html, letzter Zugriff 21.10.2018.

8 Vgl. Peter Degener: Blicke hinter die Kasernenmauer von Krampnitz, in: *Märkische Allgemeine*, 24.5.2018, www.maz-online.de/Lokales/Potsdam/Blicke-hinter-die-Kasernenmauer-von-Krampnitz, letzter Zugriff 21.10.2018.

„Fräulein Gerda bei Kaiser's Kaffee"
Gerda G., Jahrgang 1912

1 Vgl. Mirjam Schmitt: Glanz und Gloria der Lichtspiele, Berlin 2012, www.neukoellner.net/zeitreisen/glanz-und-gloria-des-lichtspiels/, letzter Zugriff 27.10.2018.
2 Vgl. Bezirksamt Berlin-Mitte, Mitte-Museum am Gesundbrunnen (Hg.): Berliner Blutmai 1929. Eskalation der Gewalt oder Inszenierung eines Medienereignisses?, Berlin 2009; Arnulf Scriba: Der „Blutmai" 1929, Deutsches Historisches Museum, Berlin 2008, www.dhm.de/lemo/kapitel/weimarer-republik/innenpolitik/blutmai-1929.html, letzter Zugriff 27.10.2018.
3 Vgl. Christiana Hoor: Willy Birgel 1891–1973, Deutsches Historisches Museum, Berlin 2014, www.dhm.de/lemo/biografie/biografie-willy-birgel.html, letzter Zugriff 27.10.2018.
4 Vgl. Nike Bätzner: Die Hufeisensiedlung Britz, in: Das XX. Jahrhundert – Architektur in Berlin, Berlin 1999, S. 32 f.; Michael Bienert/Elke Linda Buchholz: Die Zwanziger Jahre in Berlin, Berlin 2005, S. 75–78.
5 Vgl. Uwe Westphal: Berliner Konfektion und Mode 1836–1939. Die Zerstörung einer Tradition, Berlin 1992; Johannes Leicht: Die „Arisierung" im NS-Regime, Deutsches Historisches Museum, Berlin 2015, www.dhm.de/lemo/kapitel/ns-regime/industrie-und-wirtschaft/arisierung.html, letzter Zugriff 27.10.2018.
6 Vgl. Arnulf Scriba: Die NS-Volkswohlfahrt, Deutsches Historisches Museum, Berlin 2015, www.dhm.de/lemo/kapitel/ns-regime/ns-organisationen/volkswohlfahrt.html, letzter Zugriff 27.10.2018.
7 Vgl. Ilse-Reichel Koß/Ursula Beul (Hg.): Ella Kay und das Jugendamt neuer Prägung. Ein Amt, wo Kinder Recht bekommen, Weinheim/München 1991; August Bebel Institut (Hg.): Werkstatt Linke Lebensläufe, www.linke-lebenslaeufe.de/lebenslauf/kay.html, letzter Zugriff 27.10.2018.

„Hör nicht, was die Leute schreien"
Jutta M., Jahrgang 1912

1 Mitschnitt einer Gesprächsrunde: Jutta M. und Schülerinnen und Schüler der Sachsenwald-Grundschule in Berlin-Steglitz vom 7.12.2016, synopsisfilm, Berlin 2016.
2 Vgl. Irmgard Zündorf: Hilde Benjamin 1902–1989, Stiftung Haus der Geschichte der Bundesrepublik Deutschland 2016, www.hdg.de/lemo/

biografie/hilde-benjamin.html, letzter Zugriff 28.10.2018; vgl. Marianne Brentzel: Die Machtfrau. Hilde Benjamin 1902–1989, Berlin 1997.
3 Vgl. Heinrich Seidel: Von Perlin nach Berlin und Anderes. Aus meinem Leben, Hamburg 2006.
4 Zitiert nach Albert von Schirnding (Hg.): Der ewige Brunnen der Freundschaft. Gedichte, München 2007, S. 105.

„Ich konnt mehr als nur 'ne Pirouette drehen"
Hilde L., Jahrgang 1916

1 Von 1935 an galt das sogenannte Blutschutzgesetz: „Zum Schutze des deutschen Blutes und der deutschen Ehe". Vgl. Magnus Brechtken/Hans-Christian Jasch/Christoph Kreutzmüller/Niels Weise: Die Nürnberger Gesetze. 80 Jahre danach, Bonn 2018; Bundeszentrale für Politische Bildung: 1935: Nürnberger Gesetze treten in Kraft, www.bpb.de/politik/hintergrund-aktuell/68999/1935-nuernberger-gesetze-treten-in-kraft-14-09-2010, letzter Zugriff 30.10.2018.
2 Vgl. Jochen Thron/Klaus Wiese/Ilona Zeuch-Wiese: Wir waren Nachbarn. Biografien jüdischer Zeitzeugen, Berlin 2008. Gleichnamige Dauerausstellung im Rathaus Schöneberg: „Wir waren Nachbarn. Biografien jüdischer Zeitzeugen", www.wirwarennachbarn.de, letzter Zugriff 30.10.2018.
3 Vgl. Susanne Härtel: Das Ghetto Warschau, Deutsches Historisches Museum, Berlin 2015, www.dhm.de/lemo/kapitel/zweiter-weltkrieg/holocaust/warschau/, letzter Zugriff 30.10.2018.
4 Vgl. Peter Böthig: Im Haus der sieben Wälder. Lola Landau und Armin T. Wegner in Neuglobsow, Frankfurt (Oder) 2010; Armin T. Wegner Gesellschaft www.armin-t-wegner.de, letzter Zugriff 30.10.2018.

„Ich bin mehr Berliner als alles andere"
Kurt F., Jahrgang 1914

1 Vgl. Arnulf Scriba: Die Zerschlagung der Gewerkschaften 1933, Deutsches Historisches Museum, Berlin 2015, www.dhm.de/lemo/kapitel/ns-regime/etablierung-der-ns-herrschaft/zerschlagung-der-gewerkschaften.html, letzter Zugriff 22.10.2018.
2 Vgl. Dorothea Kraus: Tränenpalast. Ort der deutschen Teilung, Bonn 2015. Die gleichnamige Dauerausstellung im Berliner Tränenpalast wurde vom Haus der Geschichte der Bundesrepublik Deutschland eingerichtet, www.hdg.de/traenenpalast/, letzter Zugriff 22.10.2018; vgl. Bernd Kuhlmann: Deutsch-Deutsche Grenzbahnhöfe – Ost-West-Eisenbahnverkehr 1945–1990, München 2012.
3 Vgl. Helge Heidemeyer/Bettina Effner: Flucht im geteilten Deutschland. Erinnerungsstätte Notaufnahmelager Marienfelde, Berlin 2005; Gedenkstätte Erinnerungsstätte Notaufnahmelager Berlin-Marienfelde, Marien-

felder Allee 66-80, 12277 Berlin, www.notaufnahmelager-berlin.de/de/, letzter Zugriff 22.10.2018.

„Sechs Jahre in Workuta"
Hildegard J., Jahrgang 1914

1 Gespräch im Sommer 2018 mit Stefan Krikowski, Verfasser der Datenbank: Biografien deutscher Gulag-Häftlinge, mit Hintergrundinformationen, Biografien und Dokumente zum Straflager in Workuta in Sibirien, www.workuta.de, letzter Zugriff 23.10.2018.
2 Vgl. Eva Schöck-Quinteros: Der Bund Königin Luise. „Unser Kampfplatz ist die Familie …", in: Eva Schöck-Quinteros/Christiane Streubel (Hg.): „Ihrem Volk verantwortlich". Frauen der politischen Rechten (1890–1933). Organisationen – Agitationen – Ideologien, Berlin 2007, S. 231 ff.; Claudia Koons: Mütter im Vaterland. Frauen im Dritten Reich, Reinbek b. Hamburg 1994.
3 Vgl. Dorlis Blume/Irmgard Zündorf: Konrad Adenauer 1876–1967, Stiftung Haus der Geschichte der Bundesrepublik Deutschland, 2016, www.hdg.de/lemo/biografie/konrad-adenauer.html, letzter Zugriff 23.10.2018.

Nachwort

1 Vgl. Sibylle Schuchardt im Gespräch mit Gerhard Baader in: Stephan M. Probst (Hg.): Das Antlitz der Alten umschönen. Vom Umgang mit dem Älterwerden und dem Alter im Judentum: On Age and Aging in Judaism, Berlin 2019.
2 Ebd., S. 206.
3 Zu den acht Städten kamen 59 Landgemeinden und 27 Gutbezirke. Vgl. Harald Bodenschatz/Klaus Brake: 100 Jahre Groß-Berlin – Wohnungsfrage und Stadtentwicklung, Berlin 2017.
4 Vgl. Ministerium für Arbeit, Soziales, Gesundheit, Frauen und Familie des Landes Brandenburg (Hg.): Alter(n) in Brandenburg – Wie leben hochaltrige Menschen 90+ in Brandenburg?, Potsdam 2018. Katalog zur gleichnamigen Ausstellung, Konzept und Umsetzung von synopsisfilm.

Dank

Unser aufrichtiger Dank geht zuerst an die 15 hundertjährigen Frauen und Männer, die uns als Zeitzeuginnen und Zeitzeugen einen persönlichen Blick auf das Berlin des 20. Jahrhunderts gewährt haben. Unser erstes Gespräch fand im Januar 2012 statt, das letzte im März 2019.

Dieses Buch wäre ohne die Unterstützung zahlreicher Personen nicht möglich gewesen. Daher bedanken wir uns bei allen, die zum Gelingen beigetragen haben. Ohne die Angehörigen, Freunde, Nachbarn und das Pflegepersonal hätten viele Gespräche nicht stattfinden können.

Darüber hinaus hat eine ganze Reihe von Institutionen zur Entstehung dieses Buches beigetragen. An erster Stelle ist Sibyll Klotz zu nennen, die als Stadträtin für Gesundheit, Soziales und Stadtentwicklung ab 2011 der Frage nachging: Wie leben Hundertjährige im Bezirk Tempelhof-Schöneberg? Dies legte den Grundstein für unser langjähriges Projekt im Bezirk, das engagiert von den Mitarbeitern Werner Freese und Christiane Ströhl begleitet wurde. Über den Bezirk Treptow-Köpenick konnten wir dank Ellen Leidler Kontakte zu Hundertjährigen aufnehmen. Auch Gisela Grunwald (Leitung) und Sylvia Hörchner (Öffentlichkeitsarbeit) von der Sozialstiftung Treptow-Köpenick verhalfen uns zu weiteren Kontakten in ihrer Einrichtung. Anlässlich des 140-jährigen Jubiläums des Pestalozzi-Fröbel-Hauses haben sich zwei unserer hundertjährigen Zeitzeuginnen bereit erklärt, an einem Dokumentarfilm mitzuwirken. Das Text- und Bildmaterial über Ulla M. und Helga G. sind in das vorliegende Buch eingeflossen. Dank einer Studie am Institut für Altersforschung der Charité Berlin konnten wir weitere Hundertjährige für uns gewinnen.

Neben den Institutionen halfen uns bei der Kontaktaufnahme von Hundertjährigen auch die Künstlerin Rosa Dames, die Journalistin Susanne Wolkenhauer und Cornelia Gottfried, der wir außerdem die sorgfältige Transkription unserer Audioaufnahmen verdanken. Brigitte Bruns, Kunsthistorikerin, und Jürgen Fischer, Dramaturg, waren unsere ersten kritischen Leser und haben unser Buch von Anfang an begleitet. Intensive Diskussionen mit der Historikerin Dorothea Hofmann und dem Medizinhistoriker Gerhard Baader waren während des Entstehungsprozesses des Buches sehr wichtig. Bei der digitalen Bearbeitung der Fotos, Filme und des

Audiomaterials stand uns der Cutter Rainer Heinze mit Rat und Tat zur Seite. Persönlich unterstützt wurden wir ganz besonders von Astrid Windorf, Katharina Jarick, Elisabeth Münster, Hulda und Werner Preuß sowie Jens-Ole und Morten Kracht.

Die Autorinnen

Marion Schütt ist Historikerin, Fotografin und Filmemacherin. Nach zehn Jahren Medienarbeit für das Goethe-Institut gründete sie 2004 die Produktionsfirma synopsisfilm in Berlin. Biografien und Dokumentation sind der Schwerpunkt von www.synopsis-film.de.

Rita Preuß ist Publizistin und Kunsthistorikerin. Sie schreibt als Kulturjournalistin für Zeitungen in Berlin und Zürich. Rita Preuß arbeitet seit 2007 regelmäßig mit Marion Schütt zusammen, ihre Schwerpunkte sind die Erstellung von Texten und Audiostationen.

Seit 2010 führt das Autorenteam Gespräche mit Berliner Hundertjährigen, die in Ausstellungen, Katalogen und Dokumentarfilmen gezeigt werden. Darüber hinaus führten sie in Zusammenarbeit mit der Charité Interviews für eine Studie zum Thema Hundertjährige in Berlin durch. *100 Jahre in Berlin. Generation Kaiserzeit erzählt* (2019) ist ihr erstes Buch zum Thema Hundertjährige in Berlin, www.100jahreinberlin.de.